경제학은 미시경제이론과 거시경제이론의 두 중심축으로 구성되어 있다. 이 둘 중 그 중요성이 상대적으로 더 큰 것은 단연 미시경제이론이다. 경제학적 논리의 기초가 거의 모두 이 부분에서 다루어지고 있기 때문이다. 따라서 경제학을 공부하는 사람이라면 무엇보다 우선 미시경제이론의 기초를 잘 다져두어야 한다. 미시경제이론의 기초를 잘 다져두어야 거시경제이론도 쉽게 배울 수 있는 법이다.

그런데 문제는 미시경제이론을 공부하는 게 그리 재미있는 일이 아니라는 데 있다. 경제학 그 자체가 어려운 학문이기는 하지만, 그래도 거시경제이론을 배울 때는 국민소득, 물가, 국제수지 등 우리가 비교적 친숙하게 느끼는 개념들이 등장해 나름대로 흥미로울 수 있다. 그러나 미시경제이론에서 나오는 한계대체율이니 한계생산변환율 같은 개념은 낯설기 짝이 없을 뿐 아니라 직관적인 의미조차 이해하기 어려운 것이 사실이다.

미시경제이론을 공부하면서 느끼는 더 큰 어려움은 많은 노력을 기울여야 정교하게 짜인 논리체계를 이해할 수 있다는 점이다. 바로 이 부분에서 많은 경제학도들이 좌절감을 느끼고, 심지어는 경제학이 자신의 적성에 맞지 않는다고 포기해 버리는 일까지 생긴다. 그렇기 때문에 경제학을 공부하는 사람의 눈높이에 맞춘 친절한 교육이 너무나도 절실한 부분이 바로 이 미시경제이론이다.

이 점에서 볼 때 남종오 교수가 저술한 『듀얼이론 관점에서 본 미시경제학의 최적화 이론』은 반가운 소식이 아닐 수 없다. 이 책은 미시경제이론의 핵심이라고 할 수 있는 소비자이론과 생산자이론을 수학적 논리에 기초해 차분하게 설명해 주고 있다. 소비자이론과 생산자이론은 미시경제이론의 출발점이라 할 수 있다. 따라서 이 두 이론에 대한 완벽한 이해는 미시경제이론을 성공적으로 마스터하는 첫걸음이라고 말할 수 있다.

그러나 지금 시중에 나와 있는 미시경제이론 교과서들 중 이 두 이론에 관심의 초점을 맞추고 있는 것은 거의 찾아보기 힘들다. 바로 이 점에서 이 책은 미시경제이론의 교육에서 아주 중요한 역할을 수행하리라 여겨진다. 이 책을 통해 많은 경제학도들이 미시경제이론의 정수를 맛볼 수 있는 기회를 갖게 되리라고 믿는다. 경제학도의 눈높이에 맞는 수학적 접근이 경제학을 배우는 재미를 더욱 크게 만들 것이라 믿어 의심치 않는다.

이준구(서울대학교 경제학부 명예교수)

남종오 교수의 저서 『듀얼이론 관점에서 본 미시경제학의 최적화 이론』은 종전의 일반적인 미시경제학 교재들과는 상당히 다른 관점에서 저술된 중급수준의 미시경제학 서적으로 고학년 대학생과 대학원 과정의 학생들에게 반드시 읽어볼 것을 권고하고 싶은 책이다. 미시경제학의 소비자이론과 생산자이론의 최적화 과정을 쌍대이론의 관점에서 이야기하듯 풀어서 설명하고 있어 동전의 양면을 서로 세세하게 비교하여 필요할 때마다 뒤집어 보며 추론할 수 있도록 친절하게 설명하고 있다.

그러나 단순히 설명의 친절함에서 끝나지 않고 풍부한 수학적인 접근방식도 빠짐없이 꼼꼼하게 수록되어 있어 학문적인 접근의 정치성과 엄밀함에도 손색이 없는 저술의 틀을 유지하고 있는 것을 확인할 수 있었다. 특히 쌍대이론의 관점에서 최적화 과정을 추적하고, 그 종착역으로 생산자잉여와 소비자잉여를 도출하여 그 의미를 음미하는 일관된 서술방식의 채택은 이 책이 갖는 차별성의 압권인 것으로 평가된다.

또한 책 중간 중간을 빼곡하게 장식하고 있는 삽화들은 어떻게 보면 건조하고 지루할 수 있는 미시경제학의 이론에 살아있는 생기를 불어넣고 있어 독자들에게 휴식까지 제공하고 있는 것 같다. 마지막으로 Maple을 이용하여 미시경제학의 최적화 과정에 관련된 일련의 수학적인 접근방식들을 독자들이 단순한 수학적인 기호와 표현으로만 이해하는 것을 넘어서서 예제를 통하여 수치적으로 확인할 수 있는 과정을 제공하고 있는 점도 미시경제학의 실용적인 활용을 보여주는 이 책만의 독특한 발상이라 생각한다.

박철형(부경대학교 경제학부 교수)

듀얼이론 관점에서 본

미시경제학의 최적화 이론

남종오 지음

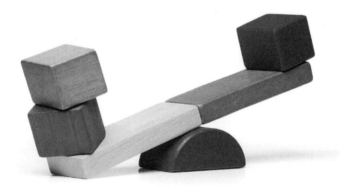

Optimization Theory of Microeconomics
based on Duality Theory

Σ 시그마프레스

듀얼이론 관점에서 본 미시경제학의 최적화 이론

발행일 | 2020년 11월 5일 1쇄 발행

지은이 | 남종오
발행인 | 강학경
발행처 | ㈜시그마프레스
디자인 | 강경희
편 집 | 김은실

등록번호 | 제10-2642호
주소 | 서울특별시 영등포구 양평로 22길 21 선유도코오롱디지털타워 A401~402호
전자우편 | sigma@spress.co.kr
홈페이지 | http://www.sigmapress.co.kr
전화 | (02) 323-4845, (02) 2062-5184~8
팩스 | (02) 323-4197

ISBN | 979-11-6226-292-4

Optimization Theory of Microeconomics

based on Duality Theory : Application of Maple™

* 책값은 뒤표지에 있습니다.
* 이 도서의 국립중앙도서관 출판예정도서목록(CIP)은 서지정보유통지원시스템 홈페이지(http://seoji.nl.go.kr)와 국가자료공동목록시스템(http://www.nl.go.kr/kolisnet)에서 이용하실 수 있습니다.(CIP제어번호: CIP2020044838)

* 이 저서는 부경대학교 자율창의 학술연구비(2019년)에 의하여 연구되었습니다.

유 학시절 필자는 석사과정 미시경제학(intermediate microeconomics)을 수강하면서 '듀얼이
론(duality, 쌍대성)'에 흠뻑 젖어 지냈던 시절이 있었다. 그때의 감정을 표현하자면, 미
서부의 광활한 대지를 질주하던 마차처럼 20세기 말 듀얼이론도 소비자·생산자 이론에 한 획을
긋듯 경제학의 학문적 발전을 견인한 듯한 느낌이었다.

　우리가 미시경제학을 배우는 이유 중 하나는 "경제활동을 하는 주체들이 경제활동으로부터 자신의
효용(utility)이나 이윤(profit)을 극대화하고자 실제로 어떠한 의사결정을 선택하는지를 살펴보기 위함"이다.
그러므로 우리는 경제주체들의 의사결정 메커니즘을 제대로 파악할 필요가 있는데, 아마도 그
실마리를 '듀얼이론'이 제공해 줄 수 있을 것이다. 마치, 흩어져 있던 각각의 퍼즐들을 맞추고
나면 하나의 의미 있는 이미지가 나타나듯, 미시경제학의 개별함수들도 듀얼이론에 기초하여
종합하다 보면 하나의 뚜렷한 이론적 메커니즘을 발견하게 된다. 그러나 필자의 미시경제학 수
업에서 보면 "듀얼이론이 무엇인지 그리고 듀얼이론이 어떠한 메커니즘을 가지고 있는지"를 제대로 알
고 있는 학생들이 많지 않았다.

　이에 필자는 이들을 대상으로 듀얼이론의 관점에서 본 미시경제학의 최적화 이론을 강의해
보고자 시중에 판매되고 있는 다양한 미시경제학 서적들을 살펴보았다. 하지만 듀얼이론의 관

▲ 미서부의 광활한 대지를 질주하듯 달리는 마차들의 행진

출처 : www.shutterstock.com

점에서 미시경제학을 설명한 서적은 찾아보기 힘들었다. 간혹 장별 부록 내에 듀얼이론의 일부를 설명하고 있는 서적들은 있었으나, 이 또한 간략한 설명에 그치는 수준이었다. 또한 시중에 판매되고 있는 대부분의 미시경제학 서적들은 대학교 2~3학년생이 읽을 수 있도록 출간된 서적들로, 대학 3~4학년 또는 석·박사 대학원생들이 읽을 만한 우리말 미시경제학 중고급 서적들은 그리 많지 않았다. 아울러 우리말로 출판된 미시경제학 서적들은 서로 유사하여, 한 서적만 몇 번 정독하고 나면 다른 서적들은 일부분만 참고하면 될 정도로 목차나 내용이 정형화되어 있었다. 게다가 그나마 번역되어 출간된 많지 않은 우리말 미시경제학 중고급 서적들조차도 번역의 한계로 인해 가독성이 떨어지다 보니 대부분의 대학원생들이 원서를 보고 있는 실정이었다.

　이에 필자는 미시경제학을 공부하는 저학년 대학생뿐만 아니라 고학년 대학생이나 대학원생들이 새로운 각도에서 미시경제학을 한번 읽어 보았으면 하는 바람에서 이 책을 출간하게 되었다.

　이 책은 기존의 미시경제학 서적들과 달리 듀얼이론에 기초한 소비자·생산자의 의사결정 메커니즘에 중점을 두었다. 아울러 소비자·생산자가 궁극적으로 알고 싶어 하는 그들의 의사결정의 산물인 잉여(효용 또는 이윤) 도출에 많은 내용을 할애하였다. 초판인 이 책을 작성하면서 듀얼이론을 어떻게 하면 학생들에게 쉽게 전달할 수 있을지를 고민하다보니, 이론적으로 심도 있게 다루어야 할 가정, 증명 등을 수학적으로 충분히 다루지 못한 한계가 있음을 알게 되었다. 아울러 필자가 이해한 듀얼이론을 여러 가지 가정과 다양한 소비자·생산자 모형 등을 이용하여 충분하게 제시하지 못한 한계도 발견하게 되었다. 끝으로 초판에서 나타날 수 있는 오류들은 필자의 충분한 재검의 결여에서 나온 것으로 전적으로 필자의 책임임을 밝힌다.

▲ 출간을 도와준 부경대학교 대학원 자원환경경제학과 교수님 및 대학원생과 함께

끝으로 출간에 힘을 실어준 제자 심성현, 김철현 박사와 이 책이 출간되기까지 강의 때마다 미시경제학 강의록을 수정·보완해준 부경대학교 대학원 자원환경경제학과 석·박사과정 학생들에게 감사의 말을 전하고 싶다. 아울러 독자층이 적을 수 있는 이 책을 출간하는 데 주저하지 않고 흔쾌히 허락해준 ㈜시그마프레스 강학경 대표님과 관계자 분들뿐만 아니라 출간함에 있어 조언을 아끼지 않으셨던 부경대학교 경제학부 교수님들께도 진심으로 감사드린다.

2020년 10월 1일
대연캠퍼스에서 남종오

검토자 명단 : 김우솔, 손진곤, 권오민, 김남호, 김태현, 윤상돈, 정민주, 김문희, 강한애, 서효정, 정겨운, 조훈석, 전용한, 박소연, 김혜은, 박아란, 후준란, 박유정, 유상, 노희태, 한다정, 김학수, 홍윤표, 성중엽, 황유식, 김은지

이 책의 구성

『듀얼이론 관점에서 본 미시경제학의 최적화 이론』은 소비자와 생산자의 합리적 선택을 듀얼이론에 기초하여 소비자와 생산자가 어떻게 그들의 선택을 결정하고, 이들의 선택으로부터 어떻게 잉여를 추정할 수 있는지를 미시적 관점에서 기술한 책이다.

예를 들어, 소비자는 자신의 선택으로부터 효용을 극대화하거나 지출을 극소화하고, 기업은 기업 내 의사결정자의 선택으로부터 이윤을 극대화하거나 비용을 극소화하고자 한다. 여기서 경제주체들의 이러한 선택이 이들의 효용이나 이윤을 결정짓는 비교적 단순한 구조를 가진 듯하다. 그러나 이들의 의사결정 과정은 소비에서는 효용 또는 지출을 기준으로, 생산에서는 이윤 또는 비용을 기준으로 달리 적용되는 선택의 원리가 있고, 이로부터 도출 가능한 잉여(효용 또는 이윤)도 서로 연관성을 가지면서 여러 측면에서 추정될 수 있다. 그러므로 미시경제학을 공부하고 있는 대학생이나 대학원생이라면, 우리 자신이 경제 활동의 주체로서 재화나 서비스 등을 선택하기도 해야 하지만, 그 선택의 원리로부터 도출 가능한 잉여도 이론에 근거하여 여러 측면에서 추정해낼 수 있어야 한다.

일반적으로 미시경제학은 크게 소비자이론, 생산자이론, 시장구조론 등으로 분류 가능하다. 물론 그 외에도 일반균형이론, 후생경제, 시장실패 등이 미시경제학의 중요한 한 분야로 자리매김하고 있다. 하지만 이 책에서는 생산물시장에 해당하는 소비자·생산자 이론과 생산요소시장에 해당하는 노동과 자본시장, 그리고 완전·불완전 경쟁시장 등을 중심으로 미시경제학을 제한하여 설명하고자 한다. 또한 이 책은 소비자·생산자 이론 및 시장구조론과 관련 있는 다양한 경제 개념들을 설명하고, 이들로부터 도출 가능한 잉여 또는 이윤 등을 추정하는 방법도 함께 설명해보고자 한다.

이 책의 구성으로 제1부에서는 미시경제학의 개요로 미시경제학의 개념, 접근방법, 소비자·생산자의 듀얼이론에 대해 간략히 언급한다. 제2부에서는 소비자이론을 효용과 효용함수, 지출과 지출함수, 효용극대화 및 지출극소화, 소비자 선택의 의사결정 원리, 수요함수 결정 및 소비자 잉여, 소득 변화에 따른 최적선택, Maple을 이용한 소비자이론의 응용 등을 듀얼이론에 기초하여 설명한다. 제3부에서는 생산자이론을 생산과 생산함수, 비용과 비용함수, 이윤극대화 및 비용극소화, 생산자 선택의 의사결정 원리, 공급함수 결정 및 생산자 잉여, 비용변화에 따른 최적선택, Maple을 이용한 생산자 이론의 응용 등을 듀얼이론에 기초하여 설명한다. 추가적으로 완전경쟁시장의 이윤추정방법 및 불완전경쟁시장에 해당하는 독점 및 과점시장의 이윤추정

방법 등도 간략히 제시한다. 이처럼 이 책은 소비자이론과 생산자이론을 서로 비교할 수 있도록 상호 대칭적 구조로 작성되어 있는데, 이를 간략히 살펴보면 다음과 같다.

　첫째, 소비자이론의 효용과 효용함수, 지출과 지출함수, 효용극대화와 지출극소화는 생산이론의 생산과 생산함수, 비용과 비용함수, 이윤극대화 및 비용극소화 등과 비교가 가능하도록 구성되어 있다.

　둘째, 소비자 선택의 의사결정 원리인 듀얼이론과 생산자 선택의 의사결정 원리인 듀얼이론도 서로 대칭적 구조로 작성되어 있다. 아울러 듀얼이론에 관한 독자들의 이해를 돕기 위해 수학적 예시도 병행하고 있다.

　셋째, 수요함수의 결정 및 소비자 잉여와 공급함수의 결정 및 생산자 잉여 또한 서로 비교할 수 있도록 배치하고 있다. 특히, 수요함수와 공급함수로부터 도출 가능한 잉여추정방법은 시장 또는 환경 재화의 가격(수량) 변화 또는 시장 자체의 구조 변화에 따라 어떻게 잉여가 달리 측정될 수 있는지를 자세히 설명하고 있다.

　넷째, 소득변화에 따른 소비자의 최적선택의 원리와 비용변화에 따른 생산자의 최적선택의 원리 등도 비교할 수 있도록 구성하고 있다. 여기서는 소비자의 소득이 변화할 때의 선택 원리와 생산자의 비용이 변화할 때의 선택 원리를 간략하게 설명한다.

　다섯째, 이 책은 개념 정립, 듀얼이론 소개, 듀얼이론 적용, 잉여 추정의 순서로 구성되어, 독자들이 듀얼이론으로부터 어떻게 소비자·생산자 잉여를 추정할 수 있는지를 이해하기 쉽게 순차적으로 설명하는 구조를 띠고 있다. 즉, 개념을 정립하고 이론을 파악한 후, 이를 수학적 접근을 통해 이론을 어떻게 실제로 응용할 수 있는지를 제시하고 있다. 이는 미시경제학이 단지 학문적 가치로만 인정받는 것이 아니라 실생활에서도 적용 가능한 살아있는 학문으로서의 가치가 있음을 표현해보고 싶었기 때문이다. 예를 들면, 소비자이론의 듀얼이론으로부터 특정 재화의 가격이나 수량 또는 질이 변화할 때 시중에 나와 있는 수학적·계량적 프로그램을 이용하여 이들 변화에 대한 다양한 소비자잉여를 직접 추정해보는 것이다.

　이상으로 이 책의 구성이 독자들에게 이 책을 개략적으로 파악하는 데 도움이 되길 바라며, 아울러 독자들이 듀얼이론을 통해 미시경제학의 소비자·생산자 이론을 체계적·통합적으로 이해하길 바란다.

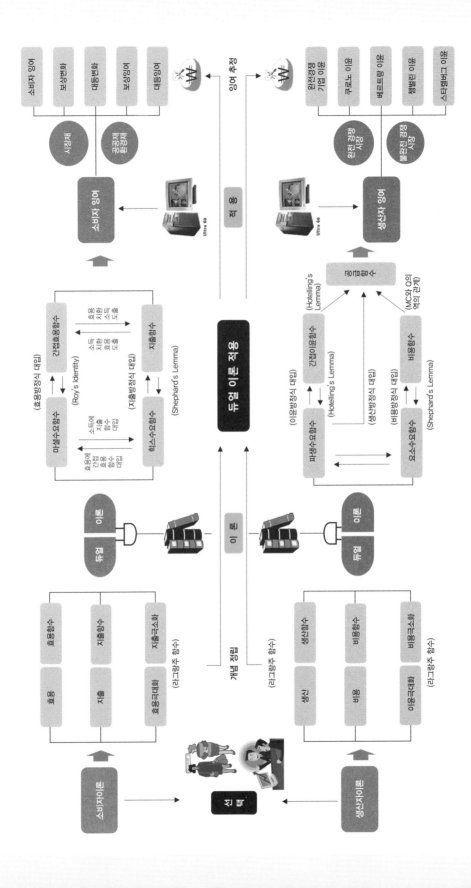

Optimization Theory of Microeconomics based on Duality Theory

차례

미시경제학의 개요

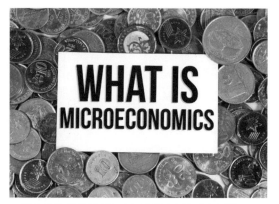

▲ 백색, 흑색, 황색 동전들 : 누구나 알아야 할 미시경제학
출처 : www.shutterstock.com

1. 미시경제학의 개념
2. 미시경제학의 접근방법
3. 소비자·생산자의 듀얼이론

1. 미시경제학의 개념

어떤 사람도 살면서 자신이 하고 싶은 모든 것을 다 할 수는 없다. 아울러 자신이 갖고 싶은 모든 것을 다 소유할 수 있는 사람도 없다. 시간, 돈, 에너지 등은 무한정 사용할 수 없으므로 어느 하나를 사용함으로써 포기해야하는 것이 생기기 마련이다. 이 때문에 사람은 누구나 자신에게 부여된 제한된 시간, 돈, 에너지 등을 가지고 어떤 것을 소비하고, 어디에 투자(investment)할지를 선택함(choice)에 있어 고민을 하게 된다. 다시 말해, 사람은 자원의 희소성(scarcity)으로 인하여 이를 사용함에 있어 우선순위(priority)를 정하여 소비하고 투자하게 된다.

　　경제학(economics)은 인간의 욕구를 충족시키기에 자원은 늘 희소하다는 사실에 기초한다. 그러므로 경제학은 한정된 자원을 시장(market)에서 효율적으로 사용하는 선택의 과정에서 유형·무형의 자원이 어떻게 배분되고, 어떻게 처리되는지를 주의하여 살펴보는 학문이다. 아울러 경제학은 이들에 관한 일반적인 법칙을 연구하여 밝히고, 이들 자원의 배분 과정에서 발생하는 사회·경제적 문제 등에 대해 적합한 해결 방안을 제시하는 학문이다.

(a) 방콕 물 축제

(b) 아프리카 물 부족

그림 1-1　　인간의 욕구와 자원의 희소성

출처 : www.shutterstock.com

그렇다면 우리가 자주 접하는 **미시경제학**(microeconomics)은 어떤 학문일까? 흔히 경제학은 미시경제학과 거시경제학(macroeconomics)으로 구분된다. 이러한 구분은 1929년 미국의 뉴욕 주식시장의 대폭락과 함께 전 세계적으로 확산된 대공황(The Great Depression) 이후 뚜렷하게 나타난다. 흔히들 미시경제학은 용어 자체에서 알 수 있듯이 작은 영역(micro)이란 의미로 경제 현상의 작은 영역을 다룬다. 즉, 미시경제학은 개별경제 단위인 소비자, 생산자, 투자자, 근로 자와 같은 경제주체들이 시장에서 선택하는 행위와 이들이 활동하는 시장에 대해 자세히 다루 는 학문이다.

다시 말해, 미시경제학은 경제주체들이 제한된 재화나 자원을 시장에서 최적으로 사용하는 방법에 대해 배우는 학문이다. 예를 들어, 미시경제학은 소비자가 주어진 소득을 어떻게 재화나 서비스의 구매로부터 자신의 효용을 극대화할 수 있도록 배분할 것인지를 설명한다. 또한 생산 자인 **기업**(enterprise)은 자신의 제한된 투자액을 가지고 근로자를 고용하고 새로운 기계를 구매 하여 서로 다른 제품들을 생산함으로써 이윤(profit)을 극대화할 수 있도록 또는 비용을 극소화 할 수 있도록 배분할 수 있는지를 설명한다. 아울러 근로자는 자신의 주어진 시간을 여가 또는 노동에, 한 직장 또는 다른 직장에 배분하여 어떻게 자신의 효용을 극대화 할 수 있는지를 설명 한다(Pindyck and Rubinfeld, 2005).

그러므로 미시경제학은 개별시장의 균형과 경제주체의 행위에 관심을 가짐에 따라 시장에서 결정되는 가격에 의해 자원의 효율적 배분(efficient resource allocation)과 소득의 공정한 분배 (equitable income distribution)가 합리적으로 이루어질 수 있도록 하는 데 중점을 두고 있다. 따 라서 미시경제학은 시장에서 가격 기능에 의해 이루어지는 배분(allocation)과 분배(distribution) 의 성격을 규명하고, 배분과 분배가 효율적이면서 공정하게 이루어질 수 있도록 효율성 (efficiency)과 공정성(equity)을 추구하는 학문이다.

그렇다면 이러한 효율성과 공정성을 추구하는 **미시경제학의 분석영역**(analysis area of micro-economics)은 어떻게 구분될까? 일반적으로 미시경제학은 크게 시장이론의 생산물 시장에 해당 하는 소비자이론(consumer theory)과 생산자이론(producer theory) 및 생산요소시장에 해당하는 노동과 자본 시장을 주로 다루며, 시장구조론(market structure theory)으로 완전경쟁시장(perfect competition market), 독점시장(monopoly market), 독점적 경쟁시장(monopolistic competition market), 과점시장(oligopoly market) 등을 포함할 뿐만 아니라 일반균형이론(general equilibrium theory)이나 후생경제학(welfare economics), 시장실패(market failure) 등도 함께 다룬다.

하지만 이 책에서는 주로 시장이론의 생산물시장과 생산요소시장에 중점을 두고 기존 미시경 제학의 수준보다는 다소 높은 수준에서의 미시경제학을 듀얼이론의 관점에서 설명한다. 우선, 듀얼이론을 통해 소비자이론과 생산자이론의 핵심인 수요함수와 공급함수의 도출 과정을 자세 히 언급한다. 다음으로, 듀얼이론의 관점에서 다양한 정리와 항등식 및 잉여 도출에 필요한 과

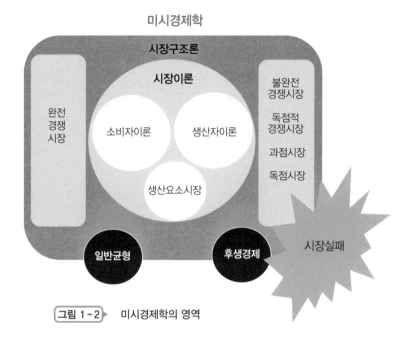

그림 1-2 ▶ 미시경제학의 영역

정들을 심도 있게 분석해봄으로써 정량적으로 추정 가능한 소비자 잉여(consumer surplus)와 생산자 잉여(producer surplus)를 도출한다. 그 외에도 완전경쟁시장 및 불완전경쟁시장(imperfect competition market)에서 기업의 이윤극대화를 위한 선택 및 잉여 도출 과정 등도 간략히 제시한다.

2. 미시경제학의 접근방법

2.1 상호교환관계

미시경제학은 소비자, 기업, 근로자가 직면하고 있는 상호교환(trade-off)의 관계를 설명한다. 즉, 미시경제학은 이런 상호교환 관계에 있어 어떠한 상호교환이 이들에게 있어 최적(optimum) 인지를 보여준다. 여기서 최적의 상호교환을 달성한다는 의미는 미시경제학에서 가장 중요한 주제 중 하나로서 소비자이론(consumer theory)과 생산자이론(producer theory)을 이끌어가는 자동차의 엔진에 해당한다고 보아도 무방하다(Pindyck and Rubinfeld, 2005).

소비자(consumer)　소비자는 재화와 서비스를 구매하기 위한 지출이나, 미래를 위한 저축에 사용할 수 있는 소득이 제한되어 있다. **소비자이론**은 소비자가 자신의 선호(preference)로부터 어떻게 하면 한 재화의 더 많은 양과 다른 재화의 더 적은 양을 교환함으로써 자신의 효용(utility)

가게에서 신선한 과일을 고르고 있는 소비자

그림 1-3 ▶ **소비자의 상호교환**

출처 : www.shutterstock.com

자동차 기업이 선택한 로봇시스템

그림 1-4 　기업의 상호교환

출처 : www.shutterstock.com

을 극대화할 수 있는가를 설명한다.

기업(enterprise)　　기업도 생산 가능한 제품의 종류와 이를 생산함에 있어 필요한 자원의 제한된 상황에 직면한다. 일례로, 현대 자동차 회사는 자동차를 잘 만들지만, 컴퓨터를 만드는 능력은 다른 기업에 비해 부족하다. 또한 기업은 생산부문에 투자하고픈 자금(funds)이나 공장의 가동할 만한 생산능력(production capacity)에 제한이 있을 수 있다. 이러한 제한된 능력 하에서 기업은 자신의 제품을 얼마나 생산할 것인가를 결정해야 하고, 이러한 결정에는 이윤극대화(profit maximization)나 비용극소화(cost minimization)를 추구하는 기업의 선택이 요구된다.

근로자(employee)　　근로자도 소비자와 마찬가지로 주어진 제약 하에서 상호교환을 하게 된다. 첫째, 사람들은 노동을 할 것인지, 그리고 노동을 한다면 언제, 얼마나 할 것인지에 대해 결정을 해야 한다. 또한 근로자가 택할 수 있는 일의 종류는 근로자가 받은 교육의 정도와 축적된 기술의 정도에 따라 달라지기 때문에 근로자는 지금 일하는 것과 미래를 위해 계속 교육을 받는 것 간에 상호교환의 관계를 갖게 된다. 둘째, 근로자는 직장을 선택함에 있어서도 상호교환의 관계를 갖게 된다. 즉, 어떤 사람은 이미 성장한 안정적인 대기업을 선택하고, 어떤 사람은 안정성은 다소 떨어지더라도 성장할 가능성이 있는 중소기업을 선택한다. 셋째, 근로자는 간혹 한 주당 몇 시간을 일할 것인지를 결정해야 하는데, 이는 노동과 여가 사이의 상호교환 관계가 있음을 의미한다.

일하면서도 쉬고 싶은 회사원

그림 1-5 ▶ 근로자의 상호교환

출처 : www.shutterstock.com

2.2 가격과 시장

상호교환의 관계만큼 미시경제학에서 중요한 주제는 가격(price)이다. 미시경제학에서 상호교환 관계는 경제 주체인 소비자, 기업, 근로자 등이 직면하고 있는 가격에 기초한다. 일례로, 소비자가 상품을 구매 시 어떤 상품을 구매할 것인가는 자신의 선호(preference)에 기초하여 선택한다. 그러나 그 선택의 중심에는 상품의 가격에 기초하여 이들을 상호교환하게 된다. 마찬가지로 기업도 근로자를 몇 명 고용할 것인지, 기계를 몇 대 구매할 것인지를 결정함에 있어 지불해야 할 비용, 즉 요소가격에 기초하여 상호교환 한다. 아울러 근로자도 자신의 노동의 대가로 받게 되는 임금, 즉 노동의 가격에 기초해 노동과 여가를 상호교환한다.

다음으로, 미시경제학에서 중요한 주제는 시장(market)이다. 미시경제학은 어떻게 가격이 시장에서 결정되는지에 대해서도 언급한다. 일반적으로 시장경제에서는 가격이 소비자, 기업, 근로자의 상호작용에 의해 결정된다. 상호작용은 구매자와 판매자 간의 거래가 일어나는 시장에서 주로 이루어지며, 시장 내에서의 경제 주체들 간의 상호작용에 의해 관련 재화의 가격이 결정된다. 따라서 미시경제학에서 시장의 역할은 소비자, 기업, 근로자가 경제행위를 할 수 있는 장(place)을 만들어주는 것이다. 아울러 경제주체들이 활동하는 시장은 경제주체들의 수와 시장의 정보수준, 재화의 동질성 유무, 재화의 이동 수준 등에 따라 완전경쟁시장, 불완전경쟁시장으로 구분되고, 불안전경쟁시장도 독점적 경쟁시장, 과점시장, 복점시장, 독점시장 등으로 나누어진다.

유가 하락에 충격을 받은 한 투자자

그림 1-6 ▶ **가격과 시장**

출처 : www.shutterstock.com

2.3 이론과 모형

미시경제학을 포함한 일반경제학은 사회현상에 대한 설명과 이를 기반으로 한 예측에 관심을 둔다. 예를 들어 원자재의 가격이 변함에 따라 기업은 어느 정도의 근로자를 고용하거나 해고하는지를 설명하고 예측한다.

　이처럼 사회과학인 경제학에서도 자연과학에서와 같이 이론에 기초하여 설명이나 예측이 가능하다. 이에 이론은 경제 행위로부터 목격되는 현상에 대해 기본적인 원칙과 가정을 가지고 설명하고자 개발된다. 따라서 경제현상을 쉽게 설명하기 위해서는 개발된 이론(theory)에 근거하여 모형(model)을 간단·명료하게 설정할 필요가 있다.

　일반적으로 모형 설정은 [그림 1-7]과 같은 과정을 거치는데, 이를 간략하게 설명하면 다음과 같다.

　첫째, 모형 설정은 분석하고자 하는 경제 상황 속에 자신을 두는 작업에서부터 출발한다. 즉, 자신을 비롯한 경제 활동을 영위하는 사람들이 특정 상황에서 어떤 행동을 추구하는지를 그 상황 안에서 살피는 사고적 전환이 필요하다.

　둘째, 모형의 형성과정에서 설계자는 전문용어(jargon)를 사용하지 않고, 단지 일반적인 표현으로 사람들의 행동에 대해 구두로 쉽게 표현해보는 것이 선행되어야 한다. 여기서 설계자는 사람들의 행동을 살피거나 이를 표현함에 있어 전문적인 경제 용어를 이용할 필요가 없으며, 단순히 사람들이 이해하기 쉬운 일반적 용어로 쉽게 그 현상을 설명해보는 것이 중요하다.

　셋째, 사람들이 추구하는 행동에 대해 자신의 용어로 쉽게 표현할 수 있을 정도로 이해가 되었다면, 설계자는 그 현상을 단순·명료하게 설명할 수 있는 그래프, 그림, 수학식 등을 이용하

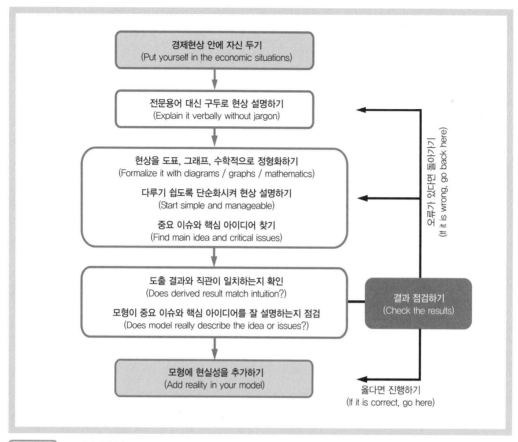

여 정형화·공식화·모형화 해보는 것이 중요하다. 여기서 이들의 행동을 단순화할 때 중요한 것은 핵심 아이디어나 중요 이슈 등을 잘 찾아내는 것이다.

넷째, 설계자는 이렇게 만들어진 공식(formal)이나 모형이 과연 자신이 이해하고 표현한 직관(intuition)과 일치하는지를 살피고, 이러한 공식이나 모형이 실제 경제현상에서 나타나는 문제들을 잘 설명하고 예외 없이 적용 가능한지를 다양한 경우의 수를 들어 검토해보아야 한다. 혹, 공식이나 모형을 검토하는 과정에서 자신이 이해하고 표현해본 직관과 일치하지 않는다든지, 아니면 단순화시킨 그래프, 그림, 수학식 등에 문제가 발생한다면 다시 둘째 또는 셋째 과정으로 돌아가(feedback) 어디서 문제가 생겼는지를 확인하는 수정 작업을 거쳐야 한다.

다섯째, 앞서 언급한 반복적인 수정 작업을 통해 분석하고자 하는 경제현상에 대해 단순명료하게 설명할 수 있는 공식이나 모형 등이 하자가 없이 작동한다면, 이것은 추후 이론으로 발전할 가능성이 높다. 특히, 이 단계에서 도출된 공식이나 모형 등이 이론으로 발전해가는 과정에

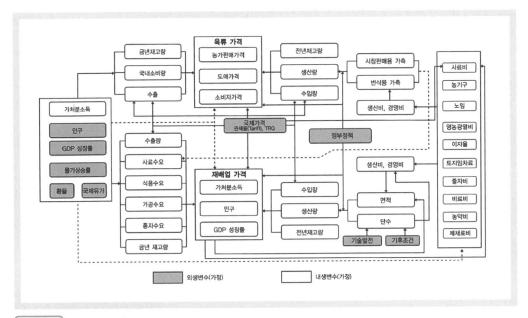

그림 1-8 이론과 모형

출처 : 서홍석 외, 농업부문 전망모형 KREI-KASMO 2017 운용 · 개발연구, 한국농촌경제연구원, 2017.

서 좀 더 현실에 부합하는 모형을 설정하고 싶다면 단계적으로 여러 경제적 요인들을 추가해보면서 이를 발전시켜 나가면 된다. 일례로 [그림 1-8]은 농업부문의 전망모형인 KREI-KASMO 모형을 도식화해본 것이다.

2.4   실증적 분석과 규범적 분석

경제학에서는 실증적 문제와 규범적 문제를 모두 다룬다. 실증적 문제는 경제현상에 대한 설명이나 예측에 관한 것이며, 규범적 문제는 경제현상이 어떻게 되어야 하는가에 관한 것이다.

　따라서 실증적 분석(positive analysis)은 인과관계(cause and effect)를 다루는 것으로 미시경제학의 주된 영역이다. 이러한 실증적 분석과 관련된 이론은 현상 설명을 위해 개발되고, 그 현상에 대해 검증하며, 향후 예측이 가능하도록 모형을 만드는 데 주로 이용된다. 아울러 예측을 위해 경제이론을 사용한다는 것은 개인이나 기업의 경영자, 그리고 공공정책의 입안자들뿐만 아니라 정부정책의 결정자들에게도 매우 중요하다.

　한편, 어떤 현상에 대해 어떻게 되어야 하는지를 판단함에 있어 "무엇이 최선인가"라는 질문을 던질 수 있고, 이러한 질문에 대한 적합한 답을 찾기 위해서는 규범적 분석(normative analysis)이 요구된다. 즉, 규범적 분석은 경제 상태가 어떻게 되어야 하는가를 다룸에 있어 개인적·사회적 가치판단의 요소가 추가적으로 가미된다는 것이다.

그러므로 실증적 분석에 기초한 경제학은 경제현상의 객관적 실태를 밝히는 것이고, 규범적 분석에 기초한 경제학은 경제현상에 대해 주관적 가치판단을 내리는 것이라고 할 수 있다.

2.5 미시경제학을 배우는 이유

미시경제학을 배우는 이유는 본 학문의 유용성과 폭넓은 적용성을 이해하기 위한 것으로 미시경제학의 원칙들이 경제활동(economic activity)을 하는 주체들의 실제 의사결정에 있어 어떻게 적용되어지는지를 알기 위함이다. 즉, 소비자의 의사결정과 기업의 의사결정이 어떻게 이루어지는지를 이해하는 것으로 소비자이론과 생산자이론을 통해 이들의 경제 행동 속에 숨어 있는 다양한 경제활동의 원리들을 찾아내보고자 하는 것이 핵심이다.

그림 1-9 ▶ 폴 앤서니 새뮤얼슨

미국 경제학자 새뮤얼슨의 고민(Paul Anthony Samuelson, 1915~2009)

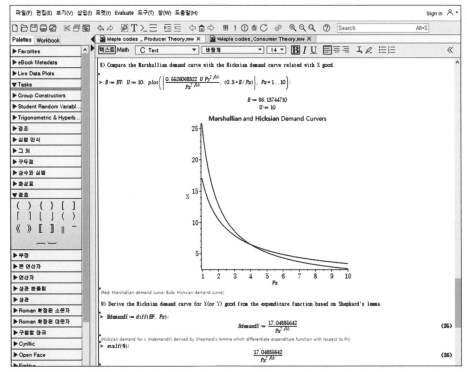

그림 1-10 ▶ Maple 수학 프로그램을 이용한 마셜 및 힉스 수요함수 도출

아울러 이런 원리를 이용하여 소비자와 생산자의 의사결정이 이들의 잉여(효용 또는 이윤)에 어떠한 영향을 미치는지를 수학적(Microsoft mathematics, Maple, Geogebra), 계량통계적(Excel, SAS, SPSS, Stata, Eviews, TSP, R) 프로그램 등을 이용하여 정량적으로 추정해낼 수 있다면 이것이야 말로 이론을 화석화시키지 않고 실생활에 적용함으로써 미시경제학이라는 이론적 학문이 왜 필요한지를 깨닫게 하는 즉답이 될 수 있을 것으로 여겨진다.

3. 소비자·생산자의 듀얼이론

3.1 소비자의 듀얼이론

소비자는 자신의 소득으로 구매할 수 있는 여러 상품들의 조합 중 가장 큰 만족을 얻을 수 있는 것을 선택한다. 이때 선택한 재화나 서비스의 조합은 각기 다른 만족을 가지는데 이를 **효용**(utility)이라고 한다. 즉, **효용**이란 선택한 재화나 서비스의 조합으로부터 자신이 얻는 만족도의 크기를 의미한다. 그리고 **효용함수**(utility function)는 소비하는 상품 조합의 양과 이로부터 얻게 되는 만족 정도를 함수관계로 나타낸 식을 의미한다.

소비자가 효용을 극대화하거나 지출을 극소화하기 위해서는 두 가지 조건이 우선적으로 전제되어야 한다. 첫째는 자신이 가진 예산을 모두 소비해야 한다. 둘째는 한계대체율(marginal rate of substitution)과 예산선(budget line)의 기울기가 같아지도록 해야 한다.

소비자의 입장에서 효용을 극대화시키든 지출을 극소화시키든 이들의 궁극적 목적은 자신의 선택으로부터 본인의 만족도의 크기를 가장 크게 하는 것이다. 그러므로 소비자이론(consumer theory)은 이를 위해 효용을 극대화하는 **원본문제**(primal problem)와 지출을 극소화하는 **쌍대문제**(dual problem) 중 어느 하나의 접근을 선택하게 된다.

우선, 소비자가 특정 재화에 대한 자신의 선택으로부터 효용을 극대화시킨다고 가정하자. 이때 소비자는 주어진 예산에서 효용을 움직이는 마셜수요곡선(Marshallian demand curve)을 도출할 수 있다. 다음으로, 소비자가 동일 효용을 달성하기 위해 자신의 선택으로부터 지출을 극소화시킨다고 가정하자. 이때 소비자는 주어진 예산에서 효용을 고정시키는 힉스수요곡선(Hicksian demand curve)을 도출할 수도 있다.

영국 경제학자 앨프리드 마셜(Alfred Marshall, 1842~1924)에 의해 소개된 마셜수요곡선은 한 재화의 가격 상승으로 소비할 수 있는 예산이 줄어들면 예산선이 이동하며, 이에 따라 효용 극대화 지점도 이동해 효용의 크기가 줄어든다. 이때 마셜수요곡선에서 가격 변화에 따른 수요량의 변화를 가져오는 총효과인 가격효과(price effect)는 대체효과(substitution effect)와 소득효과(income effect)의 합해진 결과로부터 도출된다.

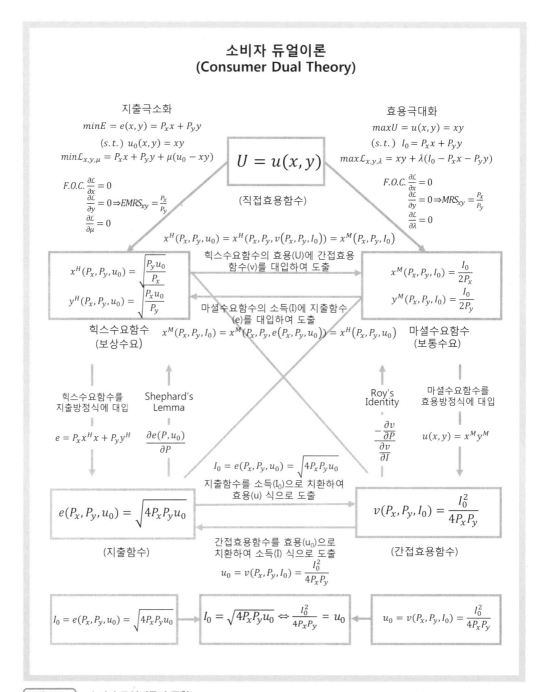

소비자 듀얼이론
(Consumer Dual Theory)

지출극소화

$minE = e(x, y) = P_x x + P_y y$

$(s.t.)\ u_0(x, y) = xy$

$min\mathcal{L}_{x,y,\mu} = P_x x + P_y y + \mu(u_0 - xy)$

$F.O.C.\ \frac{\partial \mathcal{L}}{\partial x} = 0$

$\frac{\partial \mathcal{L}}{\partial y} = 0 \Rightarrow EMRS_{xy} = \frac{P_x}{P_y}$

$\frac{\partial \mathcal{L}}{\partial \mu} = 0$

$$U = u(x, y)$$

(직접효용함수)

효용극대화

$maxU = u(x, y) = xy$

$(s.t.)\ I_0 = P_x x + P_y y$

$max\mathcal{L}_{x,y,\lambda} = xy + \lambda(I_0 - P_x x - P_y y)$

$F.O.C.\ \frac{\partial \mathcal{L}}{\partial x} = 0$

$\frac{\partial \mathcal{L}}{\partial y} = 0 \Rightarrow MRS_{xy} = \frac{P_x}{P_y}$

$\frac{\partial \mathcal{L}}{\partial \lambda} = 0$

$x^H(P_x, P_y, u_0) = x^H(P_x, P_y, v(P_x, P_y, I_0)) = x^M(P_x, P_y, I_0)$

$x^H(P_x, P_y, u_0) = \sqrt{\frac{P_y u_0}{P_x}}$

$y^H(P_x, P_y, u_0) = \sqrt{\frac{P_x u_0}{P_y}}$

힉스수요함수의 효용(U)에 간접효용
함수(v)를 대입하여 도출

마셜수요함수의 소득(I)에 지출함수
(e)를 대입하여 도출

$x^M(P_x, P_y, I_0) = x^M(P_x, P_y, e(P_x, P_y, u_0)) = x^H(P_x, P_y, u_0)$

$x^M(P_x, P_y, I_0) = \frac{I_0}{2P_x}$

$y^M(P_x, P_y, I_0) = \frac{I_0}{2P_y}$

힉스수요함수
(보상수요)

마셜수요함수
(보통수요)

힉스수요함수를
지출방정식에 대입

Shephard's
Lemma

Roy's
Identity

마셜수요함수를
효용방정식에 대입

$e = P_x x^H x + P_y y^H$

$\frac{\partial e(P, u_0)}{\partial P}$

$-\frac{\frac{\partial v}{\partial P}}{\frac{\partial v}{\partial I}}$

$u(x, y) = x^M y^M$

$I_0 = e(P_x, P_y, u_0) = \sqrt{4P_x P_y u_0}$

지출함수를 소득(I_0)으로 치환하여
효용(u) 식으로 도출

$e(P_x, P_y, u_0) = \sqrt{4P_x P_y u_0}$

$v(P_x, P_y, I_0) = \frac{I_0^2}{4P_x P_y}$

(지출함수)

간접효용함수를 효용(u_0)으로
치환하여 소득(I) 식으로 도출

$u_0 = v(P_x, P_y, I_0) = \frac{I_0^2}{4P_x P_y}$

(간접효용함수)

$I_0 = e(P_x, P_y, u_0) = \sqrt{4P_x P_y u_0}$

$I_0 = \sqrt{4P_x P_y u_0} \Leftrightarrow \frac{I_0^2}{4P_x P_y} = u_0$

$u_0 = v(P_x, P_y, I_0) = \frac{I_0^2}{4P_x P_y}$

그림 1-11 소비자 듀얼이론의 종합

영국 경제학자 앨프리드 마셜(Alfred Marshall, 1842~1924)   영국 경제학자 존 힉스(John Hicks, 1904~1989)

그림 1 - 12 ▶ 앨프리드 마셜과 존 힉스

한편, 영국 경제학자 존 힉스(John Hicks, 1904~1989)에 의해 소개된 힉스수요곡선은 지출을 극소화하는 가운데 가격 변화 이전이나 이후 모두 이전의 효용을 같은 수준으로 유지시켜야 하며, 소득효과는 제외하고 대체효과만을 고려한 수요관계를 설정한다. 여기서 힉스수요곡선의 주요 함의는 가격 변화로 인해 발생하는 실질소득 변화를 제거함으로써 소득효과가 발생하지 않도록 한다는 점을 들 수 있다.

듀얼이론적 접근으로 우선, 힉스수요함수의 효용을 간접효용함수(indirect utility function)에 대입하면 마셜수요함수가 도출되며, 마셜수요함수의 소득을 지출함수(expenditure function)에 대입하면 힉스수요함수가 도출된다. 다음으로, 힉스수요함수를 지출방정식(expenditure equation)에 대입하면 지출함수가 도출되며, '셰퍼드의 보조정리(Shephard's lemma)'를 이용하여 지출함수를 가격(P)으로 미분하면 힉스수요함수가 도출된다. 여기서 '**셰퍼드의 보조정리**'는 재화의 가격 변화에 따른 소비지출의 변화가 힉스수요함수와 동일함을 의미한다. 마셜수요함수를 효용방정식(utility equation)에 대입하면 간접효용함수를 얻을 수 있고, '로이의 항등식(Roy's identity)'을 이용하여 간접효용함수를 가격(P)과 소득(I)으로 미분하여 나누면 마셜수요함수를 얻을 수 있다. 여기서 '**로이의 항등식**'은 소득의 변화에 따른 간접효용의 변화를 가격 변화에 따른 간접효용 변화로 나누어준 값이 마셜수요함수와 같음을 의미한다. 더 나아가 지출함수를 효용에 대해서 풀게 되면 간접효용함수가 도출되며, 간접효용함수를 소득에 대해서 풀면 지출함수를 얻을 수 있다. 이렇듯 지출함수와 간접효용함수는 상호 역의 관계(inverse relationship)를 맺고 있다.

3.2 생산자의 듀얼이론

생산자이론(producer theory)에서는 기업이 일정 생산량을 산출하기 위해 어떻게 비용을 극소화시킬 것인지를 설명하며, 또한 생산량의 변화에 따라 비용이 어떻게 변하는지도 알아본다. 생산과 비용에 관한 이해는 시장 공급곡선(supply curve)을 이해하는 데 도움을 주며, 기업의 운영과 관련하여 발생하는 문제를 다루는 데도 도움이 된다. 기업의 생산은 소비자의 상품 선택의 제약(constraints)과 같이 생산의 결정함에 있어서도 제약이 존재한다. 이를 좀 더 자세히 살펴보면 다음과 같다.

첫째는 비용 제약이다. 기업은 노동(labor), 자본(capital), 그리고 기타 생산요소(other factors of production) 등의 가격을 고려하여 생산을 하게 된다. 여기서 기업은 어떤 재화를 생산하기 위한 총생산비용을 극소화하면서 생산량을 결정하고자 할 것이다. 이러한 결정은 부분적으로 기업이 사용하는 생산요소(factors of production)의 가격에 의해 결정되게 된다.

둘째는 생산요소의 선택 제약이다. 생산기술(production technology)이 주어지고, 노동, 자본, 기타 생산요소 등의 가격이 주어졌을 때, 기업은 개별 생산요소들을 얼마만큼 사용하여 최종 생산물을 생산할 것인가를 결정하게 된다. 예를 들어, 기업이 어떤 재화를 생산할 때 노동 풍부국인지 아니면 자본 풍부국인지 여부에 따라 생산요소의 가격을 고려하여 노동과 자본 중 어떤 생산요소를 더 많이 사용할 것인지를 결정하게 된다. 다시 말해, 생산기술을 통해 기업은 투입요소(inputs)로부터 생산물(outputs)을 산출하는데, 여기서 **생산요소**라고도 하는 투입요소는 기업이 생산과정에서 사용하는 모든 것을 포함한다. 아울러 기업은 생산요소들의 서로 다른 조합을 사용하여 동일한 수준의 생산량을 생산할 수 있으므로 생산요소의 선택에 신중을 기하게 된다.

생산자이론에서는 생산요소의 선택 경로는 크게 두 가지로 구분될 수 있다. 우선은 가격이 정해진 상태에서 생산요소를 가지고 상품 생산을 통해 이윤을 극대화시킬 수 있는 생산요소의 최적해(optimal solution)를 찾는 방법이다. 다음으로는 생산량이 일정한 상태에서 생산요소의 투입으로부터 생산비용을 극소화시킬 수 있는 생산요소의 최적해를 찾는 방법을 들 수 있다.

우선, 첫 번째 선택경로는 원본문제의 접근으로, 이윤극대화의 필요조건과 충분조건으로부터 기업의 **파생수요**(derived demand for inputs)가 도출되며, 도출된 파생수요를 생산방정식(production equation)에 대입하면 기업의 공급함수(supply function)가 도출된다. 또한 기업의 파생수요를 이윤방정식(profit equation)에 대입하면 기업의 간접이윤함수(indirect profit function)를 도출할 수 있다. 그리고 간접이윤함수를 '호텔링의 보조정리(Hotelling's lemma)'를 이용하여 풀게 되면 기업의 공급함수(firm's supply function)를 도출할 수 있게 된다. 그리고 기업의 간접이윤함수를 '호텔링의 보조정리'로 풀면 파생수요함수를 다시 도출할 수 있게 된다.

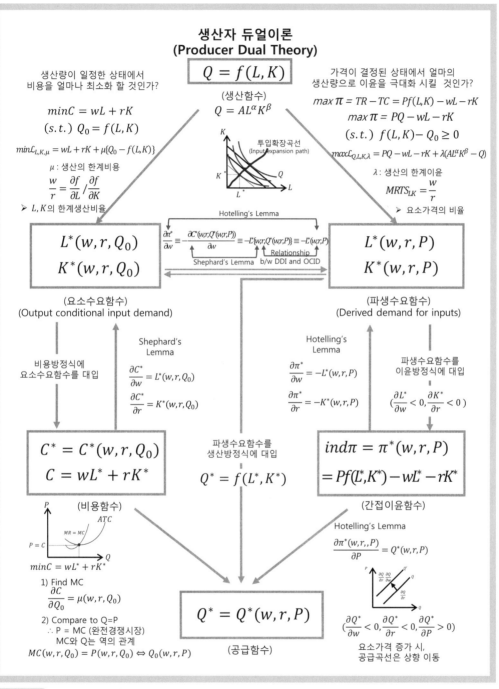

그림 1 - 13 생산자 듀얼이론의 종합

다음으로, 두 번째 선택경로는 쌍대문제의 접근으로, 비용극소화의 필요조건과 충분조건으로부터 기업의 조건부 요소수요(output conditional input demand)가 도출되며, 도출된 조건부 요소수요를 비용방정식(cost equation)에 대입하면 (간접)비용함수[(indirect) cost function]가 도출된다. 그리고 (간접)비용함수를 '셰퍼드의 보조정리'를 이용하여 풀게 되면 조건부 요소수요함수를 다시 도출할 수 있게 된다. 또한 완전경쟁시장이라는 가정하에 (간접)비용함수로부터 한계비용(marginal cost)을 찾고, 찾은 한계비용과 생산량의 역의 관계를 이용하여 기업의 공급함수를 다시 도출할 수 있게 된다.

그 외에도 파생수요함수와 조건부 요소수요함수도 '호텔링의 보조정리'와 '셰퍼드의 보조정리', 그리고 두 수요함수의 관계 등을 이용하여 상호 도출도 가능하다.

3.3 듀얼이론의 종합

쌍대성(duality)으로 불리는 듀얼원리는 소비자 또는 생산자의 최적 의사결정이 두 가지 관점, 즉 원본문제와 쌍대문제로 접근할 수 있다. 이때 원본문제의 상한(a upper bound)은 쌍대문제의 하한(a lower bound)이 되고 반대로 원본문제의 하한이 쌍대문제의 상한이 되기도 한다(Boyd and Vandenberghe, 2004). 즉, 원본문제의 극댓값을 찾는 것은 쌍대문제의 극솟값을 찾는 것과 동일하며, 원본문제의 극솟값을 찾는 것은 쌍대문제의 극댓값을 찾는 것과 동일하다는 것이다. 하지만 이 책에서는 독자들의 이해를 돕기 위해 원본문제를 효용 또는 이윤극대화로 쌍대문제를 지출 또는 비용극소화로 두고 설명한다.

일반적으로 듀얼원리에 있어 원본문제와 쌍대문제의 최적해(optimum solution)가 서로 같은 값을 가질 필요는 없으며, 이때의 차이를 **쌍대성 갭**(duality gap)이라고도 한다. 그러나 원점에서 볼록한(convex) 도형의 극대화 문제에 있어, 한 제한된 제약조건(a constraint qualification condition)이 주어진 경우에는 서로의 최적해가 일치하여 쌍대성 갭이 존재하지 않을 수도 있다. 예를 들어, 주어진 예산선과 만나는 가장 높은 무차별곡선(indifference curve)을 선택하는 원본문제는 가장 높은 무차별곡선을 주어진 것으로 두고 가장 낮은 지출선(expenditure line)을 선택하는 쌍대문제에 있어 쌍대성 갭이 0으로 서로 일치할 수도 있다는 것이다.

미시경제학에서 소비자이론의 듀얼 개념은 일반적으로 원본문제 접근방법인 소비자의 효용극대화와 쌍대문제의 접근방법인 지출극소화를 목표로 지출함수와 간접효용함수의 관계, 그리고 마셜수요함수와 힉스수요함수 간의 관계를 나타내는 데 사용된다.

기본적으로 지출함수는 지출극소화 함수이다. 반면 간접효용함수는 효용극대화 함수이다. 일반적으로 지출함수의 변수는 가격과 효용이고, 간접효용함수의 변수는 가격과 소득이다. 이 두 함수는 서로 긴밀한 관계를 형성하고 있다.

이와 유사하게 생산자이론의 듀얼 개념도 원본문제인 생산자의 이윤극대화와 쌍대문제인 비용극소화를 목표로 요소수요함수와 파생수요함수의 관계, 그리고 간접이윤함수와 비용함수의 관계를 나타내는 데 사용된다. 구체적으로 생산자이론에서는 비용을 극소화하기 위한 요소수요함수와 비용함수, 이윤을 극대화하기 위한 파생수요함수와 간접이윤함수로부터 공급함수까지의 긴밀한 관계를 갖게 된다.

이렇듯 듀얼이란 우선 소비자이론에서 소비자의 최적 의사결정이 양면성, 즉 두 가지 측면에서 분석 가능한데, 주어진 예산선과 만나는 가장 높은 무차별곡선을 선택하는 것이나, 주어진 무차별곡선과 만나는 가장 낮은 지출선을 선택하는 것이나 이들 모두 최적해를 도출할 수 있다는 것이다. 그리고 이로부터 도출된 힉스수요함수와 마셜수요함수나 힉스수요함수와 지출함수, 그리고 마셜수요함수와 간접효용함수도 쌍방향적 관계를 보인다는 것이다. 즉, 마셜수요함수와 힉스수요함수는 서로 의미하는 바가 다르고 함수도 다르지만 이들 수요함수는 상호 긴밀하게 연결되어 소비자의 효용극대화와 지출극소화를 도출할 수 있다는 것이다. 이때 두 최적해 간에 쌍대성 갭이 존재하지 않는다면 강 쌍대성(strong duality)이 성립하는 것이며, 쌍대성 갭이 존재한다면 약 쌍대성(weak duality)이 성립하게 되는 것이다(Borwein and Zhu, 2005). 여기서 **강 쌍대성**이란 쌍대문제에서의 최소 상한값이 원본문제에서의 최적(optimum)값 또는 극대값과 같다는 것이며, **약 쌍대성**은 만약 극대화 문제일 때, 쌍대문제를 통해 최소 상한값을 도출하였다면 이 값은 원본문제의 최적해의 상한이 됨을 의미한다. 즉, 원본문제의 최적값 또는 극댓값은 쌍대문제의 극솟값보다 작거나 같아야 함을 의미한다.

다음으로, 앞서 소비자이론의 듀얼과 같이 생산자이론에서는 개별기업의 생산요소 투입량에 대한 의사결정도 듀얼 성격을 갖는데, 최적의 노동과 자본의 양을 선택하는 문제는 등량곡선(iso-quant curve)에 접하는 가장 낮은 등비용선(iso-cost line)을 구하는 것과 주어진 등비용선에 접하는 가장 높은 등량곡선을 구하는 것이나 이들 모두 최적해를 도출할 수 있다는 것이다. 그리고 이로부터 도출된 파생수요와 조건부 요소수요나 조건부 요소수요와 비용함수, 그리고 파생수요와 간접이윤함수도 쌍방향적 관계의 상호작용(interactive relationship)을 보인다는 것이다. 일례로, 요소수요함수와 파생수요함수는 서로 의미하는 바가 다르고 함수도 다르지만 이들 수요함수는 상호 긴밀하게 연결되어 생산자의 이윤극대화와 비용극소화를 도출할 수 있다는 것이다. 또한 개별기업의 요소수요함수와 파생수요함수로부터 생산자가 목표로 하는 이윤극대화와 비용극소화의 공급곡선을 도출할 수도 있다는 것이다. 이때 생산자이론도 소비자이론과 마찬가지로 두 최적해 간에 쌍대성 갭이 존재할 수도 있고, 존재하지 않을 수도 있다.

이처럼 소비자이론과 생산자이론에서의 듀얼이란 마치 동전의 양면이 하나의 동전을 이루고 있듯이 소비자와 생산자의 선택에 따라 서로 양면성은 있으나 추구하는 목적은 하나로 결정되어짐을 의미한다고 할 수 있다. 즉, 2구 콘센트의 어떤 쪽에 플러그를 꼽아도 전기가 오듯 듀얼이론도 원본문제로 접근하든 쌍대문제로 접근하든 찾고자 하는 최적해를 도출할 수 있다는 것이다.

아울러 듀얼이론의 가장 중요한 측면은 수요함수와 공급함수를 최적화(optimization) 문제로 해결하는 대신 특정 함수를 가격 등으로 미분하여 수요함수와 공급함수를 유도할 수도 있다는 것이다. 또한 듀얼 공식을 이용함으로써 일반적으로 미시경제학에서 외생변수로 간주되는 가격에 기초하여 공급함수의 도출 과정도 파악할 수 있다.

그러므로 듀얼이론의 경험적 또는 실제적 적용은 매우 중요하며, 실제로 듀얼이론을 적용한 실험적 논문이 20세기 후반 들어 많이 발표되었다. 이러한 사례로 Appelbaum and Harris(1974), Burgess(1973), Berndt and Christensen(1974), Christensen, Jorgenson and Lau(1973, Chambers(1988) 등을 들 수 있다. 그 외에도 듀얼이론은 아주 간단한 방법으로 비교정태적 결과를 도출할 수 있다는 것인데, 이러한 사례로 순수무역이론의 유명한 정리(theorems)를 제시한 Diewert(1974), Woodland(1973, 1977) 등의 논문을 들 수 있다.

그림 1-14 ▶ 채찍을 맞으며 달리는 마차

출처 : www.shutterstock.com

소비자이론

▲ 식료품 구매에 행복을 느끼는 젊은 부부
출처 : www.shutterstock.com

1. 효용과 효용함수

2. 지출과 지출함수

3. 효용극대화 및 지출극소화

4. 소비자 선택에 따른 수요함수의 듀얼이론

5. 수요함수 결정 및 소비자 잉여

6. 소득변화에 따른 최적선택

7. 소비자 듀얼이론의 응용 : Maple 2019 활용

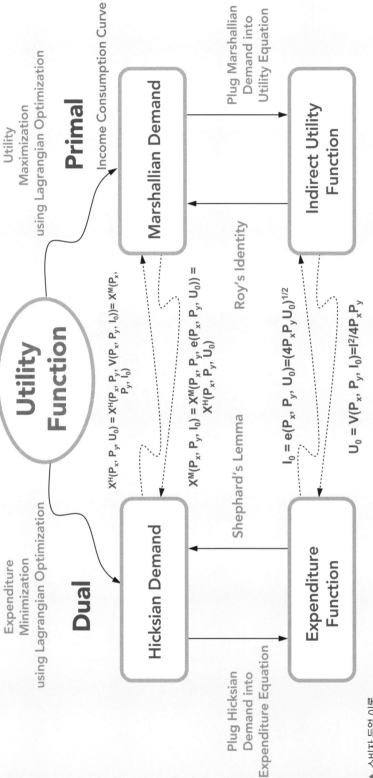

▲ 소비자 듀얼 이론

1. 효용과 효용함수

1.1 효용

소비자는 선택을 내리기 전에 어떤 것들을 고려하는지에 대해 여러분의 경우를 예로 들어 보자. 여러분이 자전거라는 재화와 요가학원이라는 서비스 중 어떤 것을 선택할지를 두고 고민을 하고 있다고 가정하자. 우선, 가장 먼저 고려할 것은 여러분이 가진 돈, 즉 예산일 것이다. 두 번째로, 예산을 모두 사용한다는 조건하에 어떤 선택을 내리는 것이 가장 큰 만족감을 가져다줄 것인지에 대하여 고민할 것이다. 자전거 3대를 구입하거나, 요가학원을 1년 등록하거나, 자전거를 1대 구입하고 남은 예산으로 요가학원을 6개월 등록하거나, 각각의 경우가 여러분에게 가져다주는 만족감은 같거나 다를 수 있을 것이다. 이렇게 재화와 서비스의 조합들이 가져다주는 만족도의 크기를 우리는 **효용**(utility)이라고 부른다.

[그림 2-1] **파머스 마켓을 선호하는 한 여자 고객**

출처 : www.shutterstock.com

여러분 개개인은 모두 소비자이며, 소비자의 선택은 자신의 소득으로 구매할 수 있는 상품 조합 가운데 가장 큰 효용을 가져다주는 것을 선택하는 과정을 의미한다. 개별 소비자는 상품에 대한 선호를 다양하게 나타낼 수 있다. 즉, 선호(preference)의 차이가 존재하듯 선택의 조합도 다양하게 존재할 수 있다. 개개인들의 서로 다른 선택(choice)의 조합에 따라 이들의 효용도 다양한 형태로 존재한다. 따라서 시장에서 이루어질 소비자의 선택을 예측하기 위해서는 어떤 상품의 조합이 다른 상품의 조합보다 상대적으로 효용이 큰지 아니면 작은지를 파악해야 한다.

이렇게 다양한 소비자의 선택 행위를 좀 더 구체적이고 체계적으로 표현하기 위해 도입된 것이 효용함수(utility function)이다. **효용함수**란 소비하는 상품 조합의 양과 이를 통해 소비자가 얻게 될 효용 수준을 함수관계로 나타낸 식을 의미한다(문근식, 2016). 예를 들어, 재화 x와 재화 y의 효용함수를 식 (2.1)과 같이 나타낼 수 있는데, 이는 x재와 y재를 소비할 때 소비자가 받는 만족도의 크기로 해석된다.

$$U = u(x, y) \tag{2.1}$$

일반적으로 우리는 어떠한 상품 조합을 더 선호하는지만 고려하고 얼마만큼 더 선호하는지에 대해서는 신경 쓰지 않는다. 왜냐하면 사람들의 주관적인 만족도는 구체적인 단위로 측정하는 것이 불가능하며, 각 상품 조합의 선호되는 순서만으로도 어떤 선택이 소비자에게 더 나은 만족도를 주는지를 판단하기에 충분하기 때문이다. 즉, 소비자는 상품 조합에 대해 어느 것이 더 좋은지 나름대로 순서를 정할 수 있는데, 이를 소비자의 선호체계(preference system)라고 한다. 그리고 소비자의 선호체계가 성립하려면 다음의 다섯 가지 공리(axioms)가 충족되어야 한다.

첫째, 선호체계가 완비성(completeness)을 가져야 한다. 이것은 어떤 상품 조합들도 서로 비교되어 선호 순위가 정해질 수 있어야 한다는 것이다. 즉, 상품 조합 A와 B의 선호 순위를 정한다고 하면, 소비자는 상품 조합 A를 상품 조합 B보다 더 선호하거나($A > B$), 상품 조합 B를 상품 조합 A보다 더 선호하거나($B > A$), 상품 조합 A와 상품 조합 B를 똑같이 선호하거나($A \sim B$) 중의 하나로 그 선호순위를 정할 수 있어야 한다.

둘째, 선호체계는 반사성(reflectivity)이 있어야 한다. 이것은 소비자에게 2개의 동일한 상품 조합이 주어진다면, 상품 조합 A와 B는 같으며, 서로 무차별하다($A \sim B$)는 것이다. 즉, 상품 조합인 A와 B가 서로 같다면, 소비자의 선호도 동일한 선호순위(rank)를 가진다는 것이다.

셋째, 선호체계는 이행성(transitivity)이 있어야 한다. 이것은 소비자의 선호순위를 정하는 행위에 있어 일관성이 있어야 한다는 것이다. 즉, 만일 소비자가 상품 조합 A를 상품 조합 B보다 더 선호하고($A > B$), 상품 조합 B를 상품 조합 C보다 더 선호한다면($B > C$), 소비자는 상품 조합 A를 상품 조합 C보다 당연히 더 선호해야 한다($A > C$)는 것이다.

넷째, 선호체계는 연속성(continuity)이 있어야 한다. 이것은 상품 조합 A가 상품 조합 B보다 선호하고, 상품 조합 C가 상품 조합 B와 충분히 근접해 있다면, 이때 상품 조합 A가 상품 조합 C보다 선호된다(A > C)는 것이다.

다섯째, 효용이 존재하는 재화에 대해서는 양이 많은 쪽이 양이 적은 쪽보다 항상 선호하게 된다(more is better than less)는 것이다. 즉, 상품 조합 A의 양이 많다면, 양이 적은 상품 조합 B보다 더 선호하게 된다(A > B)는 것이다. 이는 두 재화 모두 A상품 조합이 B상품 조합보다 더 많기 때문이다.

이상의 소비자 선호체계는 증명이 필요 없이 당연히 충족되어야 하는 공리로 이 중 어느 하나라도 충족되지 않으면 소비자의 이론은 성립되지 못하게 됨을 알아둘 필요가 있다.

1.2 예산선과 무차별곡선

예산선

소비자의 선택행위에는 현실적인 제약요소가 존재한다. 현실에서 상품 조합을 구입하는데 소비자들이 지출할 수 있는 소득의 크기는 주어진 것으로, 이를 예산제약(budget constraint)이라고 한다. 다시 말해, 소비자의 효용극대화는 주어진 소득(income) 내에서 합리적으로 구입 가능한 범위 내에서 달성될 수 있는 것이다. 물론, 현실 생활에서는 대출 신청 또는 신용카드 이용 등을 통해 주어진 소득을 벗어난 상품 구매도 이루어지지만 여기서는 주어진 소득 내에서 상품을 구매하는 것으로 제한한다.

그림 2 - 2 상품을 구매하기 위해 돈을 세고 있는 한 고객

출처 : www.shutterstock.com

어떤 사람에게 주어진 소득의 크기를 I(income)로 두고, 이 소득 I를 가지고 재화 x와 재화 y를 소비해야 한다면 이 사람의 예산제약은 식 (2.2)로 표현할 수 있다.

$$I = P_x x + P_y y \qquad (2.2)$$

여기서 P_x와 P_y는 재화 x와 y의 가격을 의미한다. 이 예산제약을 그래프에 옮기기 위해 위의 식을 y에 대해 풀면, 식 (2.2.1)로 나타낼 수 있다.

$$y = -\frac{P_x}{P_y}x + \frac{I}{P_y} \qquad (2.2.1)$$

이 식을 [그림 2-3]으로 나타내면 y축의 절편이 I/P_y이고, y가 0일 때 x축 절편은 I/P_x이며, 기울기는 $-P_x/P_y$인 선분이 되는데, 이를 예산선(budget line)이라고 부른다.

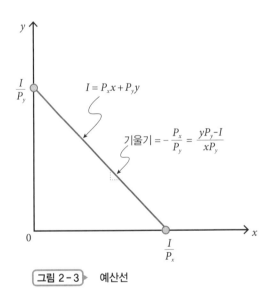

그림 2-3   예산선

그러므로 **예산선**은 주어진 소득을 모두 소비하였을 때 구입할 수 있는 상품 조합의 집합을 그림으로 나타낸 것이라고 해석할 수 있다.

무차별곡선

무차별곡선(indifference curve)은 소비자에게 동일한 수준의 만족감을 주는 모든 상품 조합들의 집합을 하나의 곡선으로 나타낸 것으로, 수많은 상품 조합들 중 동일한 효용수준을 제공하는 상품 조합들만을 연결하여 도출한 곡선을 의미한다. 그리고 x재와 y재의 조합으로부터 소비자

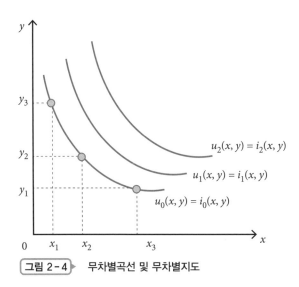

그림 2-4 무차별곡선 및 무차별지도

의 선호를 나타내는 여러 개의 무차별곡선을 **무차별지도**(indifference map)라고 하며, 이를 도식화해보면 [그림 2-4]와 같다.

효용에 대한 무차별곡선은 $u(x, y)$인 함수를 가지며, $i(x, y)$로 표기하기도 한다. 이와 같이 하나의 무차별곡선상에 있는 상품 조합들에 대해서는 소비자의 주관적인 만족도의 크기도 모두 무차별(indifference)하다. 이어서 무차별곡선의 속성(properties of indifference curves)을 정리해보면 다음과 같다.

첫째, 상품공간에 속한 모든 상품 조합은 그 점을 지나는 하나의 무차별곡선이 반드시 존재한다는 완비성(completeness)을 가지고 있다.

둘째로, 무차별곡선은 서로 간에 교차하지 않는다는 이행성(transitivity)도 가지고 있다. 만일 무차별곡선이 서로 교차한다면 선호체계의 세 번째 조건인 이행성 위반으로 선호에 모순이 발생할 수 있다.

셋째로, 무차별곡선은 우하향하는 형태(downward sloping shape from left to right)를 가지는데 이는 효용수준이 같다고 할 때 어떤 상품의 소비량을 증대시키기 위해서는 다른 어떤 상품의 소비량을 반드시 감소시켜야 함을 의미한다.

넷째로, 무차별곡선은 원점에서 멀어질수록 높은 효용수준을 가진다는 것이다. 이는 선호체계의 다섯 번째 조건과 같이 상품의 양이 더 많은 상품 조합이 언제나 더 높은 효용을 제공함에 기인한다.

다섯째, 무차별곡선은 원점에서 보았을 때 볼록한 형태(convexity from origin)를 취한다는 것이다. 여기서 볼록성은 소비자들이 한 가지만으로 구성된 극단적인 상품 조합보다는 여러 상품이 골고루 섞여 있는 상품 조합을 더 선호하기 때문이다. 예를 들어, 사람들이 치킨을 주문할 때 한 종류의 치킨만 주문하는 것이 아니라 프라이드, 양념, 간장 치킨 등을 골고루 주문하는 경우를 생각해보면 이해가 쉬울 것이다.

효용함수로 표현 가능한 선호 체계로 인해 무차별곡선은 앞서 언급한 것처럼 우하향하면서 원점에 대해 볼록하고, 오른쪽으로 갈수록 그것의 기울기가 점점 완만해지는 형태를 가짐도 확인할 수 있다.

또한 여러 개의 무차별곡선을 모아 놓으면 무차별지도(indifference map)가 되는데 무차별지도는 소비자의 선호가 어떤 성격을 가지는지를 요약해서 보여줄 수 있다. 그러나 무차별지도는 특정한 크기의 효용을 나타낼 수 없으므로 개별 무차별곡선이 어떤 수준의 효용을 갖는지를 측정하는 기수적 효용측정(cardinally measurable utility)은 어려우나 무차별곡선들의 다양한 상품 조합을 비교하여 선호도에 따라 효용의 순위를 매기는 서수적 효용측정(ordinally measurable utility)은 가능함을 알아둘 필요가 있다.

볼록성과 한계대체율

무차별곡선의 볼록성을 영어로 표현하면 'quasi-concavity'로 표현 가능한데, 이는 수학적으로 식 (2.3)과 같이 나타내며, 이를 도식화하면 [그림 2-5]와 같다.

$$u_0(x,\ y) = u(x_a,\ y_a) = u(x_b,\ y_b) \tag{2.3}$$
$$u[\alpha x_a + (1-\alpha)x_b,\ \alpha y_a + (1-\alpha)y_b] > u_0(x,\ y)$$

[그림 2-5]를 통해 a와 b점 사이에 있는 선분 위의 한 점의 효용수준이 적어도 u_0 효용보다

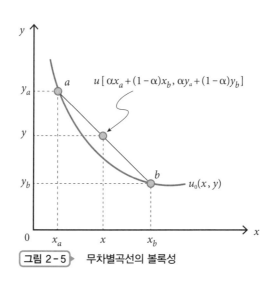

그림 2-5 ▶ 무차별곡선의 볼록성

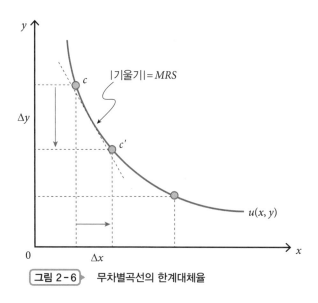

그림 2-6 무차별곡선의 한계대체율

높은 효용 수준을 가짐을 알 수 있다.

무차별곡선의 볼록성이 가지는 경제학적 의미를 알기 위해서 먼저 무차별곡선의 기울기가 두 재화 사이의 교환비율을 나타내고 있음을 알아야 한다. 예를 들어, x재화 한 단위를 더 소비(Δx)하기 위해 포기하고자 하는 y재화의 양(Δy)이 두 재화 x와 y의 교환비율이 되는 것이다.

[그림 2-6]에서 보듯이, y재화를 Δy만큼 줄이는 대신 x재화를 Δx만큼 늘린다면 소비자의 선택은 상품 조합 C에서 C'로 이동한다. 하지만 두 점 모두 하나의 무차별곡선 위에 있기 때문에 소비자는 점 C와 점 C' 중 어떤 것을 선택하더라도 동일한 효용을 얻을 수 있다. 이처럼 소비자가 Δx만큼과 Δy만큼을 바꾸어도 똑같은 만족감을 얻게 되는 두 재화 사이의 주관적인 교환비율을 **한계대체율**(marginal rate of substitution)이라고 부르며, 이 비율은 무차별곡선 위의 한 점에서 잰 기울기의 절댓값과 그 크기가 같다.

그러므로 한계대체율은 하나의 재화를 얻기 위해 다른 한 재화가 동등한 만족을 준다는 전제하에서 포기할 용의가 있는 재화의 양이며, 한계대체율과 무차별곡선의 관계는 식 (2.4)와 같이 나타낼 수 있다.

$$MRS_{xy} = \left| -\frac{\Delta y}{\Delta x} \right| = | \text{무차별곡선의 기울기} | \tag{2.4}$$

여기서 효용수준을 똑같게 유지하면서 두 재화 간의 대체가 이루어지는 비율을 의미하는 한계대체율은 한계효용(marginal utility)이라는 개념을 사용하여 재화 간 한계효용의 비율이라고도 표현할 수 있다.

한계효용(marginal utility)이란 특정 재화 한 단위를 더 소비함에 따라 추가적으로 얻을 수 있는 총효용(total utility)의 크기를 말하는 것으로, 만약 재화 x의 소비량이 변화한다면 du/dx 만큼의 효용이 변할 것이다. 또 두 재화를 소비함에 있어 x의 소비량이 증가하였다면 x재화와 y재화의 선택비율은 무차별하므로 그에 해당하는 만큼의 y재 소비량을 줄여야 할 것이며, 이에 따른 효용의 변화분을 du/dy로 나타낼 수 있다. 이러한 관계를 식으로 표현하면 아래의 식 (2.5)와 같이 표기할 수 있다.

$$\frac{\dfrac{du(x,y)}{dx}}{\dfrac{du(x,y)}{dy}} \tag{2.5}$$

분자 du/dx는 재화 x의 한계효용으로, y가 일정할 때 x의 소비량이 변화함에 따라 총효용이 어떻게 달라지는가를 의미하고, 마찬가지로 분모 du/dy는 재화 y의 한계효용을 나타낸다. 따라서 식 (2.5)는 다음의 식 (2.5.1)과 같이 바꾸어 표기할 수 있다.

$$\frac{\dfrac{du(x,y)}{dx}}{\dfrac{du(x,y)}{dy}} = \frac{MU_x}{MU_y} \tag{2.5.1}$$

만일 위와 같은 상품 조합의 변화가 특정한 비율로 이루어져 소비자에게 주는 전체적인 만족도의 수준에는 영향을 끼치지 않는다면 해당 상품 조합들은 하나의 무차별곡선상에 놓여 있을 것이며, 각 변화분의 비율은 한계대체율과 같아질 것이다. 즉, 재화 x와 y에 대한 한계효용의 비율은 두 재화에 대한 소비자의 주관에 따른 상품 사이의 교환비율을 뜻하는 한계대체율(MRS)과 일치하여, 결국 식 (2.6)이 됨을 알 수 있다.

$$\frac{dy}{dx} = \frac{MU_x}{MU_y} = MRS_{xy} \tag{2.6}$$

[그림 2-6]에서 볼 수 있듯이 무차별곡선은 우하향 할수록 그 기울기가 완만해지는데, 동일한 효용수준에서 점 C에서 점 C'로 이동함에 따라 재화 x, y 간의 대체비율이 변화하여 점차 작아지기 때문이다. 다시 말해, x재를 일정량 더 소비하기 위하여 포기하는 y재의 양이 작아진다는 것이다. 그러므로 '**한계효용체감의 법칙**(law of decreasing marginal utility)'이 성립하는 재화들의 소비조합이 소비자들에게 똑같은 효용을 제공할 때 '**한계대체율체감의 법칙**(law of decreasing marginal rate of substitution)'도 성립할 수 있다. 다시 말해, 동일한 효용 수준 하에서 한 재화의 소비량을 증가시키려면 반드시 다른 재화의 소비량을 감소시켜야 함을 의미한다.

1.3 효용방정식

사람들이 느끼는 주관적인 효용은 모두 다르지만 한 두 사람이 모여 많은 사람들의 선호체계를
살펴보면 어느 정도의 패턴이 존재할 것이다. 예를 들어, A라는 국가에 B, C, D라는 세 사람이
살고 있다고 가정해보자. 이들이 소비하는 재화는 쌀과 물고기이다. B는 쌀 한 포대와 물고기
세 마리를 소비하는 데 그가 느끼는 효용은 3이다. C는 쌀 두 포대와 물고기 두 마리를 소비하
고, D는 쌀 세 포대와 물고기 네 마리를 소비하는 데 이들이 느끼는 효용은 각각 4와 12라고 가
정하자.

표 2-1 소비자의 상품 조합의 선택 변화에 따른 효용의 변화

사람	쌀 소비량(포대)	물고기 소비량(마리)	효용
B	1	3	3
C	2	2	4
D	3	4	12

이들의 효용은 쌀 소비량과 물고기 소비량의 곱으로 나타나는 것을 알 수 있다. 이렇듯 개인
이 어떤 재화의 조합을 소비할 때 느끼는 효용은 사회 전체적으로 볼 때 어느 정도의 패턴을 가
지게 된다. 이 패턴을 바탕으로 우리는 **효용방정식**(utility equation)을 만들 수 있다. 여기서는
위의 사례를 바탕으로 식 (2.7)과 같은 효용방정식을 도출할 수 있게 된다.

$$u(x, y) = xy \tag{2.7}$$

이처럼 소비자의 선택이 일정한 패턴을 보여 식 (2.7)과 같은 효용방정식을 도출할 수는 있으
나, 이러한 패턴 또한 개인의 상품 선택의 주관적 만족도의 차이로 인해 실제로는 기수적 효용
방정식의 도출이 거의 불가능함을 유념할 필요가 있다. 또한 효용방정식은 등식에 효용에 영향
을 주는 변수가 들어있는 특정 수식$[u(x, y) = xy]$을 의미하는 반면, 효용함수는 재화의 소비량과
효용과의 관계를 함수 형태$[U = u(x, y)]$로 나타낸 것을 의미한다.

1.4 간접효용함수

앞서 설명하였듯이 효용을 직접적으로 추정하는 것이 거의 불가능함을 언급한 바 있다. 그러므

로 효용을 추정하기 위해 미시경제학에서는 소득과 가격을 통해 간접적으로 효용함수를 도출하는데 이를 **간접효용함수**(indirect utility function)라 한다. 즉, 상품가격이 변하면 예산선 역시 변하게 되고, 이에 따라 주어진 예산조건하에서 누릴 수 있는 최대 효용수준 역시 달라진다. 그러므로 주어진 소득과 가격의 예산조건하에서 소비자가 선택할 수 있는 최적 상품의 조합으로부터 최대한으로 얻을 수 있는 효용이 바로 간접효용함수이다.

예를 들어, 효용에 대한 방정식 $u(x, y) = xy$ (2.7)과 예산선 $P_x x + P_y y = I_0$ (2.7.1)이 주어져 있을 때, 효용에 대한 방정식 식 (2.7)은 효용극대화라는 목적을 가진 목적함수이고, 예산선 식 (2.7.1)은 주어진 예산이라는 제약을 가진(subject to: s.t.) 제약함수라고 볼 수 있다. 목적함수와 제약함수를 이용하여 **라그랑주 함수**(Lagrange function)[1]를 도출하여 소비자가 최적선택을 내렸을 때 효용수준을 구할 수 있다. 이는 곧 아래의 식 (2.8)로 표현할 수 있는데, 제약함수 앞의 λ는 예산(제약)이 한 단위 증가할 때 효용(목적)이 얼마나 증가하는가를 나타내는 것으로 소득의 한계효용(marginal utility of income)이라 볼 수 있다.

$$u(x, y) = xy \tag{2.7}$$

$$(s.\,t.)\ P_x x + P_y y = I_0 \tag{2.7.1}$$

$$\mathcal{L} = xy + \lambda(I_0 - P_x x - P_y y) \tag{2.8}$$

식 (2.8) 라그랑주 함수($\mathcal{L}$)를 극대화시키는 최적의 조합을 찾고자 라그랑주 함수를 x, y, λ의 제어변수로 편미분하여 각각을 0으로 두면 우리가 뒤에서 다룰 마셜수요곡선인 보통수요곡선(ordinary demand curve)을 아래와 같이 도출할 수 있다.

$$x = x^M(P_x, P_y, I_0) \tag{2.9}$$

$$y = y^M(P_x, P_y, I_0) \tag{2.10}$$

그리고 이를 앞서 정의한 효용방정식 $u(x, y) = xy$에 대입하면 식 (2.11.1)과 같이 나타낼 수 있는데, 이를 간접효용함수(indirect utility function)라고 한다.

$$u(x^M, y^M) = u[x^M(P_x, P_y, I_0), y^M(P_x, P_y, I_0)] \tag{2.11}$$

$$= v(P_x, P_y, I_0) \tag{2.11.1}$$

도출된 간접효용함수는 소득(I_0)과 상품가격(P_x, P_y)이 주어졌을 경우 얻을 수 있는 최대 효용(maximum utility)을 의미한다.

---

1 라그랑주 함수는 하나 이상의 제약조건이 있을 때 어떠한 함수를 극대화 또는 극소화하는 수학 기법인 '라그랑주 승수법(Lagrangian multiplier method)'을 이용하여 도출한 함수이다. 이에 대한 이론적 내용은 제2부 소비자이론 제3장 효용극대화 및 지출극소화의 (1) 라그랑주 함수를 참고하기 바란다.

> **더 생각해보기**   **쿠르노 집합조건**

우리는 듀얼이론의 한 축인 제2부의 소비자이론에서 '효용'의 의미를 이해하고, 재화에 대한 소비자의 선택으로부터 효용을 극대화하고자 이를 정량적으로 측정하고 수요(demand)를 추정할 수 있는 수학적 도출 과정을 라그랑주 함수를 통해 살펴보았다.

앞서 우리는 미시경제학을 배우는 이유를 미시경제학 주체들의 의사결정 방식을 이해하고, 이를 통해 경제주체들의 향후 행보를 예측하기 위함에 있다고 언급한 바 있다.

예를 들어 커피에 대한 수요함수를 추정한 후 가격탄력성(price elasticity) 도출을 통하여 스타벅스 커피의 가격이 1원 하락할 때 스타벅스 커피에 대한 수요(량)가 어떻게 변하는지를 분석할 수 있다. 아울러 분석된 결과에 기초하여 스타벅스는 커피 시장에서 자사 커피를 얼마나 더 생

그림 2-7   **앙투안 오귀스탱 쿠르노**
프랑스 경제학자 쿠르노(Antoine Augustin Cournot, 1801~1877)

산해야 하는지를 예측하고 이에 기초하여 생산(량)을 조절하려 할 것이다.

또한 스타벅스는 자사 커피의 가격이 하락할 때 타 브랜드 커피에 대한 수요(량)가 어떻게 변화하는지도 분석해보고자 할 것이며, 이를 통해 자사의 행보도 달라질 수 있을 것이다. 여기서 프랑스 경제학자 앙투안 오귀스탱 쿠르노는 '쿠르노의 집합조건(Cournot aggregation condition)'의 수학적 접근을 통해 수요의 '교차가격탄력성(cross-price elasticity of demand)'의 특성을 파악하고, 이에 기초하여 타 브랜드의 재화 수요(량) 변화를 예측할 수 있음을 제시하였다.

■ 쿠르노의 집합조건

재화의 성질을 파악하는 데 있어서 탄력성(elasticity)은 중요한 역할을 한다. **탄력성**이란 간단하게 말해 독립변수의 변화율(%)에 따른 종속변수의 변화율(%)이다. 이러한 정의에 따라 가격 P와 x재의 수요량의 관계를 나타내는 수요함수를 $x=f(P)$라고 할 때, 수요의 가격탄력성(price elasticity of demand)은 다음과 같이 구할 수 있다.

$$\varepsilon_{ii} = \lim_{\Delta P \to 0} \frac{\Delta x/x}{\Delta P/P} = \lim_{\Delta P \to 0} \frac{P}{x} \frac{\Delta x}{\Delta P} = \frac{P}{x} \frac{dx}{dP} \tag{2.12}$$

식 (2.12)의 수요의 가격탄력성은 재화의 수요량이 이 재화의 자체 가격 변화에 얼마나 민감하게 반응하는지를 나타낸다. 한편, 다른 모든 조건이 일정하다고 가정할 때 어떤 재화의 가격

【 한국인이 좋아하는 커피전문점 브랜드는? 】

② 이디야		15.0%
③ 투썸 플레이스		5.0%
③ 엔젤리너스		5.0%
⑤ 커피빈		4.0%
⑥ 할리스		2.0%
⑥ 탐앤탐스		2.0%
⑥ 빽다방		2.0%
⑨ 카페베네		1.3%
⑩ 파스쿠찌		1.0%

① 스타벅스
39.0%

> **그림 2 – 8**　스타벅스 아메리카노 가격 변동 및 한국인이 좋아하는 커피 브랜드

자료 : 한국 갤럽, 2019년 전국 만13세 이상 남녀 1,700명 자유응답

이 변하면 그 재화와 보완성 또는 대체성을 가진 다른 재화의 수요량에도 민감하게 반응할 수 있다. 이때 어떤 재화의 가격이 변화함에 따라 다른 재화의 수요량의 변화를 나타내는 지표를 수요의 교차가격탄력성(cross-price elasticity of demand)이라 하며, 이것을 식으로 표현하면 식 (2.13)과 같다.

$$\varepsilon_{ij} = \frac{P_j}{x_i}\frac{dx_i}{dP_j} = \frac{\dfrac{dx_i}{x_i}}{\dfrac{dP_j}{P_j}} = \frac{\%\Delta in x_i}{\%\Delta in P_j} \tag{2.13}$$

여기서 ε_{ij}는 수요의 교차가격탄력성을 의미하고, Δ는 x_j의 가격과 x_i수량의 작은 변화를 의미한다. 수요의 교차가격탄력성은 한 상품의 가격 변화가 다른 상품의 수요량에 얼마의 변화를 가져오는지를 나타낸다.

프랑스 경제학자 쿠르노는 쿠르노의 집합조건(Cournot aggregation condition)을 통해 두 재화 사이의 관계가 어떠한 특징을 가지고 있는지를 파악해보았는데, 이를 식으로 표기하면 다음과 같다.

$$x_i(P_i,\ P_j,\ I)\ \ 단,\ dP_j \neq 0 \tag{2.14}$$

$$I = \sum_{i=1}^{n} P_i x_i\ \ (i=1,\ 2,\ \cdots,\ j,\ \cdots,\ n) \tag{2.15}$$

i 재화의 수요 x_i는 가격과 소득의 함수이고, i 재화와 대체재(substitutes) 또는 보완재 (complements) 관계에 있는 j 재화의 가격 P_j는 고정되지 않은 변수로서 수요 x_i에 영향을 미친다고 가정하자. 이것을 소득(I) 식으로 풀어 표현하면 $I = P_1 x_1 + P_2 x_2 + \cdots + P_j x_j + \cdots + P_n x_n$으로

나타낼 수 있는데, 이는 소득 I는 재화 1, 2, $\cdots$ j, $\cdots$, n에 대한 지출총액으로 이루어져 있음을 의미한다.

소득 I에 대해 풀어 쓴 식의 양변을 P_j를 가지고 편미분하면 식 (2.16)과 같이 나타낼 수 있다.

$$dI = \sum_{i=1}^{n} P_i dx_i + dP_j x_j \tag{2.16}$$

$$= P_1 dx_1 + P_2 dx_2 + \cdots + P_n dx_n + P_j dx_j$$

여기서 소득 I는 일정하다고 가정하면 dI는 0이 된다($dI = 0$). 따라서 소득 I의 변화분은 재화 1, 2, $\cdots$ j, $\cdots$, n에 대한 지출액 변화로 구성되며, 이들의 총합은 0이 된다. 그러나 다음에 언급할 엥겔의 집합조건(Engel's aggregation condition)에서의 소득 I는 하나의 고정된 값이 아닌 변수임을 알아둘 필요가 있다.

위 식을 x_j로 정리해주기 위해 양변을 $1/dP_j$로 나누어주면 식 (2.17)이 되고, 이것을 변형하면 식 (2.17.1)과 같이 나타낼 수 있다.

$$\frac{1}{dP_j} \times 0 = \sum_{i=1}^{n} \frac{P_i dx_i}{dP_j} + x_j \tag{2.17}$$

$$-x_j = \sum_{i=1}^{n} \frac{P_i dx_i}{dP_j} \tag{2.17.1}$$

위의 식이 수요의 교차가격탄력성을 반영하도록 만들어주기 위해 양변에 P_j/I를 곱해주면 아래와 같이 정리된다.

$$\frac{P_j}{I}(-x_j) = \sum_{i=1}^{n} \frac{P_i x_i}{I} \frac{P_j}{x_i} \frac{dx_i}{dP_j} \tag{2.17.2}$$

$$-\left(\frac{P_j x_j}{I}\right) = \sum_{i=1}^{n} \left(\frac{P_i x_i}{I}\right)\left(\frac{P_j}{x_i} \frac{dx_i}{dP_j}\right) \tag{2.17.3}$$

$$-\theta_j = \sum_{i=1}^{n} \theta_i \varepsilon_{ij} \tag{2.17.4}$$

여기서 θ_j는 현재 소득수준에서 재화 j를 소비하는 데 지출한 금액 비율($P_j x_j/I$)을 의미하며, θ_j는 현재 소득수준에서 재화 i를 소비하는 데 지출한 금액의 비율($P_i x_i/I$)을 의미한다. 그리고 ε_{ij}는 재화 j의 가격 P_j와 재화 i의 수요량 x_i의 관계를 나타내는 교차가격탄력성을 나타낸다. 여기서 교차가격탄력성(ε_{ij})으로부터 어떤 한 재화의 가격의 변화가 다른 재화의 수요량에 어떠한 영향을 주는지를 통해 두 재화 간의 관계를 살펴보면 다음과 같다.

우선, 교차가격탄력성 ε_{ij}가 0보다 크다($\varepsilon_{ij} > 0$)는 것은 재화 j의 가격 변화율보다 재화 i의 수요량 변화율이 더 크다는 것을 의미한다. 이는 재화 j의 가격이 상승 또는 하락하면 재화 i의 수요량이 증가 또는 감소한다는 것을 의미하므로 재화 i와 j는 서로 대체재 관계에 있다.

다음으로, 교차가격탄력성 ε_{ij}가 0보다 작으면($\varepsilon_{ij} < 0$), 재화 j의 가격 변화율보다 재화 i의 수요량 변화율이 더 작다는 것을 의미하고, 이는 재화 j의 가격이 상승 또는 하락하면 재화 i의 수요량이 감소 또는 증가한다는 것을 의미하므로 재화 i와 j는 서로 보완재 관계에 있음을 알 수 있다.

앞서 제시한 두 재화의 대체제 또는 보완재 관계를 수요곡선(demand curve)의 움직임으로 나타내면 [그림 2-9]와 같다. j재 가격이 하락했을 때 재화 i와 j가 대체재라면 i재의 수요곡선이 ⓐ 방향으로 이동하고, 보완재라면 ⓑ 방향으로 이동하게 될 것이다.

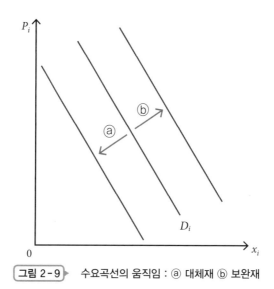

그림 2-9   수요곡선의 움직임 : ⓐ 대체재 ⓑ 보완재

수요의 법칙에 따라 일반재인 x의 가격 P_x가 상승하면 재화 x의 수요량이 감소한다는 것은 이미 잘 알려진 사실이다. 그러나 두 재화 중 한 재화의 가격 변화가 다른 재화의 수요량 변화에 미치는 영향을 알고자 한다면 쿠르노의 집합조건을 활용해 볼 수 있다.

예를 들어, 두 가지 재화가 존재할 때의 쿠르노 집합조건의 수식은 $-\theta_j = \theta_i \varepsilon_{ii} + \theta_j \varepsilon_{ij}$로 나타낼 수 있다.

우선, 만일 재화 i와 j가 버터와 마아가린과 같은 대체재($\varepsilon_{ij} > 0$)이라면, 재화 j를 소비하는 데 지출한 금액의 비율인 θ_j는 작아지며, 역으로, 재화 i와 j가 바늘과 실과 같은 보완재($\varepsilon_{ij} < 0$)라면, 재화 j를 소비하는 데 지출한 금액의 비율인 θ_j는 커짐을 확인할 수 있다.

다음으로, 쿠르노 집합조건에서 만일 소득 중 개별 재화에 사용되는 비율(θ_j, θ_i)과 개별 재화 수요의 자체가격탄력성(ε_{ii}, own-price elasticity of demand)을 알고 있다면, 쿠르노 집합조건을

(a) 대체재 : 버터와 마아가린

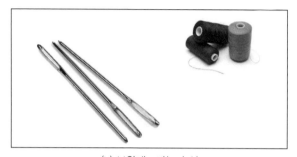

(b) 보완재 : 바늘과 실

그림 2 - 10 대체재와 보완재 사례

이용해 두 재화의 교차가격탄력성(ε_{ij})을 도출할 수도 있다. 다시 말해, 두 일반 재화 x, y가 주어진 예산으로 함께 소비될 때 재화 x의 가격 변화가 재화 y의 수요량에 어떠한 변화를 가져오게 하는데, 이를 쿠르노의 집합조건을 이용하여 수요의 교차가격탄력성을 측정할 수 있고, 측정된 교차가격탄력성을 이용하여 두 재화의 관계가 대체재인지 보완재인지도 확인할 수 있다는 것이다.

2. 지출과 지출함수

2.1　지출

앞서 우리는 주어진 예산으로 효용을 극대화하는 소비자의 선택을 다루었다. 하지만 현실의 많은 사람들은 자신이 원하는 수준의 만족감에 따라 지출(expenditure)을 하고자 한다. 효용에 대하여 이야기할 때 들었던 예를 다시 살펴보자. 여러분이 앞서 자전거라는 상품과 요가학원이라는 서비스를 두고 자전거 1대 구매와 요가학원 6개월 등록이라는 선택을 내렸다고 가정하자. 그런데 갑작스럽게 자전거 가게들이 많이 폐업하면서 자전거 가격이 이전의 10% 수준으로 떨어졌다고 하자.

　이 상황에서 여러분은 효용을 극대화하기 위하여 자전거를 10대 구입할 의향이 있는가? 대부분의 사람들은 자전거를 10대씩이나 구입하지 않을 것이며, 이전과 같은 동일한 만족감을 유지하고자 할 것이다. 즉, 여기서는 이전과 같은 동일한 효용을 유지하고자 할 때 소비자가 어떻게 지출을 최소화하느냐를 다룰 것이다.

(a) 자전거 1대 구매

(b) 요가학원 6개월 등록

그림 2-11 ▶ 자전거 1대 구매와 요가학원 6개월 등록

출처 : www.shutterstock.com

2.2 **지출선과 무차별곡선**

지출선

앞서 우리는 예산선, $I(x, y) = P_x x + P_y y$는 결국 x재와 y재에 대한 지출선 $e(x, y) = P_x x + P_y y$와 크게 다르지 않다는 점을 언급한 적이 있다. 단지, 주어진 소득으로 지출하였다는 점에서 소득 (I) 대신 지출(e)을 사용하고 있음을 확인할 수 있다.

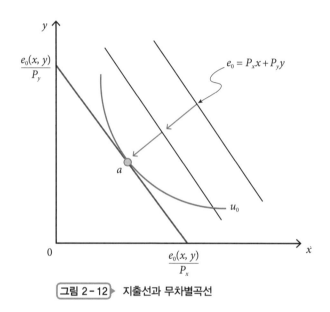

그림 2-12 지출선과 무차별곡선

　효용함수와 예산선의 접점을 찾을 때에는 예산선을 먼저 그린 후에 이와 접하는 무차별곡선을 찾아 효용극대화점을 찾았던 것을 기억할 것이다. 그러나 이번에는 효용이 이전과 동일한 수준이기 때문에 고정된 무차별곡선 u_0을 그린 후, 지출선을 움직여 이것과 접하는 점을 찾아야 할 것이다. [그림 2-12]에서 보면 지출 수준이 e_0이고, 최소한으로 지출하였을 때 점 a에서 이전과 동일한 수준의 효용 u_0을 달성할 수 있다는 것을 알 수 있다.

무차별곡선

무차별곡선(indifference curve)이란 소비자에게 동일한 수준의 만족감을 주는 모든 상품 조합들의 집합을 하나의 곡선으로 나타낸 것으로, 주어진 무차별곡선하에서 지출을 극소화하는 접근을 시도한다는 점이 지출함수(expenditure function)를 접근함에 있어 유념해야 할 사항이다. 자세한 사항은 앞서 언급한 무차별곡선을 참조하기 바란다.

2.3　지출방정식

예산선이 x재와 y재의 소비량, 그리고 개별 재화의 가격으로 구성되어 있었던 것처럼 지출선도 결국은 개별 재화의 가격을 가진 x재와 y재에 대한 소비자의 지출로 표현된다. 그러므로 지출선의 식을 **지출방정식**(expenditure equation)이라고 하는데 이를 표기하면 식 (2.18)과 같다.

$$e(x, y) = P_x x + P_y y \tag{2.18}$$

우리는 지출을 최소화하는 것을 목표로 하기 때문에 이 지출방정식을 목적방정식(objective equation)으로 두기로 한다. 그리고 지출을 최소화하면서 이전과 동일한 수준의 효용을 누리고자 하므로, 효용방정식을 제약조건으로 두게 된다.

2.4　지출함수

소비자 지출함수의 듀얼 접근은 Roy(1942)와 McKenzie(1957)에 의해 발전하였는데, 미국 경제학자 MaKenzie의 1957년 "Demand Theory without a Utility Index"에서 소비자 이론에서의 '셰퍼드의 보조정리'에 대한 유도 방법이 언급된 것으로 보인다.

지출함수(expenditure function)는 주어진 가격체계에서 원하는 효용수준을 달성하기에 필요한 금액으로, 가격 변화에 따른 효용의 변화를 지출액으로 표시할 수 있음을 의미한다. 즉, 지출함수를 이용하여 가격 변화 이전의 효용수준과 가격 변화 이후의 효용수준의 차이를 지출액으로 계산할 수 있다. 이를 달리 표현하면 지출함수는 주어진 효용을 달성하기 위해서 선택할 수 있는 지출선 중 가장 낮은 지출선을 의미한다. 그러므로 소비자는 지출함수로부터 어떠한 효용을

그림 2-13 주어진 효용 하에서 지출의 최소 선택

달성하기 위한 최소한의 지출 가능 선을 찾으려 할 것이다.

앞서 논한 지출방정식을 목적방정식으로, 효용방정식을 제약조건으로 두어 식으로 표현하면 식 (2.19)와 식 (2.20)으로 나타낼 수 있다.

$$e(x, y) = P_x x + P_y y \qquad (2.19)$$

$$(s.t.) \ u_0(x, y) = xy \qquad (2.20)$$

이를 만족하는 최적해(optimal solution)를 찾아 목적방정식인 지출방정식에 대입하면 지출함수(expenditure function)가 도출된다. 나중에 우리는 이 해를 찾아내고 지출함수를 도출하는 과정을 자세히 다루어볼 것이다. 따라서 여기서는 도출 과정은 생략하고 도출된 해를 지출방정식에 대입해보는 과정만 제시해보고자 한다. 여기서 식 (2.21)과 식 (2.22)는 도출된 최적해를 의미하며, 이는 우리가 나중에 자세하게 다룰 힉스수요곡선(보상수요곡선)이 될 것이다.

$$x = x^H(P_x, P_y, u_0) \qquad (2.21)$$

$$y = y^H(P_x, P_y, u_0) \qquad (2.22)$$

그리고 이를 지출방정식에 대입하면 아래와 같이 지출함수로 나타낼 수 있다.

$$e(x^H, y^H) = e[x^H(P_x, P_y, u_0), y^H(P_x, P_y, u_0)] \qquad (2.23)$$

$$= f(P_x, P_y, u_0) \qquad (2.23.1)$$

여기서 도출된 지출함수가 의미하는 바는 상품가격이 주어졌을 경우 이전과 같은 효용, u_0를 유지하기 위한 소비자의 상품 조합이 최소 지출액을 지불하도록 한다는 것이다.

3. 효용극대화 및 지출극소화

3.1 라그랑주 함수

라그랑주(Lagrangian) **함수**는 프랑스의 수학자 조제프루이 라그랑주가 개발한 것으로 어떤 제약 하에서 목적함수를 최적화(optimization)하기 위한 해를 찾는 데 사용되는 함수이다. 즉, 라그랑주 함수는 목적함수에 라그랑주 승수 항(λ)을 더하여, 제약이 없는 식으로 변형시키고, 이를 통해 어떤 문제의 최적해를 찾기 위한 필요조건인 1계 조건을 도출한다. 따라서 라그랑주 함수의 기본 형태는 다음과 같다.

그림 2 - 14 조제프루이 라그랑주

프랑스 수학자 라그랑주(Joseph-Louis Lagrange, 1763~1813)

$$\mathcal{L} = (목적함수) + \lambda\,(제약식)$$

이 라그랑주 함수는 미시경제학을 공부함에 있어 가장 기본이 되는 최적화 기법이며, 앞으로의 논의에서 자주 사용될 기법이므로 잘 숙지할 필요가 있다.

극대화 조건

라그랑주 함수를 설명하기 위해 우선 효용극대화 조건을 예로 들어보자. 라그랑주 함수의 목적함수인 효용함수를 $U = u(x,\ y)$이라고 가정하고, 제약식으로 $I_0 = P_x x + P_y y$를 예산제약으로 둘 경우, 라그랑주 함수는 식 (2.24)와 같이 표현할 수 있다.

$$\max_{(x,\ y,\ \lambda)} \mathcal{L} = u(x,\ y) + \lambda\,(I_0 - P_x x - P_y y) \tag{2.24}$$

그리고 이 식을 조절변수(control variables)인 x, y와 라그랑주 승수 λ로 편미분하여 이들을 0으로 두어 효용극대화를 위해 요구되는 필요조건인 1계 조건을 도출하면 아래의 식 (2.24.1), 식 (2.24.2), 식 (2.24.3)으로 나타낼 수 있다.

$$\frac{\partial \mathscr{L}}{\partial x} = MU_x - \lambda P_x = 0 \tag{2.24.1}$$

$$\frac{\partial \mathscr{L}}{\partial y} = MU_y - \lambda P_y = 0 \tag{2.24.2}$$

$$\frac{\partial \mathscr{L}}{\partial \lambda} = I_0 - P_x x - P_y y = 0 \tag{2.24.3}$$

위 식들에서 MU_x, MU_y는 x재와 y재의 한계효용을 각각 나타내며, 식 (2.24.1)과 식 (2.24.2)의 조건을 결합하여 풀면 '한계치 균등의 원칙(equal marginal principle)'을 얻을 수 있다. '**한계치 균등의 원칙**'이란 자신이 가진 예산 내에서 효용을 극대화하기 위한 조건으로, 엄밀히 말하면 효용극대화를 위해 요구되는 필요조건인 1계 조건을 의미한다.

$$\lambda = \frac{MU_x}{P_x} = \frac{MU_y}{P_y} \tag{2.25}$$

여기서 λ는 소득이 한 단위 증가할 때 효용이 얼마나 증가하는지를 의미하며, 소득이 한 단위 증가할 때 효용은 λ만큼 증가함에 따라 λ를 소득의 한계효용(marginal utility of income)이라 표현할 수 있다. 또한 식 (2.25)는 각 재화의 한계효용을 해당 재화의 가격으로 나누면 그 값은 같아야 한다는 것을 의미한다. 이는 극대화를 달성하기 위해 소비자는 x재와 y재를 소비하는 데 지불하는 화폐 1단위에 대해 똑같은 효용을 얻어야 하기 때문이다. 이를 우리는 '**한계효용 균등의 법칙**(law of equi-marginal utility)'이라고도 달리 표현한다. 또한 식 (2.25)를 변형하면 식 (2.25.1)로 나타낼 수 있다.

$$MRS_{xy} = \frac{MU_x}{MU_y} = \frac{P_x}{P_y} \tag{2.25.1}$$

여기서 식 (2.25.1)은 두 재화의 한계효용의 비율인 한계대체율(MRS_{xy})은 두 재화의 가격비율과 같아야 한다는 것을 의미한다.

아울러 소비자의 상품 소비에 대한 효용극대화 조건은 필요조건인 1계 조건 외에도 충분조건인 2계 조건이 만족되어야 하는데, 2계 조건은 유테 헤시안 행렬식이 양(+)의 값을 갖는 '한계대체율 체감의 법칙'이 성립해야 한다.[2]

극소화 조건

다음으로, 라그랑주 함수의 지출극소화 조건을 예로 들어보자. 라그랑주 함수의 목적함수인 지출함수 식을 $e(x, y) = P_x x + P_y y$라고 가정하고, 제약식으로 $u_0 = u(x, y)$를 효용제약으로 둘

---

2 유테 헤시안 행렬식으로 표현한 2계 편미분 계수의 값 : $H = \begin{vmatrix} \mathscr{L}_{xx} & \mathscr{L}_{xy} & \mathscr{L}_{x\lambda} \\ \mathscr{L}_{yx} & \mathscr{L}_{yy} & \mathscr{L}_{y\lambda} \\ \mathscr{L}_{\lambda x} & \mathscr{L}_{\lambda y} & \mathscr{L}_{\lambda\lambda} \end{vmatrix} = \begin{vmatrix} U_{xx} & U_{xy} & -P_x \\ U_{yx} & U_{yy} & -P_y \\ -P_x & -P_y & 0 \end{vmatrix} > 0$

경우, 라그랑주 함수는 식 (2.26)과 같이 나타낼 수 있다.

$$\min_{(x,\,y,\,\mu)} \mathcal{L} = P_x x + P_y y + \mu [u_0 - u(x,\ y)] \tag{2.26}$$

그리고 이 식을 조절변수(control variables)인 x, y와 라그랑주 승수 μ로 편미분하여 이들을 0으로 두어 지출극소화를 위해 요구되는 필요조건을 도출하면 아래의 식 (2.26.1), 식 (2.26.2), 식 (2.26.3)으로 나타낼 수 있다.

$$\frac{\partial \mathcal{L}}{\partial x} = P_x - \mu MU_x = 0 \tag{2.26.1}$$

$$\frac{\partial \mathcal{L}}{\partial y} = P_y - \mu MU_y = 0 \tag{2.26.2}$$

$$\frac{\partial \mathcal{L}}{\partial \mu} = u_0 - u(x,\ y) = 0 \tag{2.26.3}$$

위 식들에서 MU_x, MU_y는 x재와 y재의 한계효용을 각각 나타내며, 위 식들을 풀면 최적화를 가져오는 x, y, μ의 값을 구할 수 있다. 아울러 식 (2.26.1)과 식 (2.26.2)를 결합하여 풀면 지출의 극소화 조건식을 얻을 수 있다.

$$\mu = \frac{P_x}{MU_x} = \frac{P_y}{MU_y} \tag{2.27}$$

여기서 P_x/MU_x는 x재의 소비를 증가시킴으로써 추가적으로 얻는 효용 1단위를 위해 x재에 추가적으로 지출해야 하는 금액을 말하고, P_y/MU_y은 y재의 소비를 증가시킴으로써 추가적으로 얻는 효용 1단위를 위해 y재에 추가적으로 지출해야 하는 금액을 의미한다.

그러므로 라그랑주 승수 μ는 효용이 한 단위 증가할 때 지출이 얼마나 증가하는지를 의미하며, 효용이 한 단위 증가할 때 지출은 μ만큼 변화함에 따라 μ를 효용의 한계지출이라 설명할 수 있다. 또한 식 (2.27)을 변형하면 식 (2.27.1)로 나타낼 수 있다.

$$EMRS_{xy} = \frac{MU_x}{MU_y} = \frac{P_x}{P_y} \tag{2.27.1}$$

여기서 $EMRS_{xy}$는 지출의 한계대체율을 의미한다. 따라서 효용을 일정하게 유지하는 두 재화 간의 교환비율인 지출의 한계대체율은 두 재화의 가격비율과 같아야 한다. 아울러 소비자의 상품의 소비에 대한 지출극소화 조건도 필요조건인 1계 조건 외에 충분조건인 2계 조건이 만족되어야 하는데, 2계 조건은 유테 헤시안 행렬식이 음($-$)의 값을 가져야 한다.[3]

---

3 유테 헤시안 행렬식으로 표현한 2계 편미분 계수의 값 : $H = \begin{vmatrix} \mathcal{L}_{xx} & \mathcal{L}_{xy} & \mathcal{L}_{x\mu} \\ \mathcal{L}_{yx} & \mathcal{L}_{yy} & \mathcal{L}_{y\mu} \\ \mathcal{L}_{\mu x} & \mathcal{L}_{\mu y} & \mathcal{L}_{\mu\mu} \end{vmatrix} = \begin{vmatrix} -\mu U_{xx} & -\mu U_{xy} & -U_x \\ -\mu U_{yx} & -\mu U_{yy} & -U_y \\ -U_x & -U_y & 0 \end{vmatrix} < 0$

추가적으로 지출극소화 라그랑주 함수에서 효용의 한계지출인 $\mu(P_x,\ P_y,\ u_0)$가 $x,\ y$재의 가격과 효용의 함수로서 **포락선 정리**(envelope theorem)[4]에 의해 $\partial E(P_x,\ P_y,\ u_0)/\partial u_0 = \mu(P_x,\ P_y,\ u_0) = \partial \mathcal{L}^*(P_x,\ P_y,\ u_0)/\partial u_0$로 표현될 수 있다. 여기서 $E(P_x,\ P_y,\ u_0)$는 목적함수의 최적값 함수로 일반적으로 가치함수(value function)[5]라고는 하는데 여기서는 지출함수를 의미한다. 즉, 효용의 한계지출인 $\mu(P_x,\ P_y,\ u_0)$은 최적해로 도출된 힉스수요함수를 지출극소화 라그랑주 함수에 대입하여 찾은 라그랑주 함수 $\mathcal{L}^*(P_x,\ P_y,\ u_0) = P_x x^H(P_x,\ P_y,\ u_0) + P_y y^H(P_x,\ P_y,\ u_0) + \mu(P_x,\ P_y,\ u_0)\{u_0 - u[x^H(P_x,\ P_y,\ u_0),\ y^H(P_x,\ P_y,\ u_0)]\}$에 조절변수 $x,\ y$ 등이 아닌 파라미터(parameter)인 효용(u_0)을 편미분하여 구한 편도함수의 값에 의미한다. 여기서 포락선 정리는 조절변수가 아닌 파라미터가 변화할 때 최적값인 목적함수가 변화는 정도를 알아볼 때 이용된다.

3.2 효용극대화

효용극대화(utility maximization)란 소비자가 동일한 예산 하에서 효용을 극대화하는 것을 의미한다. 효용극대화의 **소비자 균형**(consumer equilibrium)은 소비자가 주어진 예산제약 하에서 최대의 효용을 누릴 때 효용극대화의 소비자 균형이 성립한다. 소비자 균형점에서는 무차별곡선과 예산선이 접하므로 무차별곡선의 기울기와 예산선의 기울기가 일치한다.

효용극대화 조건

이제 앞 절에서 논의한 소비자들의 선호를 대표하는 무차별곡선과 소비자의 선택행위를 제한하는 예산선을 이용해 소비자의 효용극대화가 달성되는 과정을 알아보자. 소비자의 효용을 극대화하는 데에는 두 가지 조건이 만족되어야 한다.

첫 번째 조건은 주어진 예산을 모두 소비해야 한다는 것이다. 소비자들은 많은 효용을 누리기 위해서 가능한 한 원점에서 멀리 떨어진 무차별곡선 위의 한 점을 선택하고 싶어 한다. 하지만 예산제약 때문에 예산선 위의 점이나 그 안쪽에 있는 점들을 선택할 수밖에 없다.

예를 들어 [그림 2-15]의 점 A, B, C, D 중에서 가장 높은 효용을 주는 점 D는 예산선의 바깥에 위치하기 때문에 주어진 예산으로 소비할 수 없는 상품 조합이다. 반면, 점 A는 소비자가 주어진 소득을 다 사용하지 않고 일부는 그냥 가지고 있다는 뜻이므로 효용극대화를 달성하지 못한다. 이를 통해 소비자의 최적선택은 예산선 상에서 이루어질 수 있음을 알 수 있다.

---

4 포락선 정리(envelope theorem)는 지출 최적화에서 효용 등의 파라미터가 변화할 때 목적함수의 최적값 $E(a_j)$에 가해지는 효과를 쉽게 구할 수 있는 방법을 제공한다. 즉, 라그랑주 함수를 j번째 파라미터 a_j로 편미분해서 구한 편도함수의 값을 $x^H(a),\ y^H(a),\ \mu(a)$에서 구하면 그것은 파라미터 a_j가 변할 때 최적값이 변하는 정도를 알 수 있음을 의미한다.

5 가치함수(value function)란 조절변수가 주어졌을 때, 파라미터들의 변화에 따른 목적함수의 값을 의미한다. 따라서 최적값 함수는 조절변수들$(x,\ y)$이 그들의 최적값으로 지정된 목적함수를 의미한다.

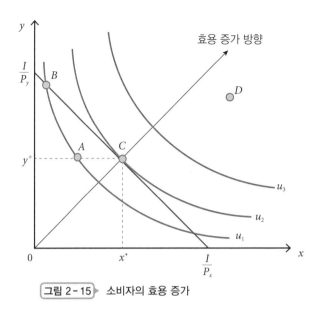

그림 2 - 15 소비자의 효용 증가

　두 번째 조건은 무차별곡선 위의 한 점의 기울기가 예산선의 기울기와 같아야 한다는 것이다. 다시 [그림 2-15]를 보면, 첫 번째 조건에 의해서 효용극대화를 위한 우리의 선택가능 범위는 점 B, C로 좁혀진다. 여기에서 점 C가 있는 무차별곡선 u_2는 점 B가 있는 무차별곡선 u_1보다 더 큰 효용수준을 나타내고 있음을 알 수 있다. 따라서 주어진 예산제약 하에서 소비자의 효용은 무차별곡선과 예산선이 접하는 점 C에서 극대화된다. 이에 따르면 소비자의 효용극대화에 필요한 두 번째 조건은 앞서 언급한 식 (2.25.1)과 같다.

$$| \text{무차별곡선의 기울기} | = MRS_{xy} = \frac{MU_x}{MU_y} = \frac{P_x}{P_y} = | \text{예산선의 기울기} | \qquad (2.25.1)$$

　식 (2.25.1)이 의미하는 바는 x재, y재의 한계대체율(주관적 교환비율)과 두 재화의 가격비율(시장에서 실현된 객관적 교환비율)이 같아질 때 효용이 극대화된다는 것을 의미한다. 또한 식 (2.25.1)을 조금 변형하면 식 (2.25)와 같이 나타낼 수 있음을 확인한 바 있다.

$$\lambda = \frac{MU_x}{P_x} = \frac{MU_y}{P_y} \qquad (2.25)$$

　이는 x재의 가격당 한계효용과 y재의 가격당 한계효용이 같을 때 효용극대화가 가능하다는 것을 의미한다. 이를 앞서 '한계치 균등의 법칙' 또는 '한계효용 균등의 법칙'이라고 언급한 바 있다.

　따라서 예산선의 기울기와 무차별곡선의 기울기가 일치하는 점 C, 즉 x재를 x^*만큼 소비하고 y재를 y^*만큼 소비하는 것이 소비자의 효용이 극대화되는 최적의 선택 조합이라고 할 수 있다.

반면 점 D의 경우 주어진 예산선을 초월함에 따라 효용극대화를 달성하지 못한다.

마셜수요함수

효용극대화 문제의 경우, 주어진 예산선인 $P_x x + P_y y = I$를 바탕으로 효용극대화 조건식을 만족시키는 최적해를 찾는 것이다. 즉, 효용극대화의 해는 두 재화의 가격과 소득에 의존한다. 그러므로 효용을 극대화시키는 소비자의 선택에 해당하는 상품 조합의 해는 다음과 같이 나타낼 수 있다.

$$x^M(P_x, P_y, I_0),\ y^M(P_x, P_y, I_0) \tag{2.28}$$

이처럼 효용극대화에 기초하여 나타낸 수요함수를 **마셜수요함수**(Marshallian demand function)라고 한다. 따라서 마셜수요함수는 **보통수요함수**(ordinary demand function)라고도 하는데 가격과 소득의 함수로 표현된다.

3.3 지출극소화

지출극소화(expenditure minimization)란 소비자가 동일한 효용 하에서 지출을 극소화하는 것을 말한다. 지출극소화의 소비자 균형은 소비자가 주어진 효용수준 하에서 최소의 지출을 할 때 성립한다. 효용극대화와 마찬가지로 지출극소화의 균형도 무차별곡선과 지출선이 접하는 점에서 만난다. 따라서 효용극대화와 지출극소화는 접근방식의 차이만 존재할 뿐 결국 동일한 결과를 가져온다. 즉, 특정 상품을 선택함에 있어 주어진 예산선 하에서의 효용극대화점과 주어진 효용 하에서의 지출극소화점에 강 쌍대성이 성립한다면 상품 조합의 선택은 다르지 않다는 것이다.

지출극소화 조건

지출극소화를 추구하는 소비자들은 최소한의 지출, 즉 원점에 가장 가까운 예산선을 선택한다. 하지만 자신의 효용을 무작정 줄일 수는 없기 때문에, 주어진 무차별곡선위의 점들을 선택함으로써 최소한의 지출을 달성하려 한다. 그렇다면 주어진 무차별곡선 위의 점을 선택하고자 할 때 가장 원점에 가까운 지출선으로 선택할 수 있는 점은 무엇인가? 이 역시 위의 논의와 마찬가지로 지출선과 무차별곡선이 접하는 점에서 소비자의 지출이 극소화된다는 것을 알 수 있다. 이를 통해 지출극소화의 조건을 나타내면 효용극대화의 조건과 동일한 지출극소화 조건이 도출된다.

$$EMRS_{xy} = \frac{MU_x}{MU_y} = \frac{P_x}{P_y} \tag{2.29}$$

효용극대화의 조건과 지출극소화의 조건은 식 (2.29)와 같이 똑같은 결과로 귀결되지만, 조건을 도출하기까지의 논리적 과정에 대한 차이는 알고 있어야 한다.

힉스수요함수

지출극소화 문제에선 주어진 무차별곡선인 $u(x, y) = u_0$를 바탕으로 지출극소화 조건식을 만족하는 최적해를 찾아야 한다. 즉, 지출극소화의 해는 두 재화의 가격과 효용수준에 의존한다. 그러므로 지출을 극소화시키는 소비자의 선택에 해당하는 상품 조합의 해는 다음과 같이 나타낼 수 있다.

$$x^H(P_x, P_y, u_0), \; y^H(P_x, P_y, u_0) \tag{2.30}$$

이와 같은 지출극소화에 기초하여 나타낸 수요함수를 **힉스수요함수**(Hicksian demand function)라고 한다. 따라서 힉스수요함수는 **보상수요함수**(compensated demand function)라고도 하는데, 이는 가격과 효용의 함수로 나타낼 수 있다.

3.4   마셜과 힉스 수요곡선의 비교

효용함수와 예산선을 이용하여 도출된 수요곡선은 예산이 제약되어 있을 때 재화의 가격이 변화함에 따라 효용을 극대화하는 점이 어떻게 바뀌는가를 살펴보고 이에 따른 수요량의 변화를 마셜수요곡선으로 설명하였다. 그러나 힉스수요곡선을 도출함에 있어서는 예산과 효용의 위치가 바뀌었다고 생각하면 이해하기 쉬울 것이다. 효용수준을 유지할 때 재화의 가격이 변화함에 따라 지출을 최소화하는 점을 찾고 이에 따른 수요량의 변화를 힉스수요곡선으로 설명하였다고 보면 될 것이다.

대체효과와 소득효과

보통수요곡선이라고 불리는 마셜수요곡선은 가격 변화로 인한 수요량의 변화를 대체효과(substitution effect)와 소득효과(income effect)의 합으로 보았다. 이에 반해 보상수요곡선(compensated demand curve)이라고 불리는 힉스수요곡선은 가격 변화로 인한 수요량의 변화를 단지 대체효과(substitution effect)로만 해석하였다.

여기서 대체효과와 소득효과를 좀 더 자세히 살펴보면, 가격 변화로 인한 수요량의 변화는 두 가지의 각기 다른 효과의 합작에 의해서 생겨난 것이라는 사실을 발견하게 된다. 다른 모든 조건이 일정할 때 정상재인 x와 y재화 중 x재의 가격이 하락했다고 가정해보면, 먼저 x재가 y재보다 상대적으로 저렴해졌다는 것이 소비자의 선택에 영향을 미치게 될 것이다. 또한 x재의 가격 하락은 같은 비용으로 전보다 더 많은 양을 구매할 수 있게 되었음을 의미하기도 한다. 이처럼 x재화의 가격이 변화할 때 x재의 상대가격의 변화로 생기는 수요의 변화(change in demand)를 대체효과라고 하고, 소비자의 실질소득이 변화하여 나타나는 수요의 변화를 소득효과라고 한다.

[그림 2-16]의 (a)를 보면, x재화의 가격 하락으로 인해 소비자의 균형점이 E_1에서 E_2로 이동한다. 또한 x재화의 가격이 P_{x_1}에서 P_{x_2}로 하락함에 따라 예산선이 화살표 방향으로 변한다. 일단 x재의 가격 하락으로 인해 소비자의 선택이 점 E_1에서 점 E_2로 옮겨짐에 따라 x재의 수요량이 x_1에서 x_2로 증가함을 알 수 있다. 이것이 총효과인 가격효과이다. 이 움직임을 대체효과와 소득효과의 두 부분으로 나누어 해석하기 위해, 가격 변화 후의 예산선과 평행하고 최초의 무차별곡선 u_1과 접하는 점선으로 표시한 가상의 예산선을 그린다. 이때 점 E_1에서 점 E_3까지의 변화는 대체효과에 의한 것으로 소비자의 실질소득이 변하지 않는 상태에서 상품들 사이의 상대가격의 비율에 변화가 생기기 때문에 발생한다. 즉, 최초의 효용수준 상에서 순전히 x재화의 상대가격이 떨어졌기 때문에 생기는 변화($x_1 \longrightarrow x_3$)라고 해석할 수 있다. 그러므로 대체효과는 하나의 y재화의 가격에 비해 상대적으로 더 싸진 x재화로 y재화를 대체하려는 효과를 의미한다.

또 점 E_3에서 점 E_2까지의 변화는 소득효과에 의한 것으로 상품들 간의 상대가격이 변하지 않는 상태에서 실질소득이 변화하여 발생한다. 점선으로 표시한 가상의 예산선과 가격 하락 후의 예산선이 같은 기울기를 가지고 있는 것은 재화의 상대가격이 일정함을 의미하며 x재의 수요량이 x_3에서 x_2로 변한 것은 실질소득의 증가에 따른 것이다. 따라서 소득효과는 x재화의 가격 하락과 더불어 소비자의 실질소득이 증가하였기 때문에 x재화를 더 구매하려고 하는 효과이다.

소득효과의 경우, 고려되는 상품의 성격에 따라 효과가 작용하는 방향이 달라진다. 고려되는 상품이 **정상재**(normal goods)일 경우, 소득효과는 가격이 하락한 상품의 수요량을 더 많이 소비하는 방향($\Delta Q/\Delta I > 0$)으로, 즉 대체효과와 같은 방향으로 작용한다. 그러나 고려되는 상품이 **열등재**(inferior goods)일 경우에는 소득효과가 가격이 하락한 상품의 수요량을 감소시키는 방향($\Delta Q/\Delta I < 0$), 즉 대체효과와 반대 방향으로 작용하게 된다.

표 2-2 재화의 성격별 소득효과, 대체효과, 가격효과 비교

재화	소득효과(A)	대체효과(B)	가격효과(A+B)
정상재(normal goods)	+	+	+
열등재(inferior goods)	−	+	+
기펜재(giffen goods)	−	+	−

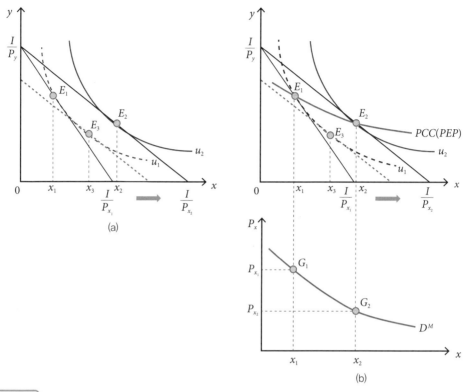

그림 2-16 정상재의 대체효과와 소득효과 및 가격소비곡선과 마셜수요곡선

반면, 어떤 상품의 경우 소득효과가 너무 커서 반대방향으로 작용하는 대체효과의 크기를 상쇄하는 정도일 경우, 가격이 하락할 때 수요량은 오히려 줄어드는 현상이 나타날 수 있다. 이 같은 경우의 상품을 **기펜재**(giffen goods)라고 한다. 기펜재는 열등재의 일종으로서 부(−)의 소득효과가 정(+)의 대체효과를 압도할 정도이어야 한다는 조건을 가지고 있다. 이를 표로 나타내면 다음과 같다.

[그림 2-16]의 (b)를 보면, x재화의 가격 하락으로 인해 소비자의 균형점이 E_1에서 E_2로 이동하는데 이를 연결한 선을 가격소비곡선(price-consumption curve) 또는 가격확장경로(price-expansion path)라고도 한다. 주어진 효용함수와 예산제약 하에서 어떤 한 재화, 즉 x재의 가격이 변할 때 효용을 극대화시켜 주기 위해 예산선과 효용의 접점이 E_1에서 E_2로 이동하게 되는데 이러한 점들을 이은 선을 **가격소비곡선**이라고 한다. 이처럼 가격소비곡선이 도출되면 위의 곡선에 기초하여 한 재화, 즉 x재의 가격과 수량에 대한 그래프를 그릴 수 있는데, 이것이 바로 점 G_1과 점 G_2를 이은 x재에 대한 마셜의 수요곡선(D^M)이 된다. 따라서 가격소비곡선은 마셜수요곡선과 관련이 있으며, 힉스수요곡선과는 관계를 맺고 있지 않음을 확인할 수 있다.

여기서 가격소비곡선과 수요곡선과의 관계는 제2부 6장의 소득변화에 따른 최적선택을 다루는 소득소비곡선(income-consumption curve)과 엥겔곡선(Engel curve)과의 관계와 아주 유사한데 이에 대해서는 6장에서 자세히 설명하고자 한다.

마셜과 힉스 수요곡선의 차이

일반적으로 재화의 가격과 그 재화의 수요량 간의 관계를 나타내는 것이 수요곡선이다. 따라서 특정 재화의 가격이 변화하면 수요량도 변하게 되는데, 이때 가격이 변하면 상대가격이 변화하는 효과뿐만 아니라 실질소득이 변화하는 효과도 발생하게 된다. 이때 수요곡선은 가격 변화로 인해 발생하는 상대가격 변화와 실질소득 변화 모두를 고려하여 도출될 수도 있고, 단지 상대가격의 변화만을 고려하여 도출될 수도 있다.

즉, 전자로 마셜수요곡선은 상대가격 변화와 실질소득 변화 모두를 고려하여 **보통수요곡선**이라고 하며, 후자는 힉스수요곡선으로 상대가격 변화만을 고려하고 실질소득 변화 효과는 보상한 후 도출되므로 **보상수요곡선**이라고도 한다.

힉스수요곡선을 도출하는 과정 중 핵심적인 것은 가격 변화로 인해 발생하는 실질소득의 변화를 제거해 소득효과가 생기지 않도록 하는 것이다. 그러므로 마셜수요곡선과 힉스수요곡선의 차이점으로 마셜수요곡선은 주어진 예산제약은 유지시킨 상태에서 효용을 극대화해서 도출하는 것이고, 힉스수요곡선은 효용수준을 유지시킨 상태에서 지출을 극소화해 도출하는 것이다. 즉, 힉스수요곡선에 따른 소비자 행위는 가격이 하락하는 경우에는 지출을 줄여서 효용수준을 예전 수준에 유지하도록 하고, 가격이 상승하는 경우에는 지출을 늘려 효용수준을 예전 수준에 맞춰야 한다.

그럼, 그림을 통해서 마셜수요곡선과 힉스수요곡선을 도출하는 과정을 알아보자. [그림 2-17]을 보면 x재의 가격 하락에 따른 가격효과를 나타내는 수요곡선은 G_1과 G_2를 이은 점선 D^M으로 나타나 있다. 이는 대체효과와 소득효과를 모두 포함한 것으로 마셜수요곡선이다.

한편, 힉스수요곡선을 도출하기 위해서는 효용수준을 가격 변화 이전의 수준으로 유지시켜야 한다. 가격 하락으로 인해 수요량이 점 G_1에서 점 G_2으로 이동한 것은 점 G_2가 이전보다 높은 효용수준을 의미하므로, 이전의 효용수준으로 되돌리기 위해서 가상의 예산선을 그어 소득효과를 제거한 상태로 만들어야 한다. 그리고 가상의 예산선 상에서 효용극대화 지점 E_3을 선택하면, 최초의 소비자 선택인 점 E_1과 가상의 선택인 점 E_3은 u_1의 효용수준에서 무차별하므로 이 이동은 순전히 상대가격의 변화에서 생긴 대체효과만을 반영한 것이라고 할 수 있다. 따라서 점 G_1과 점 G_3을 잇는 곡선 D^H가 힉스수요곡선이 된다.

마셜수요곡선과 달리 힉스수요함수를 얻기 위해서는 지출함수를 이용한다. 지출함수란 어떠한 수준의 효용을 달성하기 위해 최소한으로 지출해야 하는 지출선을 구하고자 하는 것으로 지

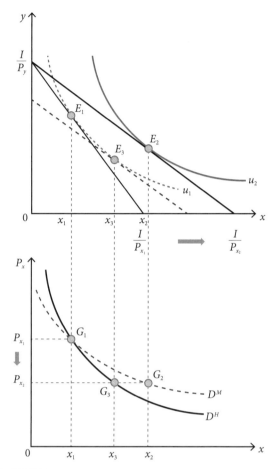

그림 2-17 마셜 및 힉스 수요곡선

출극소화의 조건인 지출의 한계대체율과 두 재화의 가격비율 또는 한계효용의 비율을 일치시키는 것에서부터 출발한다.

$$EMRS_{xy} = \frac{P_x}{P_y} = \frac{MU_x}{MU_y} \tag{2.31}$$

앞서 간접효용함수를 통해 마셜수요곡선을 도출한 바 있다. 이때 예로 들었던 효용방정식 $u_0(x, y) = xy$과 제약조건 $I = P_x x + P_y y$를 다시 상기시켜 보자. 다만, 최적효용수준을 달성하는 수요를 나타내는 마셜수요함수와는 다르게 힉스수요함수는 최적선택을 위한 지출수준을 알아보고자 하는 것이므로 효용방정식이 제약조건이 된다.

$$e(x, y) = P_x x + P_y y \tag{2.32}$$

$$(s.\ t.)\ u_0(x, y) = xy \tag{2.33}$$

위 조건식에 대한 라그랑주 함수는 아래의 식 (2.34)와 같이 나타낼 수 있다. 여기서 μ는 효용한 단위당 지출의 변화분으로 효용의 한계지출(marginal expenditure of utility)이라 일컫는다.

$$\mathcal{L} = P_x x + P_y y + \mu(u_0 - xy) \tag{2.34}$$

위의 식을 각각 x, y, μ로 편미분하여 0으로 두면 아래와 같이 표현할 수 있다.

$$\frac{\partial \mathcal{L}}{\partial x} = P_x - \mu y = 0 \tag{2.34.1}$$

$$\frac{\partial \mathcal{L}}{\partial y} = P_y - \mu x = 0 \tag{2.34.2}$$

$$\frac{\partial \mathcal{L}}{\partial \mu} = u_0 - xy = 0 \tag{2.34.3}$$

$\mu = \dfrac{P_y}{x} = \dfrac{P_x}{y}$이므로, 이들을 x, y에 대하여 정리하면 아래와 같다.

$$x = \frac{P_y y}{P_x} \tag{2.35.1}$$

$$y = \frac{P_x x}{P_y} \tag{2.35.2}$$

위와 같이 도출된 식 (2.35.1)과 식 (2.35.2)를 제약조건인 효용방정식 (2.33)에 대입하여 정리하면, $u_0 = P_x x^2 / P_y$ 또는 $u_0 = P_y y^2 / P_x$로 나타낼 수 있다. 그리고 보상수요곡선을 도출하기 위하여 이들을 x, y의 식으로 정리하면 아래와 같은 가격(P)과 효용(u_0)의 함수로 나타낼 수 있다.

$$x^H(P_x, P_y, u_0) = \sqrt{\frac{P_y}{P_x} u_0} \tag{2.36.1}$$

$$y^H(P_x, P_y, u_0) = \sqrt{\frac{P_x}{P_y} u_0} \tag{2.36.2}$$

그리고 힉스의 수요함수인 식 (2.36.1)과 (2.36.2)를 지출방정식 $e = P_x x + P_y y$에 대입하면 지출함수(expenditure function)를 도출할 수 있는데, 이를 구해보면 아래와 같다.

$$e(P, u_0) = P_x x^H + P_y y^H \tag{2.37}$$

$$e(P, u_0) = P_x \sqrt{\frac{P_y}{P_x} u_0} + P_y \sqrt{\frac{P_x}{P_y} u_0} = 2\sqrt{P_x P_y u_0} \tag{2.37.1}$$

위의 지출함수를 통해 지출과 효용이 비례 관계에 있음을 알 수 있다. 또한 효용이 일정한 상황에서 재화의 가격이 변화하면 지출에 영향을 줄 수 있다는 것도 알 수 있다.

현실에서는 개개인이 누리던 효용의 수준을 변화시키는 것이 어렵고 원래 누리던 효용을 유지시키기 위해 소득을 늘리던지, 지출을 줄이는 방법을 택한다. 다시 말해, 마셜수요곡선은 효용이나 만족도를 일정하게 유지하기보다 소득을 일정하게 유지하고 있다는 점에서 현실적 괴리를 갖고 있는 한계가 있다. 따라서 이론적으로 볼 때, 마셜수요곡선보다 힉스수요곡선이 실제 현상을 설명하기에 더 적합한 것으로 알려져 있다.

일례로, 보통수요곡선은 정상재의 가격효과를 비교적 과대평가하고, 열등재를 비교적 과소평가하는 경향이 있어 이러한 한계를 보완하고자 앞서 언급한 보상수요곡선으로 이를 보완할 필요가 있다. 하지만 보상수요곡선은 실질소득 효과를 반영하지 않고 있으며, 효용수준에 의존하고 있어 실제 관측이 어렵다는 단점이 있다. 그러나 한 재화의 가격 변화가 소득효과를 무시할 정도로 작다면, 일반적으로 보통수요곡선과 보상수요곡선은 거의 일치하게 된다는 점도 알아둘 필요가 있다.

아울러 보통수요곡선과 보상수요곡선의 한계를 보완하기 위해 슬루츠키 방정식(Slutsky equation)을 사용하기도 하는데, 슬루츠키 방정식에 대해서는 다음의 「더 생각해보기」에서 자세히 다루어 보고자 한다.

더 생각해보기   **대체효과와 소득효과 및 슬루츠키 방정식**

■ 기펜재 수요곡선

일반적으로 마셜수요곡선은 우하향한다. 그러나 기펜재의 경우 소득효과가 대체효과를 상쇄함에 따라 가격이 상승(또는 하락)하면 수요량은 증가(또는 감소)한다. 이를 표현하면 다음과 같다. [그림 2-19]에서 SE(substitution effect)는 대체효과, IE(income effect)는 소득효과를 의미한

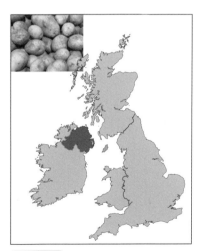

다. [그림 2-19]의 (a)에서 가격이 상승함에도 불구하고 수요량이 증가하는 현상을 볼 수 있으며, (b)에서는 가격이 하락함에도 수요량이 감소하는 현상을 볼 수 있다. 따라서 마셜수요곡선(D^M)은 기펜재의 경우 가격이 상승(또는 하락)하면 수요량은 증가(또는 감소)함을 확인할 수 있다.

이러한 현상을 보이는 대표적인 기펜재로는 1845년 경 영국의 통치에 있던 아일랜드의 대기근 시의 아일랜드 사람의 주식이었던 감자를 들 수 있다.

1845년 당시 아일랜드에선 감자 마름병이 전 지역에 퍼져 대부분의 하층민들이 주식으로 삼았던 감자 가격이 폭등을 했음에도 불구하고 식민통치국인 영국에서 보리와 밀 등의 대체 곡물을 더 거두어들이면서 오히려

그림 2-18 ▶ **대표적 기펜재 감자**

영국 아일랜드 감자

출처 : imgcop.com/img/20439632/

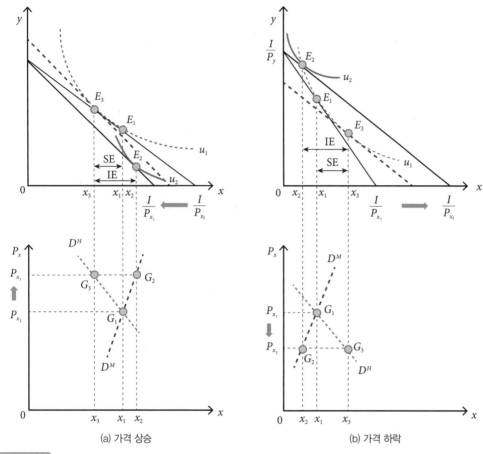

(a) 가격 상승   (b) 가격 하락

그림 2-19 기펜재의 마셜과 힉스 수요곡선

감자의 수요가 증가했다.

한편, 힉스수요곡선에서는 소득효과가 존재하지 않으므로 열등재와 기펜재가 구분되지 않으며, 이로 인해 기펜재의 가격 상승(하락)에 따라 수요량이 증가(감소)하는 현상은 나타나지 않는다. 일례로, 효용이 원점에 대해 볼록한 무차별곡선일 경우, 힉스수요함수(D^H)의 감자 가격 하락은 다른 재화의 가격을 변화시키지 않는 한 예산선의 기울기가 완만해짐에 따라 감자 수요량의 증가만 유인할 수 있기 때문이다.

그림 2-20 ▶ 고흐의 감자먹는 사람들

그림 2-21 ▶ 예브게니 슬루츠키

러시아 경제학자 슬루츠키(Eugen Slutsky, 1880~1948)

■ 슬루츠키 방정식

다음으로, 우리는 앞서 언급한 슬루츠키 방정식에 대해 좀 더 구체적으로 살펴보고자 한다.

러시아 경제학자 예브게니 예브게니예비치 슬루츠키에 의해 개발된 슬루츠키 방정식은 소득효과와 대체효과를 포괄하는 가격효과가 수요에 어떤 영향을 미치는가를 규명하는 데 사용된다. 효용극대화를 위한 마셜수요함수는 대체효과와 소득효과를 모두 포함하며, 소득은 가격과 효용에 대한 지출함수로 다시 나타낼 수 있다. 이와 반대로 지출극소화를 위한 힉스수요함수는 대체효과만을 반영한다. 이러한 가격효과와 수요의 함수적 관계를 도출하는 데에 슬루츠키 방정식은 유용하게 사용된다.

먼저 앞서 설명한 효용함수와 지출함수를 이용해 마셜수요함수와 힉스수요함수를 아래와 같이 나타낼 수 있다.

$$x^M(P_x, P_y, I_0) \tag{2.38}$$

$$x^H(P_x, P_y, u_0) \tag{2.39}$$

또한 마셜과 힉스 수요곡선은 [그림 2-22]와 같이 한 점(G_1)에서 교차하는데, 이를 함수적으로 표현하면 식 (2.40)과 식 (2.41)로 표현할 수 있다. 그리고 이때 G_1점에서 소비자이론의 강쌍대성도 성립한다.

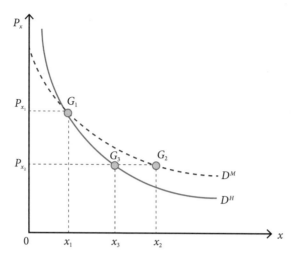

그림 2-22 **소비자 최적선택에 따른 마셜수요곡선 및 힉스수요곡선**

$$x^M(P_x, P_y, I_0) = x^H[P_x, P_y, e(P_x, P_y, u_0)] \tag{2.40}$$

$$x^H(P_x, P_y, u_0) = x^M[P_x, P_y, v(P_x, P_y, I_0)] \tag{2.41}$$

즉, G_1에서 효용을 극대화하려는 소비자의 선택(마셜수요곡선)과 지출을 최소한으로 줄이려는 소비자의 선택(힉스수요곡선)이 일치하게 되는 것이다. 이 함수식을 x재의 가격과 소득으로 편미분하면 식 (2.42.1)과 같으며, 이를 변형하면 식 (2.42.2)의 슬루츠키 방정식이 도출된다.

$$\frac{dx^M}{dP_x} + \frac{dx^M}{dI}\frac{de}{dP_x} = \frac{dx^H}{dP_x|_{u_0}} \tag{2.42.1}$$

$$\frac{dx^M}{dP_x} = \frac{dx^H}{dP_x|_{du=0}} - \frac{dx^M}{dI}\frac{de}{dP_x} \tag{2.42.2}$$

여기서 G_1에서는 $e(x, y) = P_x x + P_y y$이고, 셰퍼드의 보조정리[6]에 의해 $\partial e/\partial P_x = x^H = x^M$이므로 슬루츠키 방정식은 아래와 같이 고쳐 쓸 수 있다. 여기서, $x^H = x^M$이 성립하는 것은 G_1점에서의 x재화의 수요량은 힉스나 마셜 수요곡선 모두 x_1으로 동일하기 때문이다.

$$\frac{dx^M}{dP_x} = \frac{dx^H}{dP_x} + \left(-\frac{dx^M}{dI}x^M\right) \tag{2.43}$$

위 식 (2.43)에서 보듯이 슬루츠키 방정식은 마셜 수요함수와 힉스 수요함수와 연계되어 있다. 위 식에서 dx^H/dP_x는 x재의 가격 변화로 인한 수요량의 변화(change in quantity demanded)

---

6 본서 p. 69 참조.

인 대체효과를 나타내고, $(-dx^M/dI)x^M$은 소득변화에 따른 수요의 변화, 즉 소득효과를 나타낸다. 여기서 이들의 부호를 통해 재화 x의 가격변화에 따른 대체효과와 소득효과로부터 동 재화의 수요량 변화의 방향성을 알 수 있고, 이를 통해 동 재화가 정상재인지 아니면 열등재 또는 기펜재인지 등의 재화의 성질을 파악할 수 있다. 다시 말해, 슬루츠키 방정식은 한 재화의 가격 변화가 대체효과와 소득효과를 모두 반영하고 있음을 수식으로 증명한 식이다.

마셜수요곡선은 x재의 가격 하락으로 인해 상품들 사이에 상대가격이 변화하는 대체효과와 가격 하락으로 인한 소비자의 실질 소득이 증가하는 소득효과를 모두 고려하여 수요곡선을 도출한다. 반면, 힉스와 슬루츠키 수요곡선은 소득효과에 의한 수요량의 변화분이 보상된 후 순수하게 상대가격의 변화에 의한 대체효과에 의해서만 수요량이 변하게 되는 곡선이다. 따라서 실질소득의 변화 효과를 어떻게 보상하느냐에 따라 힉스와 슬루츠키 수요곡선도 달리 도출될 수 있다.

우선, 힉스는 가격 변화 이전의 소비자가 누리고 있던 효용 수준을 기준으로 가격 변화로 인한 실질소득의 변화분을 측정하면서 대체효과와 소득효과를 구분한 반면, 슬루츠키는 가격 변화 이전에 소비자가 실제로 구매했던 상품조합을 기준으로 가격 변화로 인한 실질소득의 변화분을 측정하면서 대체효과와 소득효과를 구분한다는 것이다. 그러므로 힉스와 슬루츠키의 수요함수의 차이는 소득효과를 어떻게 보상하였느냐에 따라 수요곡선이 달라지게 된다는 것임을 알 수 있다.

여기서 가격 변화인 총효과를 대체효과와 소득효과로 구분하기 위해서는 가격 변화가 가져오는 실질소득의 변화분을 찾을 수 있어야 하는데, 이에 대해 좀 더 구체적으로 살펴보자.

[그림 2-23]에서 x재의 가격 하락으로 소비자의 효용수준은 u_1으로부터 u_2로 이동하였는데, 이때 소비자로부터 일정 소득을 제거하여 다시 x재 가격 하락 전의 효용수준인 u_1으로 되돌릴 수밖에 없게 한다면, 이때 제거된 소득의 양이 바로 힉스가 생각한 실질소득의 감소분, 즉 변화분이다. 즉, 힉스는 가격 변화로 인해 야기된 효용수준의 변화분을 실질소득의 변화량으로 간주하였다. 그러므로 그 양은 [그림 2-23]에서 보듯이 가격 하락으로 인해 이동한 예산선 $AB_2(I_1)$를 새로운 예산선 $CD(I'')$로 이동시키게 하는 소득 감소분이다.

따라서 **힉스의 대체효과**(Hicksian substitution effect)는 가격 변화가 발생시키는 대체효과를 [그림 2-23]의 슬루츠키 방정식처럼 무차별곡선 위의 상품조합(E_1)에 의존하지 않고서도 설명할 수 있으며, 이때의 힉스 수요의 최적해는 선분 $AB_2(I_1)$과 선분 $CD(I'')$가 교차하는 F점에서 x축과 선분 CD가 만나는 D점 사이의 선분 FD 상에서 결정되게 된다. 일례로, [그림 2-23]에서의 E'_1점을 들 수 있다.

그러나 슬루츠키는 힉스와 다소 차이가 있는 접근을 시도하였다. 그는 가격 변화 전의 효용수준이 아니라 가격 변화 전의 상품 소비조합을 기준으로 가격 변화로 인한 실질소득 변화분을 찾고자 하였다는 점이다.

[그림 2-23]에서 x재의 가격 하락으로 소비점은 E_1에서 E_2로 이동하였는데, 이 소비자로부터 일정량의 소득을 제거해낸 가격 변화 후에도 소비자는 가격 변화 전의 소비점인 E_1으로 되돌릴 수 있다. 그러므로 슬루츠키는 힉스와 달리 이 소득이 바로 가격 하락으로 인한 실질소득의 변화분이라고 보았다. [그림 2-23]에서 예산선 $AB_2(I_1)$를 본래 소비점인 E_1을 통과하도록 $C'D'(I')$로 이동시키게 한 소득변화분이 바로 슬루츠키가 고안한 소득 변화분이다. 여기서 슬루츠키도 힉스처럼 가격 변화 전의 효용을 여전히 중요시하고 있음을 간과하지 말아야 한다. 왜냐하면 슬루츠키도 가격변화 전의 상품조합(E_1)에 접하는 u_1의 효용곡선을 이용하고 있기 때문이다.

슬루츠키에 따르면 x재의 가격 하락으로 인한 실질소득의 증가분을 제거하면 소비점은 E_1에서 E''_1으로 이동하게 되어 슬루츠키 대체효과(SE)는 $x''_1 - x_1$이고, 소득효과(IE)는 $x_2 - x''_1$이다.

이상의 힉스와 슬루츠키의 견해의 차이로부터 한 가지 알 수 있는 것은 소비자의 수요함수만 주어지고 효용함수가 주어져 있지 않다면 대체효과에 해당하는 E'_1점은 찾아질 수가 없다는 것이다. 그러므로 예산선 $CD(I'')$를 알 수 없기 때문에 $CD(I'')$와 $AB_2(I_1)$의 차이를 찾기가 어렵다. 그러나 슬루츠키 방식을 이용하면 E_1을 이미 알고 있기에 x재 가격 하락으로 인한 실질소득의 증가분을 산정할 수 있게 된다.

소비자는 소득 I와 가격 P_x^1, P_y^1하에서 E_1의 소비조합을 선택했는데, x재 가격만이 P_x^2로 하락하면 소비자는 E_2의 소비조합을 선택한다. 소비점 E_2에서의 소비지출액은 $P_x^2 x_2 + P_y^1 y_2$이다. 그런데 x재의 가격이 P_x^2로 하락한 후에도 E_1의 소비조합을 선택한다면 이때의 소비지출액은 $P_x^2 x_1 + P_y^1 y_1$이 된다. 이 두 소비지출액의 차이인 $(P_x^2 x_2 + P_y^1 y_2) - (P_x^2 x_1 + P_y^1 y_1)$이 바로 예산선 $AB_2(I_1)$과 $C'D'(I')$의 차이이다. 만약 소비자의 소득을 I_1로부터 그 차이만큼 제거해버리면 이 소비자는 E_2가 아닌 E_1''에서 소비할 것이다. 그러므로 이러한 소비점 E_1, E_1'', E_2로부터 슬루츠키의 소득효과와 대체효과(income effect and substitution effect of Slutsky)는 실제로 계산이 가능해진다. 따라서 슬루츠키의 대체효과로부터 도출된 슬루츠키 보상수요곡선(D^S)은 선분 G_1G_1''으로 x재의 가격하락 시 힉스의 보상수요곡선(D^H)인 선분 G_1G_1'보다 x재의 수요량이 증가함을 확인할 수 있다. 즉, 슬루츠키 보상수요곡선의 대체효과($x''_1 - x_1$)가 힉스 보상수요곡선의 대체효과($x'_1 - x_1$)보다 큼을 알 수 있다. 이는 수식으로도 확인 가능하다.

일례로, 효용함수가 $U = x^{0.5} + y^{0.5}$이고, 예산제약식이 $I = P_x x + P_y y$일 때 소득은 $I = 50$이고, 가격은 $P_x = 4$에서 $P_y = 2$로 하락한다면, 이때의 슬루츠키와 힉스 대체효과의 차이를 살펴보면 다음과 같다.

〈슬루츠키 및 힉스의 대체효과 도출 과정〉

○ 가정 : 효용함수 $U = x^{0.5} \times y^{0.5}$, 예산제약식 $I = P_x x + P_y y$, $(I = 50, P_x^1 = 4, P_y^1 = 2)$

○ 문제 : P_x가 2 달러로 하락할 때, 슬루츠키와 힉스 보상수요곡선의 대체효과 차이 도출

1. 슬루츠키 대체효과 도출 과정

① 라그랑주 함수를 이용하여 원래의 가격에서의 소비조합인 x_1, y_1 값을 구한다. 라그랑주 함수 $(£ = U(x,y) + \lambda(50 - P_x^1 x - P_y^1 y))$를 이용하여 도출한 방정식인 $0.5y / 0.5x = P_x^1 / P_y^1$으로부터 $P_x^1 x = P_y^1 y$가 도출된다. 이 식을 예산제약식 $50 = I = P_x^1 x_1 + P_y^1 y_1 (P_x^1 = 4, P_y = 2)$에 대입해 주면, $x_1 = 6.25$, $y_1 = 12.5$가 도출된다.

② x재의 바뀐 가격 $P_x^2 = 2$에서 다시 소비조합 x_2, y_2 값을 구한다. 가격 변화 후의 예산선 $I_1 = 50 = P_x^2 x_2 + P_y^1 y_2$에서 P_y는 변화가 없으므로 $y_2 = 12.5$이고, $x_2 = 12.5$임을 알 수 있다.

③ 바뀐 가격에서 직선의 방정식을 세우고, 원래의 소비조합 $x_1 = 6.25$, $y = 12.5$를 대입하여 식을 완성한다. $2x + 2y = I'$, $2 \cdot 6.25 + 2 \cdot 12.5 = 37.5 = I'$. 따라서 $2x + 2y = 37.5$(식 ⓐ)를 구할 수 있다.

④ 위의 식 ⓐ에서의 효용함수와의 접점을 구해 본다. 앞서 푼 것처럼 라그랑주 함수 $£ = U(x,y) + \mu(37.5 - P_x x - P_y y)$를 이용하여 $2y = 2x$ 라는 식을 구할 수 있고, 이것을 식 ⓐ에 대입하면 $2y + 2y = 37.5$이므로 $y''_1 = 9.375$가 나오고, $x''_1 = 9.375$이다.

⑤ 분석 결과

- 가격 효과 : $x_2 - x_1 = 12.5 - 6.25 = 6.25$ / 대체 효과 : $x''_1 - x_1 = 9.375 - 6.25 = 3.125$

  소득 효과 : $x_2 - x''_1 = 12.5 - 9.375 = 3.125$

2. 힉스 대체효과 도출 과정

힉스와 슬루츠키의 대체효과 도출과정에서 ①, ② 과정은 같으므로 ③의 과정부터 설명하면 다음과 같다.

③ 바뀐 가격에서의 예산제약식이 원래의 효용함수와 만나는 점을 구한다.

- 가격이 바뀌기 전 원래 가격에서 접한 효용함수에 대해 $(6.25, 12.5)$를 대입하면 $U = (6.25^{0.5}) * (12.5^{0.5})$가 된다. 따라서 원래의 효용함수는 $(6.25^{0.5}) * (12.5^{0.5}) = (x^{0.5} y^{0.5})$이다.

- 이때, 바뀐 x재 가격의 예산제약식과 원래 효용함수의 교점을 구한다.

  라그랑주 함수를 이용해서 풀어주면 $P_x^2 x = P_y^1 y$이므로 $2y = 2x$를 구할 수 있고, 이것을 $2x + 2y = I''$에 대입하면 $x = 0.25 I''$, $y = 0.25 I''$이 나온다.

- $x = 0.25 I''$, $y = 0.25 I''$을 원래의 효용함수에 대입하면, 이때, 가격이 바뀌기 전과 후의 효용은 무차별 곡선 상에서 동일하므로 아래와 같이 나타낼 수 있다.

  $(6.25)^{0.5} (12.5)^{0.5} = x^{0.5} y^{0.5}$, $(6.25)^{0.5} (12.5)^{0.5} = (0.25 I'')^{0.5} (0.25 I'')^{0.5}$, $I'' = 35.3552$,

  $x'_1 = (0.25) I'' = 8.8388$, $y'_1 = (0.25) I'' = 8.8388$

④ 분석 결과

- 가격 효과: $x_2 - x_1 = 12.5 - 6.25 = 6.25$ / 대체 효과: $x'_1 - x_1 = 8.8388 - 6.25 = 2.5888$

  소득 효과: $x_2 - x'_1 = 12.5 - 8.8388 = 3.6612$

3. 슬루츠키와 힉스의 대체효과 차이 비교

- 슬루츠키 대체효과는 3.125이며, 힉스 대체효과는 2.5888로서 약 0.5362의 차이가 있는 것으로 분석됨

이상과 같이 슬루츠키는 위의 식을 이용하여 라그랑주 함수식과 원래의 가격에서의 최적 상품조합을 구한 후, 한 재화의 바뀐 가격에서의 직선의 방정식과 원래의 상품조합 등을 이용하여 대체효과를 도출할 수 있다. 반면, 힉스는 위의 조건을 활용하여 라그랑주 함수식과 원래의 가격에서의 최적 상품조합을 구한 후, 바뀐 가격에서의 예산제약식과 원래의 효용함수가 접하는 점 등을 이용하여 대체효과를 도출할 수 있다.

아울러 슬루츠키 보상수요곡선(D^S)은 마셜 수요곡선(D^M)인 선분 $G_1 G_2$에 비해서는 그 수요량이 적음도 확인할 수 있다.

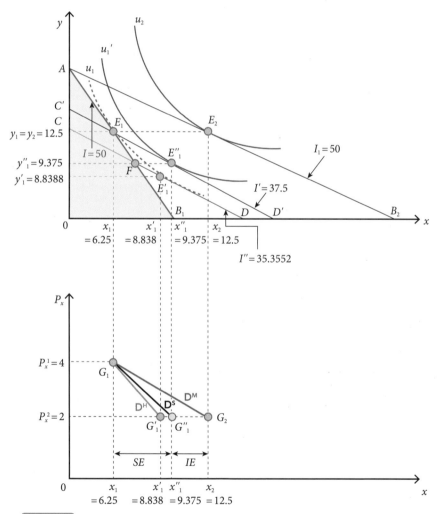

그림 2-23 x재의 가격 하락 시 슬루츠키 대체효과 및 소득효과

4. 소비자 선택에 따른 수요함수의 듀얼이론

4.1 수요함수의 듀얼이론

소비자들의 선택행위는 두 가지에 의해서 결정되는데, 이는 각각 효용과 지출이다. 이를 바탕으로 수요함수를 두 가지 관점에서 해석할 수 있다. 하나는 지출이 고정되어 있을 때 효용을 변화시키는 것이고, 다른 하나는 효용이 고정되어 있을 때 지출을 변화시키는 것이다. 전자가 마셜수요함수의 도출을 위한 원본문제의 기본 접근이라면, 후자는 힉스수요함수의 도출을 위한 쌍대문제의 기본 접근이라 할 수 있다.

이 두 수요함수에 대해 실생활에서 일어날 수 있는 한 가지 예를 생각해보자. 소비자가 고급자전거를 한번 이용한 후에 다시 구매를 할 경우 일반적으로 지출이 부담되더라도 고급자전거를 선택하는 경향이 있다. 이처럼 소비자들은 한번 효용이 증가하게 되면 그 상태를 유지하려

그림 2-24 ▶ 700만 원대의 고가 포르쉐 BIKE RS

고 노력한다. 마셜수요함수가 말해주는 것처럼 지출에 자신의 효용을 맞추는 것이 아니라, 힉스수요함수가 갖고 있는 접근처럼 고정된 효용에 지출을 맞추는 것이 더 일반적인 상황이라 할 수 있다. 명확한 판단은 독자에게 맡기고, 두 수요함수의 밀접한 관계에 대해 좀 더 상세히 살펴보도록 하자.

x재, y재에 대한 마셜수요함수를 $x^M(P_x, P_y, I_0)$과 $y^M(P_x, P_y, I_0)$이라 하고, 힉스수요함수를 $x^H(P_x, P_y, u_0)$과 $y^H(P_x, P_y, u_0)$이라 하자. 여기서 강 쌍대성이 성립할 수 있도록 소득 I를 I_0로 고정시킬 때 효용극대화 효용수준을 u_0라 하고, 반대로 효용 u를 u_0로 고정시켰을 때 지출극소화 소득을 I_0이라고 가정하자. 그럼 다음과 같은 식이 성립된다.

$$x^M(P_x, P_y, I_0) = x^H(P_x, P_y, u_0) \tag{2.44}$$

$$y^M(P_x, P_y, I_0) = y^H(P_x, P_y, u_0) \tag{2.45}$$

위의 가정처럼 두 수요함수의 일정한 관계 하에서 마셜수요와 힉스수요는 효용(지출)을 극대화(극소화)시키고자 함에 따라 서로 일치하게 된다. 다시 말해, 소득이 I_0일 때 극대화된 효용이 u_0가 되는 마셜수요(x^M, y^M)는 u_0의 효용수준을 극소화 지출로 달성시켜 주는 힉스수요(x^H, y^H)와 일치한다. 이처럼 마셜수요와 힉스수요 간의 긴밀한 관계가 듀얼이론에서의 한 기둥을 맡고 있다. 이에 대해서는 4.4절에서 좀 더 자세히 설명하고자 한다.

4.2 마셜수요함수와 간접효용함수의 상호작용

마셜수요함수의 효용방정식 대입

주어진 예산 내에서 효용을 극대화하고자 하는 선택을 할 경우에 효용을 조절하여 이를 극대화하는 점에서 소비자의 선택 행위가 이루어지게 된다. 즉, 예산선은 $I_0 = P_x x + P_y y$로 고정시키고 u를 움직여 효용을 극대화시키는 최적해를 찾는다. 주어진 예산을 모두 소비한다는 조건하에 효용방정식을 $u(x, y) = xy$로 가정하고 효용을 극대화시킨다.

u_2와 예산선이 만나는 지점에서 소비가 이루어질 경우, 소비자의 효용이 더 커질 여지가 남아 있기 때문에 효용극대화가 되지 못하고, 또한 효용이 u_3인 경우에는 예산을 초과하기 때문에 소비가 이루어질 수 없다. 그렇기 때문에 결국 예산제약 하에서 소비자 효용의 극대화는 효용으로부터 도출된 무차별곡선(u_1)과 예산선이 접하는 지점에서 이루어진다.

효용과 예산선의 접점 즉, 무차별곡선의 기울기인 한계대체율과 예산선의 기울기가 일치하는 점을 수식으로 표현하면 다음과 같다.

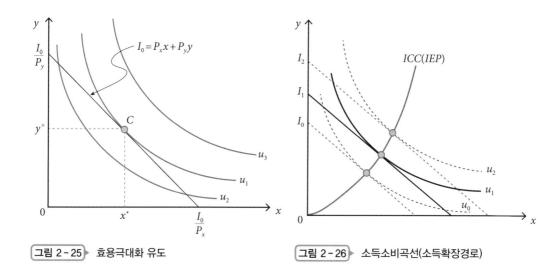

그림 2-25 ▶ 효용극대화 유도 　　　　 **그림 2-26** ▶ 소득소비곡선(소득확장경로)

$$MRS_{xy} = \frac{P_x}{P_y} \tag{2.46}$$

$$\frac{MU_x}{MU_y} = \frac{P_x}{P_y} \tag{2.47}$$

　따라서 효용극대화는 '주어진 예산을 모두 소비'하고, '$MU_x/MU_y = P_x/P_y$'가 일치하는 두 가지 조건이 동시에 충족되어야 한다.

　한편, 이 개념을 확장시켜 소득이 변화할 때마다 효용극대화 점을 찾고 이 점들을 연결하게 되면 [그림 2-26]과 같이 '**소득소비곡선**(income-consumption curve)' 또는 '**소득확장경로**(income-expansion path)'라는 그림을 도출할 수 있다. 이것은 소득의 변화가 두 재화의 소비에 어떠한 영향을 미치는지를 나타내주는 것으로 소득이 0이면 두 재화의 소비량이 모두 0이 되기 때문에 항상 원점에서부터 출발한다.

　여기서 소득소비곡선은 주어진 예산을 모두 소비하고 한계대체율과 예산선의 기울기가 일치하는 두 조건이 동시에 충족될 경우에만 도출되는 것으로, 이는 효용극대화를 달성하는 지점들의 연결선이라 할 수 있다.

　다시 돌아와 마셜의 보통수요함수를 도출하기 위하여 효용방정식 $u = u_0(x, y) = xy$를 목적함수로, 예산방정식 $I = P_x x + P_y y$를 제약조건으로 두고 효용을 극대화시키는 x, y 재화의 소비조합을 찾고자 라그랑주 함수식을 설정하면 다음과 같다.

$$\max \mathcal{L}_{x, y, \lambda} = xy + \lambda(I_0 - P_x x - P_y y) \tag{2.48}$$

$$(s.\ t.)\ I_0 = P_x x + P_y y \tag{2.48.1}$$

여기서 λ는 소득의 한계효용으로 그림자 가격(shadow price)으로도 일컫는다. 또한 식 (2.48)을 각각 조절변수인 x, y와 라그랑주 승수(Lagrangian multiplier)인 λ로 편미분하여 0으로 만들면 식 (2.49.1), 식 (2.49.2), 식 (2.49.3)과 같이 나타낼 수 있다.

$$\frac{\partial \mathscr{L}}{\partial x} = y - \lambda P_x = 0 \qquad (2.49.1)$$

$$\frac{\partial \mathscr{L}}{\partial y} = x - \lambda P_y = 0 \qquad (2.49.2)$$

$$\frac{\partial \mathscr{L}}{\partial \lambda} = I_0 - P_x x - P_y y = 0 \qquad (2.49.3)$$

$$\lambda = \frac{y}{P_x} = \frac{x}{P_y} \qquad (2.50)$$

위의 식 (2.49.1)과 식 (2.49.2)를 x, y로 정리한 $x = P_y y/P_x$, $y = P_x x/P_y$를 식 (2.49.3)에 대입한 것을 x와 y에 대한 식으로 정리하면 마셜수요함수를 도출할 수 있다.

$$x^M(P_x, P_y, I_0) = \frac{I_o}{2P_x} \qquad (2.51.1)$$

$$y^M(P_x, P_y, I_0) = \frac{I_o}{2P_y} \qquad (2.51.2)$$

또한 위에서 도출한 마셜수요함수를 효용방정식 $u(x, y) = xy$에 대입함으로써 간접효용함수인 $v(P_x, P_y, I_0)$ 또한 도출할 수 있다.

$$v(P_x, P_y, I_0) = u(x^M, y^M) \qquad (2.52)$$

즉, $x^M = I_0/2P_x$와 $y^M = I_0/2P_y$를 효용방정식에 대입하여 정리하면, 아래와 같은 간접효용함수(indirect utility function)를 도출할 수 있다.

$$v(P_x, P_y, I_0) = \frac{I_o{}^2}{4P_x P_y} \qquad (2.53)$$

여기서 간접효용함수는 가격과 소득의 함수로 나타낼 수 있다.

로이의 항등식

이번에는 역으로 간접효용함수(indirect utility function)인 $v(P_x, P_y, I_0)$로부터 마셜수요함수(Marshallian demand function)인 x^M, y^M을 도출해내는 과정을 알아보자.

간접효용함수에서 마셜수요함수를 도출하려면 프랑스 경제학자 르네 프랑수아 조셉 로이에

의해 도출된 '로이의 항등식(Roy's identity)'을 사용해야
한다.

'로이의 항등식'이란 가격 변화에 따른 효용 변화의 크
기를 소득 변화에 따른 효용 변화의 크기로 나누어준 값이
마셜수요함수와 항상 같다는 것을 의미한다. 그러므로 간
접효용함수로부터 마셜수요함수를 도출해내기 위해서는
'로이의 항등식'이 필요한데, 이를 수식으로 표현하면 식
(2.54.1)과 식 (2.54.2)와 같다.

$$\frac{-\dfrac{\partial v}{\partial P_x}}{\dfrac{\partial v}{\partial I}} = x^M \tag{2.54.1}$$

$$\frac{-\dfrac{\partial v}{\partial P_y}}{\dfrac{\partial v}{\partial I}} = y^M \tag{2.54.2}$$

식 (2.54.1)과 식 (2.54.2)는 간접효용함수를 소득(I)과 가격(P)으로 미분하여 나누면 마셜수
요함수(x^M, y^M)가 도출됨을 나타낸다. 먼저, 분자는 P_x에 대해 미분하고, 분모는 I에 대해 미분
하는데 이를 전개하면 마셜수요 x^M을 얻을 수 있다. 마셜수요를 도출하는 과정은 다음과 같다.

$$-\frac{\partial v}{\partial P_x} = -\left(-\frac{I_0^2}{4P_y}P_x^{-2}\right) = \frac{I_0^2}{4P_x^2 P_y} \tag{2.55.1}$$

$$\frac{\partial v}{\partial I} = \frac{2I_0}{4P_x P_y} \tag{2.55.2}$$

$$x^M = \frac{-\dfrac{\partial v}{\partial P_x}}{\dfrac{\partial v}{\partial I}} = \frac{\dfrac{I_0^2}{4P_x^2 P_y}}{\dfrac{2I_0}{4P_x P_y}} = \frac{4P_x P_y I_0^2}{8P_x^2 P_y I_0} = \frac{I_0}{2P_x} \tag{2.55.3}$$

y^M도 '로이의 항등식'을 이용하여 동일한 방법으로 전개하면 식 (2.56.1)과 식(2.56.2)를 통
해 y재의 마셜수요함수인 식 (2.56.3)을 도출할 수 있다.

$$-\frac{\partial v}{\partial P_y} = -\left(-\frac{I_0^2}{4P_x}P_y^{-2}\right) = \frac{I_0^2}{4P_x P_y^2} \tag{2.56.1}$$

$$\frac{\partial v}{\partial I} = \frac{2I_0}{4P_x P_y} \tag{2.56.2}$$

$$y^M = \frac{-\dfrac{\partial v}{\partial P_y}}{\dfrac{\partial v}{\partial I}} = \frac{\dfrac{I_0^2}{4P_x P_y^2}}{\dfrac{2I_0}{4P_x P_y}} = \frac{4P_x P_y I_0^2}{8P_x P_y^2 I_0} = \frac{I_0}{2P_y} \qquad (2.56.3)$$

이상의 식 (2.55.3)과 식 (2.56.3)을 통해 마셜수요함수가 소득(I)과 가격(P)의 함수임을 알 수 있다.

4.3 힉스수요함수와 지출함수의 상호작용

힉스수요함수의 지출방정식 대입

이번에는 지출을 가능한 최소화 하려는 의도를 가지고 소비자가 상품 소비선택을 하고자 하는 경우를 설명해보고자 한다. 이 경우는 효용극대화 때와 반대로 효용은 일정한 수준으로 고정되어 있고 지출선을 이동시켜 지출을 극소화하도록 한다. 즉, 효용방정식은 $u(x, y) = xy$로 고정시키고, 지출선을 움직여 지출을 극소화시키는 소비자의 상품 소비조합인 힉스 수요의 해를 찾는 것이다.

주어진 효용수준 하에서 소비자의 지출극소화는 효용으로부터 도출되는 무차별곡선과 지출선이 접하는 지점에서 이루어진다. 효용과 지출선의 접점, 즉 무차별곡선의 기울기인 지출의 한계대체율($EMRS_{xy}$)과 지출선의 기울기가 일치하는 점으로 표시되며, 이 조건을 만족시키는 지점에서 지출극소화가 달성된다.

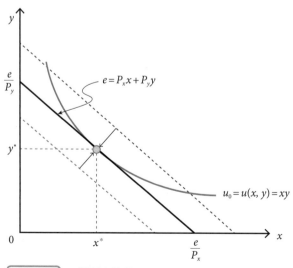

그림 2-28 지출극소화 유도

$$EMRS_{xy} = \frac{P_x}{P_y} \tag{2.57}$$

목적함수인 지출방정식, $e = e(x,\ y) = P_x x + P_y y$와 제약조건인 효용방정식, $u(x,\ y) = xy$를 라그랑주 함수식에 따라 풀어내면 힉스수요함수를 도출해낼 수 있다.

$$\min \mathscr{L} = P_x x + P_y y + \mu[u_0 - xy] \tag{2.58}$$

식 (2.58)을 각각 조절변수인 x, y와 라그랑주 승수 μ로 편미분하여 0으로 만들면 식(2.59.1), 식 (2.59.2), 식 (2.59.3)과 같이 나타낼 수 있다.

$$\frac{\partial \mathscr{L}}{\partial x} = P_x - \mu y = 0 \tag{2.59.1}$$

$$\frac{\partial \mathscr{L}}{\partial y} = P_y - \mu x = 0 \tag{2.59.2}$$

$$\frac{\partial \mathscr{L}}{\partial \mu} = u_0 - xy = 0 \tag{2.59.3}$$

위의 식 (2.59.1)과 식(2.59.2)를 x, y로 정리한 $y = P_x/\mu$와 $x = P_y/\mu$를 식 (2.59.3)에 대입한 $u_0 - x(P_x x/P_y) = 0$과 $u_0 - y(P_y y/P_x) = 0$을 x와 y에 대한 식으로 정리하면 힉스수요함수가 도출된다.

$$x^H(P_x,\ P_y,\ u_0) = \left(\frac{P_y u_0}{P_x}\right)^{\frac{1}{2}} \tag{2.60.1}$$

$$y^H(P_x,\ P_y,\ u_0) = \left(\frac{P_x u_0}{P_y}\right)^{\frac{1}{2}} \tag{2.60.2}$$

또한 위에서 도출한 힉스수요함수를 지출방정식인 $e(P_x,\ P_y,\ u_0) = P_x x + P_y y$에 힉스수요를 다음과 같이 $e(P_x,\ P_y,\ u_0) \equiv P_x x^H(P_x,\ P_y,\ u_0) + P_y y^H(P_x,\ P_y,\ u_0)$ 대입함으로써 지출함수인 $e(P_x,\ P_y,\ u_0)$를 도출할 수 있다.

$$e(P_x,\ P_y,\ u_0) = P_x\left(\frac{P_y u_0}{P_x}\right)^{\frac{1}{2}} + P_y\left(\frac{P_x u_0}{P_y}\right)^{\frac{1}{2}} \tag{2.61}$$

$$= P_x^{\frac{2}{2} - \frac{1}{2}} u_0^{\frac{1}{2}} P_y^{\frac{1}{2}} + P_y^{\frac{2}{2} - \frac{1}{2}} u_0^{\frac{1}{2}} P_x^{\frac{1}{2}}$$

$$= 2(P_x P_y u_0)^{\frac{1}{2}} = (4P_x P_y u_0)^{\frac{1}{2}}$$

이상의 식 (2.61)로부터 지출함수는 가격(P)과 효용(u_0)의 함수임을 알 수 있다.

셰퍼드의 보조정리

앞서 우리는 힉스수요함수(Hicksian demand function)를 지출방정식에 대입함으로써 지출함수(expenditure function)를 도출해 내는 과정을 살펴보았다. 이번에는 역으로 지출함수로부터 힉스수요함수를 도출해 내는 과정을 살펴보고자 한다. 바로 이 과정에서 미국 UC Berkeley 공과대 교수로 재직했던 경제학자 로널드 윌리엄 셰퍼드에 의해 소개된 '셰퍼드의 보조정리(Shephard's lemma)'가 적용된다.

그림 2-29 ▶ 로널드 윌리엄 셰퍼드

미국 경제학자 셰퍼드(Ronald William Shephard, 1912~1982)

'셰퍼드의 보조정리'란 재화가격 변화에 따른 소비지출의 변화가 힉스수요함수와 항상 같음을 나타낸다. 즉, 힉스수요함수를 도출해내기 위해 '셰퍼드의 보조정리'를 이용하는데 이를 수식으로 표현하면 다음의 식 (2.62.1)과 식 (2.62.2)와 같다.

$$\frac{\partial e(P_x,\ P_y,\ u_0)}{\partial P_x}=x^H(P_x,\ P_y,\ u_0) \tag{2.62.1}$$

$$\frac{\partial e(P_x,\ P_y,\ u_0)}{\partial P_y}=y^H(P_x,\ P_y,\ u_0) \tag{2.62.2}$$

위 수식에 맞춰 지출함수($e=2P_x^{\frac{1}{2}}P_y^{\frac{1}{2}}u_0^{\frac{1}{2}}$)를 x, y재화의 가격 P_x, P_y로 미분하면 힉스수요함수(x^H, y^H)가 도출된다. 먼저, x^H를 구하기 위해서 아래의 식과 같이 지출함수를 P_x로 미분한다.

$$x^H=\frac{\partial e}{\partial P_x}=\frac{1}{2}2P_x^{-\frac{1}{2}}P_y^{\frac{1}{2}}u_0^{\frac{1}{2}}=P_x^{-\frac{1}{2}}P_y^{\frac{1}{2}}u_0^{\frac{1}{2}}=\sqrt{\frac{P_yu_0}{P_x}}=\left(\frac{P_yu_0}{P_x}\right)^{\frac{1}{2}} \tag{2.63}$$

다음으로, y재의 힉스수요함수인 y^H는 '셰퍼드의 보조정리'를 이용하여 지출함수($e=2P_x^{\frac{1}{2}}P_y^{\frac{1}{2}}u_0^{\frac{1}{2}}$)를 P_y로 미분하여 얻을 수 있다.

$$y^H=\frac{\partial e}{\partial P_y}=\frac{1}{2}2P_x^{\frac{1}{2}}P_y^{-\frac{1}{2}}u_0^{\frac{1}{2}}=P_x^{\frac{1}{2}}P_y^{-\frac{1}{2}}u_0^{\frac{1}{2}}=\sqrt{\frac{P_xu_0}{P_y}}=\left(\frac{P_xu_0}{P_y}\right)^{\frac{1}{2}} \tag{2.64}$$

이상의 식 (2.63)과 식 (2.64)를 통해 힉스수요함수가 가격(P)과 효용(u_0)의 함수임을 알 수 있다.

마셜과 간접효용함수, 힉스와 지출함수의 상호작용

앞서 마셜수요함수와 간접효용함수의 쌍방향적 상호작용과 힉스수요함수와 지출함수의 쌍방향적 상호작용(interactive relationship)을 살펴보았다. 앞서 살펴본 내용을 좀 더 자세히 설명하면 다음과 같다.

마셜은 소득(예산)을 고정시켰을 때, 재화의 가격 변화로 인해 효용의 변화가 발생한다고 보았다. 이때 나타나는 소비자 상품 소비조합의 새로운 해로부터 효용을 극대화하고자 하므로 다음과 같은 간접효용함수로 나타낼 수 있다.

$$v = x^M(P_x, P_y, I_0) \times y^M(P_x, P_y, I_0) \tag{2.65}$$

한편, 힉스는 효용이 주어졌을 때, 재화의 가격 변화로 인해 지출의 변화가 발생한다고 보았다. 이때 소비자 상품 소비조합의 새로운 해로부터 지출을 극소화하고자 하므로 다음과 같은 지출함수로 나타낼 수 있다.

$$e = P_x x^H(P_x, P_y, u_0) + P_y y^H(P_x, P_y, u_0) \tag{2.66}$$

이 두 함수의 형태는 서로 비슷한데 차이가 있다면 주어진 효용 하에서 재화의 가격변화에 대해 지출의 관점에서 보느냐 아니면 주어진 예산 하에서 재화의 가격 변화에 대해 효용의 관점에서 보느냐이다.

우선, 마셜수요함수$[x^M(P_x, P_y, I_0), y^M(P_x, P_y, I_0)]$를 효용방정식인 $u(x, y) = xy$에 대입하면 간접효용함수인 $v(P_x, P_y, I_0) = I_0^2/4P_xP_y$를 얻을 수 있으며, 역으로 간접효용함수$[v(P_x, P_y, I_0) = I_0^2/4P_xP_y]$를 재화의 가격인 P와 소득 I로 각각 미분하여 나눈 비율인 '로이의 항등식 $[-(\partial v/\partial P_x)/(\partial v/\partial I), -(\partial v/\partial P_y)/(\partial v/\partial I)]$'을 이용하면 마셜수요함수를 도출할 수 있다.

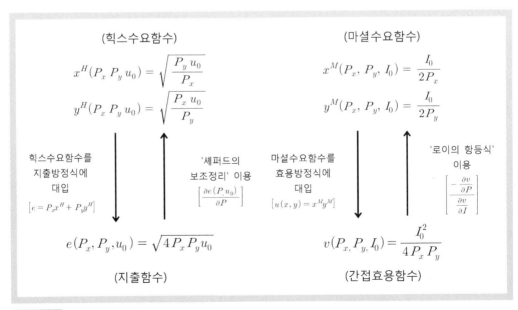

그림 2-30 마셜수요함수와 간접효용함수 및 힉스수요함수와 지출함수의 상호작용

다음으로, 힉스수요함수[$x^H(P_x, P_y, u_0)$, $y^H(P_x, P_y, u_0)$]를 지출방정식인 $e(x, y) = P_x x + P_y y$에 대입하면 지출함수인 $e(P_x, P_y, u_0) = \sqrt{4P_x P_y u_0}$를 얻을 수 있으며, 역으로 지출함수[$e(P_x, P_y, u_0) = \sqrt{4P_x P_y u_0}$]를 재화의 가격인 P에 대해 미분하는 '셰퍼드의 보조정리[$\partial e(P_x, P_y, u_0)/\partial P_x$, $\partial e(P_x, P_y, u_0)/\partial P_y$]'를 통해 힉스수요함수를 도출할 수 있다.

따라서 마셜수요함수와 간접효용함수의 쌍방향적 상호작용 및 힉스수요함수와 지출함수의 쌍방향적 상호작용을 도식화하면 [그림 2-30]과 같다.

4.4 마셜 및 힉스 수요함수의 상호작용

마셜의 보통수요함수와 힉스의 보상수요함수는 각각의 함수인 소득과 효용에 지출함수와 간접효용함수를 각각 대입함으로써 쌍방향적 관계가 있음을 확인할 수 있다. 앞서 언급하였듯이 주어진 예산 하에서 효용을 극대화시키기 위한 소비자들의 소비조합으로부터 마셜의 보통수요함수가 도출되면, 주어진 효용 하에서 지출을 극소화시키기 위한 소비자의 소비조합으로부터 힉스의 보상수요함수가 도출된다.

여기서 마셜수요함수는 라그랑주 함수식으로부터 효용극대화 조건을 만족시키는 필요조건을 통해 도출되는데, 이를 수식으로 나타내면 다음과 같다.

$$x^M(P_x, P_y, I_0) = \frac{I_0}{2P_x} \tag{2.67.1}$$

$$y^M(P_x, P_y, I_0) = \frac{I_0}{2P_y} \tag{2.67.2}$$

또한 힉스수요함수는 라그랑주 함수식으로부터 지출극소화 조건을 만족시키는 필요조건들을 통해 도출하면 다음과 같이 표현할 수 있다.

$$x^H(P_x \, P_y \, u_0) = \sqrt{\frac{P_y u_0}{P_x}} \tag{2.68.1}$$

$$y^H(P_x \, P_y \, u_0) = \sqrt{\frac{P_x u_0}{P_y}} \tag{2.68.2}$$

이렇게 도출된 마셜수요함수와 힉스수요함수의 서로 간에 순환 과정을 거치는 쌍방향적 상호작용을 가지는데 이 과정을 x재를 가지고 좀 더 자세히 살펴보고자 한다.

마셜수요함수인 $x^M(P_x, P_y, I_0)$의 주어진 소득 I_0에 지출함수 $e(P_x, P_y, u_0)$를 대입하면 힉스수요함수인 $x^H(P_x, P_y, u_0)$가 도출되며, 또한 힉스수요함수인 $x^H(P_x, P_y, u_0)$의 u_0에 간접효용함수 $v(P_x, P_y, I_0)$를 대입하면 마셜수요함수인 $x^M(P_x, P_y, I_0)$을 도출할 수 있다. 다시 말해, 마

설수요곡선의 함수인 소득 I대신에 지출함수의 식 $e(P_x, P_y, u_0) = \sqrt{4P_x P_y u_0}$을 대입함으로써 힉스수요곡선의 효용$(u)$에 대한 함수인 힉스의 보상수요함수 $x^H(P_x, P_y, u_0) = \sqrt{P_y u_0 / P_x}$을 도출할 수 있게 된다. 또한 힉스수요곡선의 함수인 효용 u 대신에 간접효용함수의 식 $v(P_x, P_y, I_0) = (I_0^2/4P_x P_y)$을 대입함으로써 마셜수요곡선의 소득 I에 대한 함수인 마셜의 보통수요함수 $x^M(P_x, P_y, I_0) = I_0/2P_x$을 도출할 수 있게 된다. 이러한 동일 방식으로 y재도 도출할 수 있다.

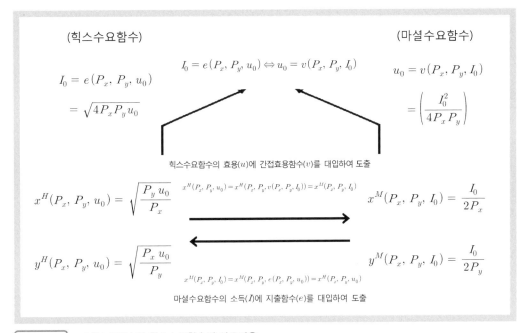

그림 2-31 마셜수요함수와 힉스수요함수의 상호작용

이로써 마셜의 보통수요함수와 힉스의 보상수요함수는 서로 함수식과 도출과정은 다르지만 결국에는 서로 최적의 소비조합을 가질 수 있음을 확인할 수 있다. 여기에서 독자들이 잊지 말아야 할 것은 만일 마셜의 보통수요함수와 힉스의 보상수요함수가 특정 소비조합에서 서로 일치하기 위해서는 $I_0 = e(P_x, P_y, u_0) \Leftrightarrow u_0 = v(P_x, P_y, I_0)$이라는 조건을 이용해야 한다는 것이다.

4.5 간접효용함수와 지출함수의 상호작용

앞서 마셜수요함수와 힉스수요함수에서 보았듯이 지출함수와 간접효용함수 역시 서로 간에 쌍방향적 상호작용을 가지고 있다. 소비자가 주어진 예산 하에서 효용을 극대화함에 있어, 극대화된 효용이 주어진 것이라면 지출을 극소화함으로써 효용을 극대화시킬 수도 있다는 것이다. 따라서 이러한 상호관계를 이용하여 지출함수는 주어진 소득(I_0)과 같고, 간접효용함수는 주어진 효용(u_0)과 같다고 두고 각각을 풀면 아래와 같이 정리된다.

$$I_0 = e(P_x, P_y, u_0) = \sqrt{4P_xP_yu_0} \tag{2.69}$$

$$u_0 = v(P_x, P_y, I_0) = \frac{I_0^2}{4P_xP_y} \tag{2.70}$$

즉, 식 (2.69)와 식 (2.70)은 $u_0 = \dfrac{I_0^2}{4P_xP_y}$, $\sqrt{4P_xP_yu_0} = I_0$으로 정리되며, 이는 아래 도식화를 통해 그 관계를 좀 더 명확히 파악할 수 있다.

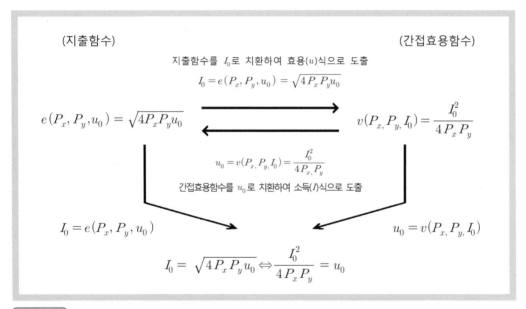

그림 2-32 ▶ 간접효용함수와 지출함수의 상호작용

이상을 종합해볼 때, 미시경제학에서 듀얼이론이란 소비자이론에서 소비자의 효용극대화 또는 지출극소화라는 목적이 결국엔 강 쌍대성이 성립할 경우에 하나의 최적해로 수렴하는 과정을 효용함수와 지출함수를 이용하여 제시해 보았다는 것이다. 동시에, 그 두 가지 함수가 서로 같아질 수 있는 이유를 강 쌍대성의 예로서 앞서 제시한 [그림 2-28]의 도식화를 통해서도 직관적으로 알 수 있지만 다음의 조건[$I_0 = e(P_x, P_y, u_0) \Leftrightarrow u_0 = v(P_x, P_y, I_0)$]에 기초한 수학적 풀이 과정을 통해서도 명확히 설명될 수 있다는 점이다.

여기서 핵심은 소비자이론의 수요함수, 간접효용함수, 지출함수 등이 서로 쌍방향적 관계를 가지고 있으므로 적어도 이론적으로는 마셜수요함수에서 힉스수요함수를 도출할 수 있고, 힉스 수요함수에서도 마셜수요함수를 도출할 수 있다는 것이다. 또한 간접효용함수에서 마셜수요함 수를 도출할 수 있으며, 마셜수요함수에서도 간접효용함수를 도출할 수 있게 된다는 점이다. 뿐 만 아니라 지출함수에서도 힉스수요함수를 도출할 수 있으며, 힉스수요함수에서도 지출함수를 도출할 수 있게 된다.

그 외에도 간접효용함수에서 지출함수를, 지출함수에서 간접효용함수를 도출할 수 있는 등 서로 간의 쌍방향적 상호작용의 관계가 존재한다. 따라서 주어진 예산 하에서 효용을 극대화시 키거나, 그 효용 하에서 지출을 극소화시키는 일련의 과정을 통해 어느 한 함수식만 알더라도 다른 함수식을 도출할 수 있다는 것이 독자들에게 전해주고 싶었던 듀얼이론의 중요한 시사점 이라 할 수 있다.

4.6   소비자이론의 듀얼 접근

소비자이론의 듀얼 접근을 하나의 도표로 도식화하면 [그림 2–33]과 같이 나타낼 수 있다. 소 비자이론의 듀얼 접근은 효용함수를 극대화하기 위한 소비자의 선택과 지출함수를 극소화하기 위한 소비자의 선택으로 구분된다. 여기서 주의해야 할 점은 주어진 예산 하에서 효용을 극대화 시킬 때, 그 때의 효용이 지출함수에서는 고정된 상태에서 지출을 극소화시키는 일련의 과정을 거친다는 점이다.

앞 절에서 언급한 소비자이론의 듀얼 접근을 종합적으로 요약하면 다음과 같이 정리할 수 있 다. 우선, 효용함수를 극대화하기 위해 주어진 예산제약 하에서 소비자의 선택인 상품 조합을 먼저 정리해 보자.

첫째, 효용함수$[u = u(x, y)]$를 극대화하기 위한 소비자의 최적선택 결과로 마셜의 보통수요함 수$[x^M(P_x, P_y, I_0) = I_0/2P_x, y^M(P_x, P_y, I_0) = I_0/2P_y]$가 도출된다. 이때 마셜의 보통수요함수가 도 출되는 필요조건으로 효용을 극대화하는 라그랑주 함수를 조절변수 x, y와 라그랑주 승수 λ로 편미분하여 0으로 만들어야 하며, 이를 통해 한계대체율과 예산선의 기울기인 두 재화의 가격 비율이 일치하게 되는 조건을 만족시킨다. 아울러 이러한 필요조건을 만족시키는 기본전제 하 에는 소비자 모두 자신이 가진 예산을 다 소진해야 한다는 것이다.

둘째, 이렇게 도출된 마셜의 보통수요함수(x^M, y^M)를 효용방정식$[u(x, y) = xy]$에 대입하여 풀 면 바로 간접효용함수$[v(P_x, P_y, I_0) = I_0^2/4P_xP_y]$가 도출된다. 여기서 간접효용함수는 가격과 소 득의 함수로서 마셜의 보통수요함수와 동일한 가격(P)과 소득(I_0)의 함수를 내포하게 됨을 알 수 있다.

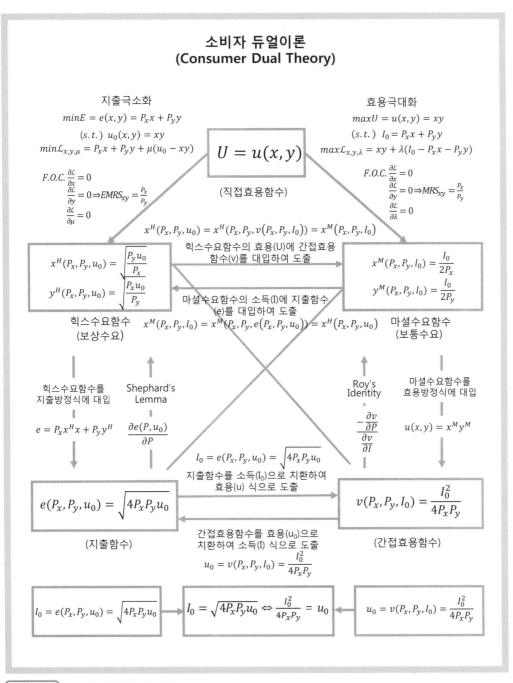

소비자 듀얼이론
(Consumer Dual Theory)

지출극소화

$minE = e(x, y) = P_x x + P_y y$

$(s.t.)\ u_0(x, y) = xy$

$min\mathcal{L}_{x,y,\mu} = P_x x + P_y y + \mu(u_0 - xy)$

$F.O.C.\ \dfrac{\partial \mathcal{L}}{\partial x} = 0$

$\dfrac{\partial \mathcal{L}}{\partial y} = 0 \Rightarrow EMRS_{xy} = \dfrac{P_x}{P_y}$

$\dfrac{\partial \mathcal{L}}{\partial \mu} = 0$

효용극대화

$maxU = u(x, y) = xy$

$(s.t.)\ I_0 = P_x x + P_y y$

$max\mathcal{L}_{x,y,\lambda} = xy + \lambda(I_0 - P_x x - P_y y)$

$F.O.C.\ \dfrac{\partial \mathcal{L}}{\partial x} = 0$

$\dfrac{\partial \mathcal{L}}{\partial y} = 0 \Rightarrow MRS_{xy} = \dfrac{P_x}{P_y}$

$\dfrac{\partial \mathcal{L}}{\partial \lambda} = 0$

$$U = u(x, y)$$

(직접효용함수)

$x^H(P_x, P_y, u_0) = x^H(P_x, P_y, v(P_x, P_y, I_0)) = x^M(P_x, P_y, I_0)$

힉스수요함수의 효용(U)에 간접효용
함수(v)를 대입하여 도출

마셜수요함수의 소득(I)에 지출함수
(e)를 대입하여 도출

$$x^H(P_x, P_y, u_0) = \sqrt{\dfrac{P_y u_0}{P_x}}$$

$$y^H(P_x, P_y, u_0) = \sqrt{\dfrac{P_x u_0}{P_y}}$$

힉스수요함수
(보상수요)

$x^M(P_x, P_y, I_0) = x^M(P_x, P_y, e(P_x, P_y, u_0)) = x^H(P_x, P_y, u_0)$

$$x^M(P_x, P_y, I_0) = \dfrac{I_0}{2P_x}$$

$$y^M(P_x, P_y, I_0) = \dfrac{I_0}{2P_y}$$

마셜수요함수
(보통수요)

힉스수요함수를
지출방정식에 대입

Shephard's Lemma

$e = P_x x^H + P_y y^H$

$\dfrac{\partial e(P, u_0)}{\partial P}$

Roy's Identity

$-\dfrac{\dfrac{\partial v}{\partial P}}{\dfrac{\partial v}{\partial I}}$

마셜수요함수를
효용방정식에 대입

$u(x, y) = x^M y^M$

$I_0 = e(P_x, P_y, u_0) = \sqrt{4P_x P_y u_0}$

지출함수를 소득(I_0)으로 치환하여
효용(u) 식으로 도출

$$e(P_x, P_y, u_0) = \sqrt{4P_x P_y u_0}$$

(지출함수)

$$v(P_x, P_y, I_0) = \dfrac{I_0^2}{4P_x P_y}$$

간접효용함수를 효용(u_0)으로
치환하여 소득(I) 식으로 도출

$u_0 = v(P_x, P_y, I_0) = \dfrac{I_0^2}{4P_x P_y}$

(간접효용함수)

$I_0 = e(P_x, P_y, u_0) = \sqrt{4P_x P_y u_0}$

$I_0 = \sqrt{4P_x P_y u_0} \Leftrightarrow \dfrac{I_0^2}{4P_x P_y} = u_0$

$u_0 = v(P_x, P_y, I_0) = \dfrac{I_0^2}{4P_x P_y}$

그림 2 - 33 소비자 듀얼이론의 종합

셋째, 마셜의 보통수요함수를 효용방정식에 대입하여 도출된 간접효용함수[$v(P_x, P_y, I_0) = I_0^2/4P_xP_y$]를 '로이의 항등식[$-(\partial v/\partial P)/(\partial v/\partial I)$]'을 이용하여 풀게 되면, 앞서 도출한 마셜의 보통수요함수[$x^M(P_x, P_y, I_0) = I_0/2P_x$, $y^M(P_x, P_y, I_0) = I_0/2P_y$]가 다시 도출된다. 여기서 우리는 '로이의 항등식'을 통해 간접효용함수를 마셜의 보통수요함수로 되돌릴 때 가격 변화로 인한 대체효과와 소득효과가 고려되고 있음을 확인할 수 있다.

넷째, 소비자이론의 듀얼 접근 중 가장 핵심이 되는 마셜 보통수요함수가 어떻게 힉스의 보상수요함수로 바뀔 수 있는가 인데, 이를 풀면 다음과 같다. 마셜 보통수요함수의 소득인 I_0에 지출함수인 $e(P_x, P_y, u_0) = \sqrt{4P_xP_yu_0}$를 대입하여 풀면 힉스수요함수[$x^H(P_x, P_y, u_0) = \sqrt{P_yu_0/P_x}$, $y^H(P_x, P_y, u_0) = \sqrt{P_xu_0/P_y}$]가 도출된다.

다섯째, 마셜 보통수요함수와 효용방정식으로부터 도출된 간접효용함수[$v(P_x, P_y, I_0)$]를 주어진 효용 u_0로 치환하여 소득(I_0) 식으로 나타내면 지출함수[$I_0 = e(P_x, P_y, u_0) = \sqrt{4P_xP_yu_0}$]가 도출된다. 여기서 간접효용함수를 주어진 효용 u_0로 치환하여 소득(I_0) 식으로 나타낸다는 점이 쌍방향적 접근을 가능하게 하는 중요 전제가 됨을 잊지 말아야 한다.

다음으로, 지출함수를 극소화하기 위한 주어진 효용 하에서 소비자의 선택인 상품 조합을 살펴보면 다음과 같다.

첫째, 지출함수[$e(P_x, P_y, u_0)$]를 극소화하기 위한 소비자의 최적선택의 결과로 힉스의 보상수요함수[$x^H(P_xP_yu_0) = \sqrt{P_yu_0/P_x}$, $y^H(P_xP_yu_0) = \sqrt{P_xu_0/P_y}$]가 도출된다. 이때 힉스의 보상수요함수가 도출되는 필요조건으로 지출을 극소화하는 라그랑주 함수를 조절변수 x, y와 라그랑주 승수 μ로 편미분하여 0으로 만들어야 하며, 이를 통해 지출의 한계대체율과 지출선의 기울기인 두 재화의 가격비율이 일치하게 되는 조건을 만족시킨다. 아울러 이러한 필요조건을 만족시키는 기본전제는 소비자 모두 자신이 가진 예산을 지출로 다 소비해야 한다는 것이다. 그리고 주어진 예산 하에서 효용을 극대화시킬 때의 효용을 고정시켜 두어야 함도 잊지 말아야 한다.

둘째, 이렇게 도출된 힉스의 보상수요함수(x^H, y^H)를 지출방정식($e = P_xx + P_yy$)에 대입하여 풀면 지출함수[$e(P_x, P_y, u_0) = \sqrt{4P_xP_yu_0}$]가 도출된다. 여기서 지출함수는 가격과 효용의 함수로 힉스의 보상수요함수와 동일한 가격(P)과 효용(u_0)의 함수를 포함하게 된다.

셋째, 힉스의 보상수요함수를 지출방정식에 대입하여 도출된 지출함수[$e(P_x, P_y, u_0) = \sqrt{4P_xP_yu_0}$]로부터 '셰퍼드의 보조정리[$\partial e(P, u_0)/\partial P$]'를 이용하여 풀게 되면 앞서 도출된 힉스의 보상수요함수[$x^H(P_x, P_y, u_0) = \sqrt{P_yu_0/P_x}$, $y^H(P_x, P_y, u_0) = \sqrt{P_xu_0/P_y}$]가 다시 도출된다. 여기서 '셰퍼드의 보조정리'를 통해 우리는 주어진 효용 하에서 가격 변화로 인한 영향만을 고려함으로 마셜의 보통수요함수에서처럼 소득효과가 반영되지 않음을 확인할 수 있다.

넷째, 소비자이론의 듀얼 접근 중 가장 중요한 내용인 힉스의 보상수요함수가 어떻게 마셜의 보통수요함수로 바뀔 수 있는가를 확인하는 것인데 이를 풀면 다음과 같다. 힉스 보상수요함수의 효용인 u_0에 간접효용함수인 $v(P_x,\ P_y,\ I_0) = I_0^2/4P_xP_y$를 대입하여 풀면 마셜의 보통수요함수 $[x^M(P_x,\ P_y,\ I_0) = I_0/2P_x,\ y^M(P_x,\ P_y,\ I_0) = I_0/2P_y]$가 도출된다.

다섯째, 힉스 보상수요함수와 지출방정식으로부터 도출된 지출함수$[e(P_x,\ P_y,\ u_0)]$를 주어진 예산인 소득 I_0로 치환하여 효용(u_0) 식으로 나타내면 간접효용함수$[v(P_x,\ P_y,\ I_0) = I_0^2/4P_xP_y]$가 도출된다. 여기서 지출함수를 주어진 예산인 소득 I_0으로 치환하여 효용(u_0) 식으로 나타낸다는 것이 쌍방향적 접근을 가능하게 하는 중요 전제가 됨을 잊지 말아야 한다. 또한 우리는 소비자의 선택이 주어진 예산 하에서 효용극대화를 추구하거나 주어진 그 효용 하에서 지출극소화를 추구하더라도 서로 쌍방향적 접근이 가능함을 보여주는 것이 듀얼이론의 핵심 포인트임을 확인할 수 있다.

끝으로, 소비자 듀얼이론을 통해 소비자가 효용을 극대화시키거나 지출을 극소화시키고자 선택한 결정이 결국 수요함수로 표현된다는 점이다. 또한 소비자가 만일 지출함수와 간접효용함수를 알고 있다면 자신의 선택한 결정을 '로이의 항등식'이나 '셰퍼드의 보조정리'를 통해서도 다시 수요함수를 도출할 수 있다는 것이다.

이때 가격이나 소득의 변화가 소비자의 잉여에 어떻게 영향을 미치는지를 알 수 있게 하므로 듀얼이론의 또 다른 함의는 소비자들의 결정으로부터 그들의 잉여를 추정할 수 있게 한다는 것이다. 따라서 우리는 듀얼이론에 기초하여 소비자들의 잉여가 어떻게 도출되는지를 살펴볼 필요가 있다.

5. 수요함수 결정 및 소비자 잉여

지금껏 우리는 소비자이론의 듀얼이론에 대해 살펴보았다. 여기서 우리가 소비자이론의 듀얼이론을 살펴본 이유는 듀얼이론을 통해서 소비자 잉여(consumer surplus)를 도출해보기 위함이었다. 소비자의 입장에서는 효용극대화나 지출극소화를 원하기에 가격이라는 정보와 함께 소비로 표현되는 수요함수로부터 소비자의 잉여가 어떻게 계산 가능한지를 알고자 하는 것은 지극히 당연하고도 자연스러운 태도라 할 수 있다. 이에 본 장에서는 지금껏 배운 듀얼이론에 기초하여 소비자 잉여를 도출해보고자 한다.

5.1 수요함수의 결정

소비자의 소비(consumption) 활동의 목적은 소비로부터의 효용을 극대화하는 것이다. 소비자는 자신의 주어진 예산 하에서 가장 높은 효용을 가져다주는 상품 조합을 선택하고자 한다. 이때 효용의 극대화를 유인하는 소비자의 선택 조합이 이들 상품의 가격 변화에 따라 어떠한 선택 조합으로 이동하는 지를 가격과 수요량으로 나타낸 것이 **수요함수**(demand function)이다.

 구체적으로 x재에 대한 수요함수를 간단히 살펴보면, 소비자가 효용을 극대화하고자 주어진 예산 하에서 선택한 x재 수요량이 가격의 변화에 따라 어떻게 변화하는지를 나타낸 함수이다. 다시 말해 예산, 즉 소득은 고정되어 있고 x재의 가격이 변함에 따라 매 순간 효용이 극대화되는 x재의 수요량이 어떻게 변화하는지를 보여준다. 그러므로 x재의 수요함수는 예산제약 하에서의 극대화 문제에 대한 하나의 해로서, 일반적으로 수평축인 x축에 재화의 수요량을, 수직축인 y축에 재화의 가격을 둔다.

 그러므로 수요함수의 결정에 있어 우선적으로 중요한 것은 가격이 아니라 효용을 극대화시키는 상품 조합에 있음을 유의해야 한다. 물론 가격이 변화함에 따라 재화의 수요량이 변화하지만 이러한 수요량의 변화가 소비자의 효용을 극대화시키는 상품 조합에서부터 출발한다는 점을 먼저 이해하고 있어야 한다.

5.2 마셜 소비자 잉여

미시경제학에서 수요함수를 도출하는 것은 수요함수로부터 다양한 정보를 얻을 수 있기 때문이다. 이 중 수요함수로부터 소비자의 후생이 되는 잉여를 도출할 수 있다는 것은 미시경제학에서 아주 중요한 한 영역일 수 있다. 그러므로 여기서는 마셜수요함수로부터 도출 가능한 소비자 잉여를 먼저 살펴보고자 한다.

소비자 잉여(consumer surplus)의 개념은 소비자가 시장 활동에 참여함으로써 얻게 되는 이득을 화폐 단위로 나타낸 것을 의미하며, 지불 용의가 서로 다른 소비자가 시장에서 만나 얻게 되는 잉여이기도 하다.

우리는 [그림 2-17]에서 마셜수요곡선과 힉스수요곡선을 도출한 바 있다. 그리고 마셜수요곡선을 이용하여 소비자 잉여를 측정할 때와 힉스수요곡선을 이용하여 소비자 잉여를 측정할 때에 있어 이들 잉여는 서로 차이가 날 수 있음도 확인하였다. 여기서는 가격 변화에 따른 소비자 잉여에 대해 마셜과 힉스의 수요함수의 관점에서 좀 더 자세히 살펴보고자 한다.

우선, [그림 2-35]에서 가격 하락으로 인해 발생한 마셜수요함수의 소비자 잉여 변화분을 나타낸다. 마셜의 소비자 잉여는 마셜의 수요함수에 기초하여 소비자가 재화를 이용하기 위해 최대로 지불하고자 하는 금액, 즉 최대지불의사액(maximum willingness to pay)과 실제 시장가격의 차이분을 의미한다. 마셜수요곡선에 기초한 소비자 잉여 변화분은 x재 가격 하락으로 인한 수요량의 변화로 인해 발생한 차이인 주황색 영역에 해당하는 면적인 $P_{x_1}a'c'P_{x_2}$가 된다.

한편, 힉스의 소비자 잉여의 변화분은 보상변화(compensating variation)라는 개념으로 바로 다음에서도 설명하겠지만, [그림 2-35]에서는 $P_{x_1}a'b'P_{x_2}$가 됨을 알 수 있으며, 이것을 통해 x재의 가격 변화에 따라 마셜의 소비자 잉여와 힉스의 보상변화의 변화분 간에 차이가 있음을 확인

그림 2-34 웹사이트 서칭 후 할인 쿠폰을 활용하여 쇼핑하는 소비자들

출처 : www.shutterstock.com

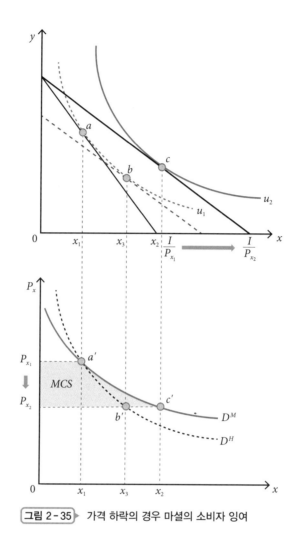

그림 2-35 가격 하락의 경우 마셜의 소비자 잉여

할 수 있다.

[그림 2-35]의 가격 하락 시 마셜의 소비자 잉여의 면적은 수식으로 나타내면 식 (2.71)과 같다.

$$MCS = \int_{P_{x_2}}^{P_{x_1}} x^M(P_x, P_y, I)dP_x = -\int_{P_{x_1}}^{P_{x_2}} x^M(P_x, P_y, I)dP_x \quad \text{for } P_{x_1} > P_{x_2} \tag{2.71}$$

여기서 MCS(Marshallian consumer surplus)는 마셜의 소비자 잉여를 의미한다. 아울러 주어진 가격과 예산제약 하에서 실현 가능한 최대 효용을 나타내는 간접효용함수(indirect utility function)를 통해서 소비자 잉여의 크기를 구할 수 있는데, 이때 '로이의 항등식'으로 가격 하락 시 MCS 측정이 가능하다.

$$MCS = -\int_{P_{x_2}}^{P_{x_1}} \frac{\partial v/\partial P_x}{\partial v/\partial I} dP_x, \quad where \quad x^M(P,\ I) = -\frac{\partial v(P,\ I)/\partial P_x}{\partial v(P,\ I)/\partial I} \tag{2.72}$$

앞의 식 (2.72)는 다시 식 (2.73)과 같이 표현할 수 있다.

$$MCS = \frac{[v(P_{x_2},\ P_y,\ I) - v(P_{x_1},\ P_y,\ I)}{\partial v/\partial I} \tag{2.73}$$

다음으로, [그림 2-36]은 가격 상승으로 인해 발생한 마셜수요함수의 소비자 잉여의 변화분을 나타낸다. 여기서 마셜의 수요곡선에 기초한 소비자 잉여 변화분은 x재의 가격 상승으로 인한 수요량 변화에 따라 발생한 차이인 주황색 영역에 해당하는 면적 $P_{x_1}a'c'P_{x_2}$가 된다.

[그림 2-36]의 가격 상승 시 마셜의 소비자 잉여의 면적은 식 (2.74)와 같이 나타낼 수 있다.

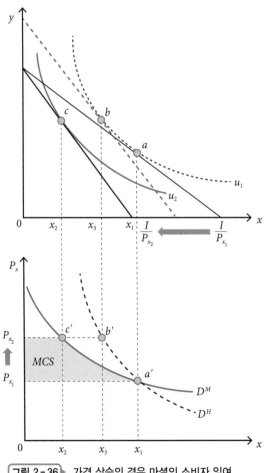

그림 2-36 가격 상승의 경우 마셜의 소비자 잉여

$$MCS = \int_{P_{x_1}}^{P_{x_2}} x^M(P, I)dP_x = -\int_{P_{x_2}}^{P_{x_1}} x^M(P, I)dP_x \quad \text{for} \quad P_{x_1} < P_{x_2} \tag{2.74}$$

또한 주어진 가격과 예산제약 하에서 실현 가능한 최대 효용을 나타내는 간접효용함수를 통해서 소비자 잉여의 크기를 구할 수 있는데, 이때 '로이의 항등식'으로 가격 상승 시의 MCS 측정이 가능하다.

$$MCS = -\int_{P_{x_1}}^{P_{x_2}} \frac{\partial v/\partial P_x}{\partial v/\partial I}dP_x, \quad where \quad x^M(P, I) = -\frac{\partial v(P, I)/\partial P_x}{\partial v(P, I)/\partial I} \tag{2.75}$$

여기서 마셜의 소비자 잉여의 경우 가격 하락 시와 가격 상승 시 MCS의 면적은 그림 상으로 동일하나 가격 하락 시의 MCS는 양(+)의 잉여를, 가격 상승 시의 MCS는 음(−)의 잉여를 가짐을 알아둘 필요가 있다.

이상의 가격 하락과 가격 상승을 비교해보았을 때, 가격이 하락할 때 소비자 잉여 변화분은 소득효과를 반영하지 못하는 힉스보다 마셜이 더 크고, 가격이 상승할 때의 소비자 잉여 변화분은 소득효과를 반영하지 못하는 힉스보다 마셜이 더 작음을 알 수 있다. 이는 힉스의 경우 소득효과를 반영할 수 없으므로 가격 변화에 따른 소비자의 재화 구매량이 마셜의 경우보다 비탄력적임을 확인할 수 있다.

5.3 힉스 소비자 잉여

보상변화 및 대등변화

보상변화 힉스의 소비자 잉여에 해당하는 보상변화를 좀 더 자세히 살펴보면 다음과 같다.

가격 하락의 경우	변화된 가격 체계 하에서 원래의 효용 수준을 달성하는 데 필요한 소득의 변화(WTP, Willingness to Pay) (보상수요곡선이 원래 효용 수준에 붙는 경우)
보상변화	"내가 가격을 내리려고 한다. 내가 너에게 얼마나 소득을 제거해주면 내린 가격을 감당할 수 있겠느냐?"

힉스수요곡선을 도출하는 과정에서 소득효과를 제거하기 위해 가상의 예산선(점선 I^*)을 두었는데, 이것과 실제 예산선 사이의 y축 절편 폭을 **보상변화**(compensation variation)라고 한다. 여기서 힉스의 소비자 잉여를 보상변화라고 함은 소비자 효용을 가격의 변화가 이미 일어난 상황의 효용 수준에서 가격의 변화가 일어나기 전의 효용 수준으로 되돌리기 위해 얼마만큼을 금전적으로 보상해야 소비자가 그 손실을 보상받을 수 있는지를 의미하기 때문이다. 다시 말해, 힉

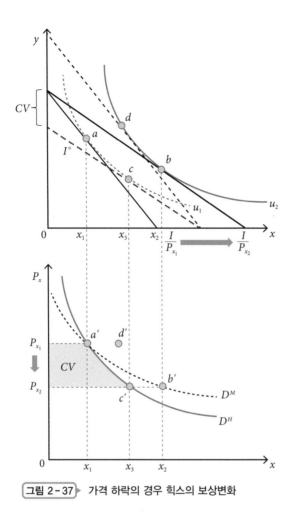

그림 2 - 37 가격 하락의 경우 힉스의 보상변화

스의 보상변화는 소비자의 효용을 가격의 변화가 일어나기 전의 수준으로 되돌리기 위해서 필요한 보상의 화폐액, 즉 소비자가 변화한 가격 하에서 기존의 효용을 유지하기 위해 필요한 보상을 화폐액으로 나타낸 것이다.

[그림 2-37]은 정상재인 x재의 가격 하락($P_{x_1} \longrightarrow P_{x_2}$)에 따른 효용의 변화($u_1 \longrightarrow u_2$)를 그림으로 나타낸 것이다. 여기서 보상변화란 기존의 가격 P_{x_1}에서 P_{x_2}로 하락한 상황에서 원래의 효용수준 u_1로 되돌리기 위해 보상해주어야 하는 부분이다. 다시 말해, x재의 가격이 P_{x_2}로 하락한 상태에서 소비자의 소득에 보상변화(CV)를 제거할 경우 기존의 효용수준과 같아진다. 구체적으로 가격을 내렸을 때 하락한 가격에 대해 구매할 수 있는 예상 소득에서 원래의 효용으로 가기 위한 소득에 제거분은 얼마인가를 의미한다. 이를 통해 도출할 수 있는 것은 보상변화의 관점에서 x재의 가격 하락이 가져다주는 효용 증가의 화폐액이 CV만큼이라는 것이다. 이처럼 일

반적으로 가격이 하락하면 CV는 양(+)의 값을 갖는 상관관계(positive correlation)를 가지는 것으로 알려져 있다.

이 점들을 아래로 내려 수요곡선을 그리면 가격 하락 시의 보상변화의 면적을 확인할 수 있고, 그것은 [그림 2-37]의 주황색 영역에 해당하는 $P_{x_1}a'c'P_{x_2}$가 된다. 그리고 CV의 면적은 다음의 식 (2.76)을 통해 구할 수 있다.

$$CV = \int_{P_{x_2}}^{P_{x_1}} x^H(P_x, P_y, u_1) dP_x \quad \text{for} \quad P_{x_1} > P_{x_2} \tag{2.76}$$

또한 식 (2.76)은 지출함수를 x재의 가격(P)으로 미분하는 '셰퍼드의 보조정리'에 의해 다시 힉스의 보상변화를 식 (2.77)과 같이 나타낼 수 있다.

$$CV = \int_{P_{x_2}}^{P_{x_1}} \frac{\partial e(P_x, P_y, u_2)}{\partial P_x} dP_x \tag{2.77}$$

앞서 주어진 가격과 예산제약 하에서 실현 가능한 최대 효용수준을 의미하는 간접효용함수를 설명한 바 있는데, 이를 이용하여 보상변화의 크기와 마셜의 소비자 잉여의 관계도 확인 가능하다.

일례로, 가격이 P_{x_1}일 때의 간접효용함수를 $v(P_x, P_y, I)$로 표기 한다면, 가격이 P_{x_2}로 하락했을 때에 효용 u_1에 접하는 간접효용함수는 가격 P_{x_2}와 점선 I^*인 가상의 예산선에 대한 식으로 도출되므로 식 (2.78)과 같은 관계식으로 표현할 수 있다.

$$v(P_{x_1}, P_y, I) = v(P_{x_2}, P_y, I - CV) = u_1 \quad \text{for} \quad P_{x_1} > P_{x_2} \tag{2.78}$$

이때 보상변화의 크기는 마셜수요곡선의 소비자 잉여분보다 작다는 것을 [그림 2-37]을 통해 알 수 있다. 이는 힉스의 경우 소비자들이 낮은 가격을 수용하도록 하는 데 필요한 보상이 없기 때문이다.

또한 힉스수요곡선을 도출하기 위해서 이용했던 지출함수를 통해 가격이 P_{x_1}에서 P_{x_2}로 하락한 경우에 u_1만큼의 효용을 유지하기 위해 필요한 보상액, CV의 크기를 I와 I^*의 차이로 표현할 수 있다. 여기서 점선 I^*는 [그림 2-37]에서 보듯이 새로운 예산선에 평행하도록 그은 가상의 예산선을 의미한다. 재화의 가격이 P_{x_1}과 P_y인 최초의 상태에서 u_1을 얻으려면 $I = P_{x_1}x + P_y y$만큼이 필요하고 이것을 $I = e(P_{x_1}, P_y, u_1)$로 표기할 수 있다. 그리고 x재의 가격이 P_{x_2}로 하락한 후에도 같은 예산(I)으로 u_2만큼의 효용을 얻게 된다면 이것은 $I = e(P_{x_2}, P_y, u_2)$로 표현 가능하다. 따라서 다음의 식 (2.79)가 성립하게 된다.

$$I = e(P_{x_1}, P_y, u_1) = e(P_{x_2}, P_y, u_2) \tag{2.79}$$

그런데 만일 가격이 P_{x_2}로 변화한 후에도 원래의 효용인 u_1을 얻기 위해서는 $I^* = P_{x_2}x + P_y y$만큼의 예산이 필요하므로, I^*를 $I^* = e(P_x, P_y, u_1)$로 두면 보상변화(CV)의 크기는 $I - I^*$와 같으며, 이는 아래의 식 (2.80)과 같이 다시 정리될 수 있다.

$$CV = I - I^* \qquad\qquad (2.80)$$
$$= I - e(P_{x_2}, P_y, u_1)$$
$$= e(P_{x_1}, P_y, u_1) - e(P_{x_2}, P_y, u_1) > 0$$

이 식을 해석해보면, 보상변화란 변화한 가격 P_{x_2}를 기준으로 u_1과 u_2의 차이를 측정하는 것으로, 실제 소득과 새로운 가격에서 이전과 동일한 효용을 누리기 위해 필요한 소득과의 차이를 의미한다. 즉, 가격 하락으로 이전보다 높은 효용인 u_2를 얻게 되는데 동일한 효용 u_1을 누리는 데 필요한 소득(I^*)과 이전 소득(I)과의 차이를 의미한다. 따라서 가격이 하락하면 CV 만큼의 이득을 보게 된다.

역으로, 가격이 P_{x_1}에서 P_{x_2}로 상승했다고 가정해보자. [그림 2-38]에서 정상재인 x재의 가격이 P_{x_1}에서 P_{x_2}로 상승하게 되면 효용의 변화는 u_1에서 u_2로 이동하게 된다. 이를 표현하면 다음과 같이 나타낼 수 있다.

가격 상승의 경우	변화된 가격 체계 하에서 원래의 효용 수준을 달성하는 데 필요한 소득의 변화(WTA, Willingness to Accept) (보상수요곡선이 원래 효용 수준에 붙는 경우)
보상변화	"내가 가격을 올리려고 한다. 내가 너에게 얼마나 소득을 보상해주면 올린 가격을 감당할 수 있겠느냐?"

여기서 보상변화란 기존의 가격 P_{x_1}에서 P_{x_2}로 상승한 상황에서 원래의 효용수준 u_1로 되돌리기 위해 보상해주어야 하는 부분이다. 다시 말해, x재의 가격이 P_{x_2}로 상승한 상태에서 소비자의 소득에 보상변화(CV)를 더해줄 경우 기존의 효용수준과 같아진다는 것이다.

이를 통해 도출할 수 있는 것은 보상변화의 관점에서 x재의 가격 상승이 가져다주는 효용 감소의 화폐액이 CV만큼이라는 것이다. 이처럼 일반적으로 가격이 상승하면 CV는 음($-$)의 값을 가진다. 왜냐하면 가격이 상승하여 수요량이 줄어들어 효용이 감소했는데, 변화된 가격체계를 원래 상태로 유지해주면서 원래의 무차별수준에 해당하는 효용을 가져오기 위해선 CV만큼의 화폐액이 부족하기 때문이다.

그 결과, x재의 가격 상승 시의 보상변화의 면적을 확인할 수 있고, 그것은 [그림 2-38]의 주황색 영역에 해당하는 $P_{x_1}a'd'P_{x_2}$가 된다. 이 면적은 다음의 식 (2.81)을 통해 구할 수 있다.

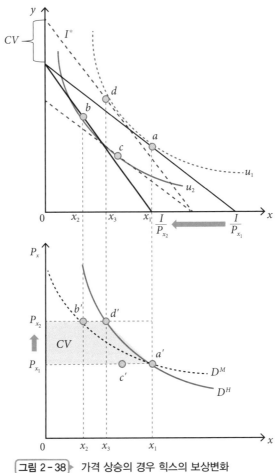

그림 2 - 38 ▶ 가격 상승의 경우 힉스의 보상변화

$$CV = \int_{P_{x_1}}^{P_{x_2}} x^H(P_x, P_y, u_1) dP_x \quad \text{for} \quad P_{x_1} < P_{x_2} \tag{2.81}$$

또한 식 (2.81)은 지출함수를 x재의 가격(P)으로 미분하는 '셰퍼드의 보조정리'에 의해 다시 힉스의 보상변화를 식 (2.82)와 같이 도출할 수 있다.

$$CV = \int_{P_{x_1}}^{P_{x_2}} \frac{\partial e(P_x, P_y, u_2)}{\partial P_x} dP_x \tag{2.82}$$

또한 가격이 P_{x_1}일 때의 간접효용함수를 $v(P_{x_1}, P_y, I)$로 표기 한다면, 가격이 P_{x_2}로 상승했을 때에 효용 u_1에 접하는 간접효용함수는 가격 P_{x_2}와 점선 I^*인 가상의 예산선인 $I^* = I + CV$에 대한 식으로 도출되므로 아래와 같이 나타낼 수 있다.

$$v(P_{x_1}, P_y, I) = v(P_{x_2}, P_y, I + CV) = u_1 \quad \text{for} \quad P_{x_1} < P_{x_2} \tag{2.83}$$

이때 보상변화의 크기는 마셜수요곡선의 소비자 잉여분보다 크다는 것을 [그림 2-38]을 통해 알 수 있다.

그리고 힉스수요곡선을 도출하기 위해서 이용했던 지출함수를 통해 가격이 P_{x_1}에서 P_{x_2}로 상승한 경우에 u_1만큼의 효용을 유지하기 위해 필요한 보상액, CV의 크기를 I와 I^*의 차이로 나타낼 수 있다. 여기서 점선 I^*는 새로운 예산선에 평행하도록 그은 가상의 예산선을 의미한다. 재화의 가격이 P_{x_1}과 P_y인 최초의 상태에서 u_1을 얻으려면 $I = P_{x_1}x + P_y y$ 만큼이 필요하고 이것을 $I = e(P_{x_1},\ P_y,\ u_1)$로 표기할 수 있다. 그리고 x재의 가격이 P_{x_2}로 상승한 후에도 같은 예산(I)으로 u_2만큼의 효용을 얻게 된다면 이것은 $I = e(P_{x_2},\ P_y,\ u_2)$로 표현 가능하다. 따라서 다음의 식 (2.84)가 성립하게 된다.

$$I = e(P_{x_1},\ P_y,\ u_1) = e(P_{x_2},\ P_y,\ u_2) \tag{2.84}$$

그런데 만일 가격이 P_{x_2}로 상승한 후에 원래의 효용인 u_1을 얻기 위해 필요한 금액 I^*를 $I^* = e(P_{x_2},\ P_y,\ u_1)$로 두면 보상변화(CV)의 크기는 $I - I^*$와 같으며, 이는 아래의 식(2.85)와 같이 나타낼 수 있다.

$$
\begin{aligned}
CV &= I - I^* \\
&= I - e(P_{x_2},\ P_y,\ u_1) \\
&= e(P_{x_1},\ P_y,\ u_1) - e(P_{x_2},\ P_y,\ u_1) < 0
\end{aligned}
\tag{2.85}
$$

이때 x재의 가격이 상승하면 힉스의 보상변화인 CV는 음($-$)의 값을 가져 CV만큼의 손해를 보게 된다.

대등변화 다음으로, 힉스의 소비자 잉여에 해당하는 대등변화를 좀 더 자세히 살펴보도록 하자.

가격 하락의 경우	가격 변화 후의 효용 수준을 원래의 가격 체계로 달성하는 데 필요한 소득의 변화(WTA) (보상수요곡선이 나중 효용 수준에 붙는 경우)
대등변화	"내가 가격을 내리려고 한다. 만약에 가격을 원래의 상태로 유지시켜 주면 나한테 얼마를 줄 수 있겠느냐?"

대등변화(equivalent variation)는 가격의 변화로 인해 증가한 소비자의 효용과 대등한 수준을 누리기 위해 원래의 가격에서 필요한 소득의 화폐액으로, 이를 쉽게 설명하면 가격의 변화가 발생하지 않은 상태에서의 소비자에게 얼마만큼의 소득을 더해주어야 u_2와 대등한 효용을 누릴 수 있는지를 의미한다.

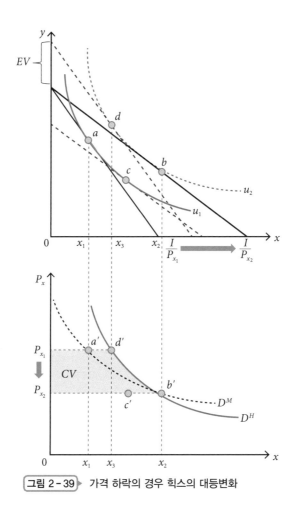

그림 2 - 39 가격 하락의 경우 힉스의 대등변화

[그림 2-39]는 정상재인 x재의 가격 하락($P_{x_1} \longrightarrow P_{x_2}$)에 따른 효용의 변화($u_1 \longrightarrow u_2$)를 나타낸다. 여기서 대등변화란 기존의 가격 P_{x_1}에서 P_{x_2}로 하락한 상황에서 새로운 효용수준 u_2와 대등한 효용을 누리기 위해 추가적으로 더해 주어야 할 소득 부분이다. 다시 말해, x재의 가격이 P_{x_1}인 상태에서 소비자의 소득에 대등변화(EV)를 추가할 경우 가격 하락 시의 효용수준과 같아진다. 이를 통해 도출할 수 있는 것은 대등변화의 관점에서 x재의 가격 하락이 가져다주는 효용증가의 화폐액이 EV만큼 이라는 것이다. 이처럼 일반적으로 가격이 하락하면 EV는 양(+)의 값을 가진다.

이 점들을 아래로 내려 수요곡선을 그리면 가격 하락 시의 대등변화의 면적을 확인할 수 있고, 이것은 [그림 2-39]의 주황색 영역에 해당하는 $P_{x_1}d'b'P_{x_2}$가 된다.

$$EV = \int_{P_{x_2}}^{P_{x_1}} \frac{\partial e(P_x, P_y, u_2)}{\partial P_x} dP_x \quad \text{for} \quad P_{x_1} > P_{x_2} \tag{2.86}$$

식 (2.86)은 지출함수를 x재의 가격(P)으로 미분하는 '셰퍼드의 보조정리'에 의해 다시 힉스의 대등변화를 식 (2.87)과 같이 구할 수 있다.

$$EV = \int_{P_{x_2}}^{P_{x_1}} x^H(P_x, P_y, u_2)dP_x \tag{2.87}$$

또한 가격이 P_{x_2}로 하락했을 때의 간접효용함수를 $v(P_{x_2}, P_y, I)$로 표기한다면, 가격 변화 후 효용 u_2에 접하는 간접효용함수는 아래의 식 (2.88)과 같은 관계식으로 나타낼 수 있다.

$$v(P_{x_2}, P_y, I) = v(P_{x_1}, P_y, I + EV) = u_2 \quad \text{for } P_{x_1} > P_{x_2} \tag{2.88}$$

이때 대등변화의 크기는 마셜수요곡선의 소비자 잉여분보다도 큼을 [그림 2-39]를 통해 알 수 있다. 이는 소비자가 가격이 하락하는 데에서 오는 이득을 포기하는 지불의사액(willingness to pay)이 작기 때문이다.

또한 가격 변화 전의 예산선이 효용 u_1에 도달할 때의 지출함수를 $e(P_{x_1}, P_y, u_1)$로 두고, 가격 변화 전의 예산선의 기울기 그대로 효용 u_2에 접하도록 그은 점선인 가상의 지출함수를 $e(P_{x_1}, P_y, u_2)$로 표기하여 이 둘의 차이로써 대등변화(EV)의 크기를 구할 수 있으며, 이는 아래의 식 (2.89)와 같은 관계식으로 표현할 수 있다.

$$\begin{aligned} EV &= e(P_{x_1}, P_y, u_2) - e(P_{x_1}, P_y, u_1) \\ &= e(P_{x_1}, P_y, u_2) - e(P_{x_2}, P_y, u_2) \\ &= e(P_{x_1}, P_y, u_2) - I > 0 \end{aligned} \tag{2.89}$$

여기서 $I = e(P_{x_1}, P_y, u_1) = e(P_{x_2}, P_y, u_2)$이므로 대등변화는 이전가격에서 새로운 효용을 누리기 위해서 필요한 소득과 실제 소득과의 차이로, 원래 가격 P_{x_1}을 기준으로 u_1과 u_2의 차이 측정이 가능하며, 가격 하락으로 EV만큼의 이득을 얻는다.

역으로, 가격이 P_{x_1}에서 P_{x_2}로 상승했다고 가정해보자. 가격 변화 후의 효용 u_2에 접하는 간접효용함수는 다음과 같이 표현할 수 있다.

가격 상승의 경우	가격 변화 후의 효용 수준을 원래의 가격 체계로 달성하는 데 필요한 소득의 변화(WTP) (보상수요곡선이 나중 효용 수준에 붙는 경우)
대등변화	"내가 가격을 올리려고 한다. 만약에 가격을 원래 상태로 유지시켜 주면 나한테 얼마를 줄 수 있겠느냐?"

$$v(P_{x_2}, P_y, I) = v(P_{x_1}, P_y, I - EV) = u_2 \quad \text{for } P_{x_1} < P_{x_2} \tag{2.90}$$

이때 대등변화의 크기는 마셜수요곡선의 소비자 잉여분보다 작음을 [그림 2-40]을 통해 확

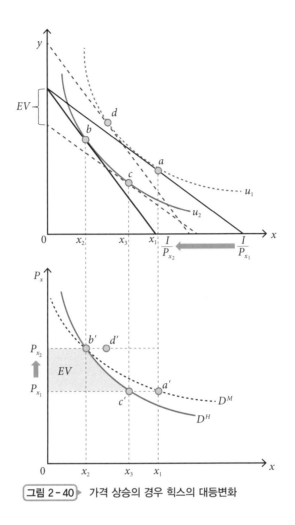

그림 2-40▶ 가격 상승의 경우 힉스의 대등변화

인할 수 있다. 이는 소비자가 가격이 상승하는 데에서 오는 이득을 포기하는 지불의사액이 크기 때문이다.

또한 가격 변화 전의 예산선이 효용 u_1에 도달할 때의 지출함수를 $e(P_{x_1}, P_y, u_1)$로 두고, 가격 변화 전의 예산선의 기울기 그대로 효용 u_2에 접하도록 그은 점선인 가상의 지출함수를 $e(P_{x_1}, P_y, u_2)$로 표기하여 이 둘의 차이로 대등변화(EV)의 크기를 구할 수 있으며, 이는 아래의 식 (2.91)과 같은 관계식으로 표현할 수 있다.

$$EV = e(P_{x_1}, P_y, u_2) - e(P_{x_1}, P_y, u_1) \tag{2.91}$$
$$= e(P_{x_1}, P_y, u_2) - I$$
$$= e(P_{x_1}, P_y, u_2) - e(P_{x_2}, P_y, u_2) < 0$$

여기서 $I = e(P_{x_1}, P_y, u_1) = e(P_{x_2}, P_y, u_2)$이므로 대등변화는 이전가격에서 새로운 효용을 누리

기 위해서 필요한 소득과 실제 소득과의 차이로, 원래 가격 P_{x_1}을 기준으로 u_1과 u_2의 차이 측정이 가능하며, 가격 상승으로 EV만큼의 손실을 보게 된다.

결론적으로 x재의 가격이 하락하면 힉스의 보상변화(CV)보다는 마셜의 소비자 잉여(MCS)가 더 크고, 마셜의 소비자 잉여(MCS)보다는 힉스의 대등변화(EV)가 더 큼을 알 수 있다. 그러나 x재의 가격이 상승하면 힉스의 보상변화(CV)는 마셜의 소비자 잉여(MCS)의 절댓값보다 더 크고, 마셜의 소비자 잉여는 힉스의 대등변화(EV)의 절댓값보다 더 큼을 알 수 있다. 즉, 가격 상승의 경우 마셜 소비자 잉여 및 힉스 대등변화와 보상변화가 모두 음수(-)이므로 숫자로는 CV ≤ MCS ≤ EV < 0 순이지만, 면적으로는 절댓값을 취하면 CV가 MCS나 EV보다 큼을 의미한다.

표 2-3 x재의 가격 변화에 따른 마셜 소비자 잉여 및 힉스 보상, 대등 변화 비교

재의 가격 변화	마셜 소비자 잉여 및 힉스 보상, 대등 변화 비교
가격 하락	0 < CV ≤ MCS ≤ EV
가격 상승	CV ≤ MCS ≤ EV < 0

보상잉여 및 대등잉여

공공서비스는 일반적으로 정부가 직접 통제하는 경향이 있으므로 이러한 경우 소비자는 수요량을 자유로이 선택하지 못하게 된다. 특히, 가격 변화가 아닌 비가격 변화의 경우 환경이나 치안 또는 복지 서비스 등에 대해 정부가 이들 서비스를 직접 통제할 경우 대개 힉스의 잉여 개념을 적용하여 후생을 측정한다.

보상잉여　우선, 환경질 개선에 따른 수요량 증가의 경우에 있어 힉스의 보상잉여를 좀 더 자세히 살펴보면 다음과 같다.

수요량 증가의 경우 (환경질 개선)	정책 시행의 결과 공공서비스가 개선되면서 수요량이 증가한 경우 최초의 효용수준에서 개선된 공공서비스를 유지하기 위해서 소비자가 기꺼이 지불하고자 하는 최대지불의사액(Maximum WTP) 　　(환경질 개선에 따른 수요량 증가 : 최초의 효용수준 유지)
보상잉여	"공공서비스의 개선으로 어떤 재화의 수요량이 증가하였다. 만약에 수요량이 변하기 전의 최초의 효용수준을 유지하면서 새로운 효용 수준을 얻기 위해 소비자가 기꺼이 지불할 수 있는 최대액은 얼마인가?"

보상잉여(compensating surplus)는 정책 시행의 결과로 인해 야기된 공공재(public goods), 환경재 등의 서비스나 질이 개선됨에 따라 재화의 수량(quantity)이 증가한 경우, 소비자가 이전의 효용수준(u_1)을 유지하면서 새로운 효용수준(u_2)을 얻기 위하여 기꺼이 지불할 수 있는 최대액, 즉 **최대지불의사액**(Maximum WTP)을 의미한다.

일례로, 정부의 정책 시행 결과, 공원시설이 개선되면서 생활편의 수준이 높아져 수요량이 증가하는 경우 보상잉여는 이전의 최초 효용수준(u_1)을 유지하면서 개선된 새로운 효용수준 (u_2)에 해당하는 공공서비스를 얻기 위하여 기꺼이 지불하고자 하는 소비자의 최대지불의사액 (Maximum WTP)이 된다. 따라서 이러한 보상잉여는 정부의 정책 시행 결과, 공원시설이 개선되어 생활편의 수준이 높아져 수요량이 x_1에서 x_2로 증가한다면 수요량 x_2을 기준으로 측정한 두 효용 수준 간의 수직 거리를 의미한다.

그러므로 보상잉여를 간략히 설명하면 수요량이 x_2로 고정된 점에서 u_1과 u_2의 차이분이며, 이를 도식화하면 [그림 2-41]의 선분 $\overline{bc}$와 같다.

$$v(P_x, P_y, I, x_1) = v(P_x, P_y, I - CS, x_2) = u_1 \quad \text{for } x_1 < x_2 \tag{2.92}$$

[그림 2-41]의 굵은 선 I는 주어진 가격과 수요량 수준에서 효용 u_1을 유지하기 위해 필요한 최저 소득을 의미한다. 식 (2.92)와 [그림 2-41]에서 보듯이 공공재나 환경재의 개선에 따른 x재의 수요량 증가로 소득에 보상잉여가 제거됨($I - CS$)을 볼 수 있다.

반대로, 환경질 악화에 따른 수요량 감소의 경우에 있어 힉스의 보상잉여를 살펴보도록 하자.

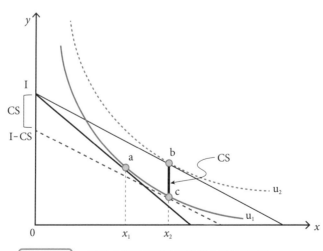

그림 2-41 ▶ x재의 수요량 증가의 경우 힉스의 보상잉여

수요량 감소의 경우 (환경질 악화)	정책 시행의 결과 공공서비스가 악화되면서 수요량이 감소한 경우 최초의 효용수준을 유지하면서 악화된 공공서비스를 받아들여야 함에 있어 소비자가 최소한 보상받고자 하는 최소보상수취액(Minimum WTA) (환경질 악화에 따른 수요량 감소 : 초기의 효용수준 유지)
보상잉여	"공공서비스의 악화로 어떤 재화의 수요량이 감소하였다. 만약에 수요량이 변하기 전의 최초의 효용수준에서 악화된 새로운 효용 수준을 받아들이기 위해 소비자가 기꺼이 보상받고자 하는 최소액은 얼마인가?"

정책 시행의 결과 쓰레기 투기, 자연 파괴 등으로 공원 시설이 악화되어 생활편의 수준이 낮아져 수요량이 감소하는 경우, 수요량 감소의 보상잉여는 이전의 최초 효용수준(u_1)을 유지하면서 악화된 새로운 효용수준(u_2)을 얻고자 소비자가 받아들여야 함에 있어 최소한 보상받고자 하는 수취액, 즉 **최소보상수취액**(Minimum WTA)이 된다.

일례로, 정부의 정책 시행 결과, 공원시설이 악화되어 생활편의 수준이 낮아져 수요량이 감소하는 경우 보상잉여는 이전의 최초 효용수준(u_1)에서 악화된 새로운 효용수준(u_2)에 해당하는 공공서비스를 받아들이는 데 대한 최소한의 소득 보상을 의미한다.

$$v(P_x,\ P_y,\ I,\ x_1) = v(P_x,\ P_y,\ I + CS, x_2) = u_1 \quad \text{for}\ \ x_1 > x_2 \tag{2.93}$$

위의 식 (2.93)과 아래의 [그림 2-42]에서 보듯이 x재의 수요량 감소로 인해 소비자가 겪게 된 악화된 환경에 대해 최소한 보상받아야 할 소득의 추가분($I + CS$)임을 알 수 있다. 다시 말해, 정부의 정책 시행 결과, 공원시설이 악화되어 생활편의 수준이 낮아져 수요량이 x_1에서 x_2로

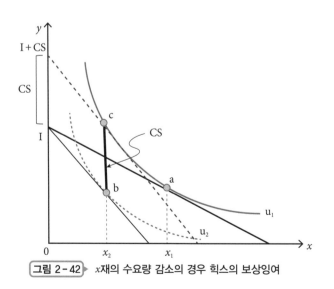

그림 2-42 ▶ x재의 수요량 감소의 경우 힉스의 보상잉여

감소한다면 수요량 x_2을 기준으로 측정한 두 효용 수준 간의 수직 거리를 의미한다.

그러므로 보상잉여는 수요량이 x_2로 고정된 점에서 u_1과 u_2의 차이분이며, 이를 도식화해 보면 [그림 2-42]의 선분 $\overline{bc}$가 된다.

한편, 수요량 증감에 따른 보상잉여의 변화를 지출함수를 이용하여 다시 살펴보면 식 (2.94)와 같이 나타낼 수 있다.

$$CS = e(P_x, P_y, x_2, u_2) - e(P_x, P_y, x_2, u_1) \qquad (2.94)$$
$$= e(P_x, P_y, x_1, u_1) - e(P_x, P_y, x_2, u_1)$$

여기서, P_x, P_y는 x재와 y재의 가격을 의미하고, x_1은 변화하기 전의 수요량을, 그리고 x_2는 변한 후의 수요량을 나타낸다. 또한 u_1은 초기 효용수준을, u_2는 새로운 효용수준을 의미한다.

식 (2.94)의 보상잉여가 양(+)의 값을 지니면 공공재의 서비스나 환경재의 질이 개선됨에 따라 x재의 수요량이 증가하게 되어 소비자는 x_1보다 x_2를 더 선호함으로써 새로운 효용수준(u_2)을 얻기 위해 소비자는 기꺼이 최대한 지불(WTP)을 하고자 할 것이다. 그러나 식 (2.94)의 보상잉여가 음(-)의 값을 가지게 되면 공공재의 서비스나 환경재의 질이 악화됨에 따라 x재의 수요량이 감소하게 되어 소비자는 x_2보다 x_1을 더 선호함으로써 자신의 효용수준이 초기수준과 같아지고자 최소한의 보상(WTA)을 받고자 할 것이다. 이상의 결과를 통해 최소한의 보상(WTA)이 최대한의 지불(WTP)보다 과잉 추정됨을 알 수 있는데, 이 부문은 다음의 「더 생각해보기」에서 좀 더 자세히 다루어 보고자 한다.

좀 더 심화하여 보상변화와 보상잉여를 비교해보면 [그림 2-43]과 같이 나타낼 수 있는데, 수요량이 증가할 경우를 들어 보상변화와 보상잉여의 차이를 설명해보고자 한다.

정부 정책의 영향으로 x재의 수요량이 증가한다고 가정하자. 보상 또는 대등 변화에서 보았듯이 최초 효용 u_1과 x재의 최초 수요량 x_1이 x재의 가격 하락으로 예산선이 회전하면서 x_2를 소비하여 효용은 u_2에 도달한다고 하자. 이때의 보상변화는 x재의 낮아진 가격을 유지하면서 소비자들에게 이전의 효용수준인 u_1을 돌려 줄 수 있도록 하고자 소득은 감소하였다. 그러나 보상잉여는 소비자들이 자신의 소득이 감소하면서 소비하는 x재의 수요량을 조절할 수 없기 때문에 보상변화에서와 같이 소득이 줄어들면서 x재의 수요량이 x_2에서 x_3으로 이동하기보다는 x_2에 머물러 있어야만 한다(강정길, 2010). 따라서 소비자가 x_2만큼을 소비하도록 강제되어지기에 효용이 u_1에 도달하기 전까지 보다 상대적으로 적은 소득이 제거된다.

그러므로 보상변화가 $I_1 - I_2$이면서 보상잉여는 $I_1 - I_{CS}$로 나타나게 되는데, 이는 보상잉여의 경우 소비자들이 소득 감소에 대해 조정하는 능력이 제약되어 보상변화가 도달하여 접하는 그 지점까지 이르지 못하기 때문이다. 그 결과, 가격 하락으로 수요량이 증가할 경우에 있어 보상변화(주황 선)가 보상잉여(검은 선)보다 더 크게 나타남을 확인할 수 있다.

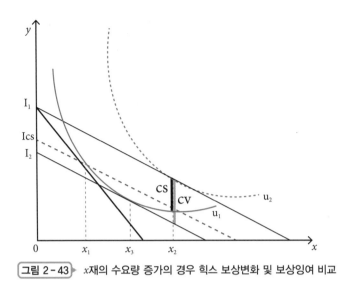

그림 2 - 43 *x*재의 수요량 증가의 경우 힉스 보상변화 및 보상잉여 비교

대등잉여 다음으로, 환경질 개선에 따른 수요량 증가의 경우에 있어 힉스의 대등잉여를 좀 더 자세히 살펴보면 다음과 같다.

수요량 증가의 경우 (환경질 개선)	정책 시행의 결과 공공서비스가 개선되면서 수요량 증가의 새로운 효용수준과 동일한 효용수준을 실제 서비스의 개선 없이 도달하기 위해 소비자가 기꺼이 받아들이고자 하는 최소보상수취액(Minimum WTA) (환경질 개선에 따른 수요량 증가 : 변화 된 효용 수준 유지)
대등잉여	"공공서비스의 개선으로 어떤 재화의 수요량이 증가하였다. 만약에 어떤 재화의 수요량 증가 후의 새로운 효용수준과 동일한 효용수준을 유지하고자 서비스나 질의 개선 없이 소비자가 보상받아야 할 최소액은 얼마인가?"

대등잉여(equivalent surplus)도 환경재처럼 수량이나 질이 외생적으로 결정되어 있는 소비재로 정부 정책 등의 영향으로 수량이나 질이 변화할 경우 발생하는 후생 변화를 나타낸다. 하지만 보상잉여와 달리 대등잉여는 정책의 결과로 나타나는 *x*재의 새로운 수준의 수요량(x_2) 하에서 얻어지는 효용수준 u_2를 정책 시행 이전의 원래 수요량(x_1)을 가지고 얻기 위해 필요한 소득 변화이다. 다시 말해, 대등잉여는 정책 시행의 결과로 인해 야기된 공공재, 환경재 등의 서비스나 질이 개선됨에 따라 재화의 수량이 증가한 경우, 소비자가 개선된 효용수준(u_2)과 동일한 효용수준을 유지하고자 실제 서비스나 질의 개선 없는 수요량 x_1에서 얻고자 할 때, 기꺼이 받아들이고자 하는 최소액, 즉 최소보상수취액(Minimum WTA)을 의미한다. 따라서 이러한 대등잉여는 정부의 정책 시행 결과, 공원시설이 개선되어 생활편의 수준이 높아져 수요량이 x_1에서 x_2

로 증가한다면 수요량 x_1을 기준으로 측정한 두 효용수준 간의 수직 거리를 의미한다. 그러므로 대등잉여를 간략히 설명하면 수요량이 x_1로 고정된 점에서 u_1과 u_2의 차이분이며, 이를 도식화하여 살펴보면 [그림 2-44]의 선분 $\overline{bc}$와 같다.

$$v(P_x, P_y, I, x_2) = v(P_x, P_y, I+ES, x_1) = u_2 \quad \text{for} \ \ x_1 < x_2 \tag{2.95}$$

[그림 2-44]의 굵은 선 I는 주어진 가격과 수요량 수준에서 효용 u_1을 유지하기 위해 필요한 최저 소득을 의미한다. 식 (2.95)와 [그림 2-44]를 살펴보면 공공재나 환경재의 개선에 따른 x재의 수요량 증가로 소득에 대등잉여가 추가됨($I+ES$)을 볼 수 있다.

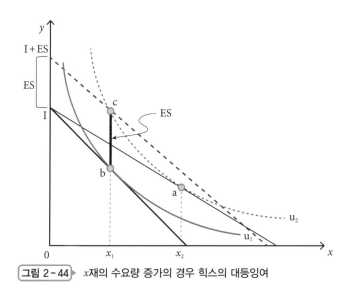

그림 2-44 x재의 수요량 증가의 경우 힉스의 대등잉여

반대로, 환경질 악화에 따른 수요량 감소의 경우에 있어 힉스의 대등잉여를 살펴보도록 하자.

수요량 감소의 경우 (환경질 악화)	정책 시행의 결과 공공서비스가 악화되면서 수요량 감소의 새로운 효용수준과 동일한 효용수준을 피하고자 실제 서비스의 개선 없이 소비자가 기꺼이 지불해야 하는 최대지불의사액(Maximum WTP) (환경질 악화에 따른 수요량 감소 : 변화 된 효용 수준 유지)
대등잉여	"공공서비스의 악화로 어떤 재화의 수요량이 감소하였다. 만약에 어떤 재화의 수요량 감소 후의 악화된 효용수준과 동일한 효용수준의 유지를 피하고자 소비자가 기꺼이 지불해야할 최대액은 얼마인가?"

정책 시행의 결과 쓰레기 투기, 자연 파괴 등으로 공원 시설이 악화되어 생활편의 수준이 낮아져 수요량이 감소하는 경우, 수요량 감소의 대등잉여는 변화된 효용수준(u_2)을 유지하면서 수요량 x_1의 최초의 효용수준(u_1)을 얻고자 소비자가 기꺼이 지불해야 할 의사액, 즉 최대지불의사액(Maximum WTP)이 된다.

일례로, 정부의 정책 시행 결과, 공원시설이 악화되어 생활편의 수준이 낮아져 수요량이 감소하는 경우 대등잉여는 악화된 효용수준(u_2)을 피하기 위해 소비자가 지불하려는 지불의사액을 의미한다.

이를 간접효용함수로 표현하면 식 (2.96)과 같이 나타낼 수 있다.

$$v(P_x, P_y, I, x_2) = v(P_x, P_y, I - ES, x_1) = u_2 \quad \text{for } x_1 > x_2 \tag{2.96}$$

식 (2.96)과 [그림 2-45]는 수요량이 감소할 때 원래 효용(u_1)을 유지하기 위해 소비자의 소득에 대상잉여가 제거됨($I - ES$)을 알 수 있다. 다시 말해, 정부의 정책 시행 결과, 공원시설이 악화되어 생활편의 수준이 낮아져 수요량이 x_1에서 x_2로 감소한다면 최초 수요량 x_1을 기준으로 측정한 두 효용 수준 간의 수직 거리를 의미한다. 따라서 대등잉여는 수요량이 x_1로 고정된 점에서 u_1와 u_2의 차이분이며, 이를 도식화해보면 [그림 2-45]의 선분 $\overline{bc}$가 된다.

그리고 수요량 증감에 따른 대등잉여의 변화를 지출함수를 이용하여 다시 살펴보면 식 (2.97)과 같이 나타낼 수 있다.

$$\begin{aligned} ES &= e(P_x, P_y, x_1, u_2) - e(P_x, P_y, x_1, u_1) \\ &= e(P_x, P_y, x_1, u_2) - e(P_x, P_y, x_2, u_2) \end{aligned} \tag{2.97}$$

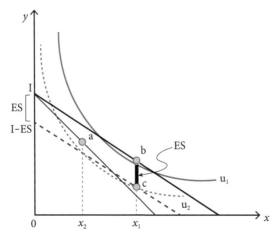

그림 2-45 x재의 수요량 감소의 경우 힉스의 대등잉여

　여기서 P_x, P_y는 x재와 y재의 가격을 의미하고, x_1은 변화하기 전의 수요량을, 그리고 x_2는 변한 후의 수요량을 나타낸다. 또한 u_1은 초기 효용수준을, u_2는 새로운 효용수준을 의미한다. 식 (2.97)의 대등잉여가 양(+)의 값을 지니면 공공재의 서비스나 환경재의 질이 개선됨에 따라 x재의 수요량이 증가하게 되어 소비자는 개선된 효용수준(u_2)과 동일한 효용수준을 유지하고자 실제 서비스나 질의 개선 없는 수요량 x_1에서 기꺼이 받아들이고자 하는 보상수취액(WTA)을 요구하게 된다.

　그러나 식 (2.97)의 대등잉여가 음(−)의 값을 가지게 되면 공공재의 서비스나 환경재의 질이 악화됨에 따라 x재의 수요량이 감소하게 되어 소비자는 x_2보다 x_1을 더 선호함으로써 자신의 효용수준이 초기수준과 같아지도록 악화된 효용 수준을 피하고자 지불하려 하는 지불의사액(WTP)을 원하게 된다. 이상의 결과에서도 최소한의 보상(WTA)이 최대한의 지불(WTP)보다 과잉 추정됨을 알 수 있는데, 이것에 대해서는 다음의 「더 생각해보기」에서 좀 더 자세히 다루어보고자 한다.

　좀 더 심화하여 대등변화와 대등잉여를 비교해보면 [그림 2-46]과 같이 나타낼 수 있는데, 수요량이 증가할 경우에 한 해 대등변화와 대등잉여의 차이를 설명해보고자 한다.

　우선, 대등잉여의 정의에서처럼 소비자의 소비 수준이 제약되고, 환경 정책의 영향으로 x재의 수요량이 증가한다고 가정하자. 그리고 정부의 환경 정책의 시행 편익을 알아보고자 최초 효용 u_1과 x재의 최초 수요량 x_1이 x재의 가격 하락으로 예산선이 회전하면서 x_2를 소비하여 효용은 u_2에 도달한다고 하자. 이때의 대등변화는 x재의 낮아진 가격을 유지하면서 소비자들에게 변화된 효용수준인 u_2와 대등한 효용을 누리기 위해 추가적인 소득의 증가를 필요로 한다. 이러한 이유는 효용 u_2가 정부 정책의 영향으로 소비자들이 달성할 수 있도록 한 효용 수준이기 때문이

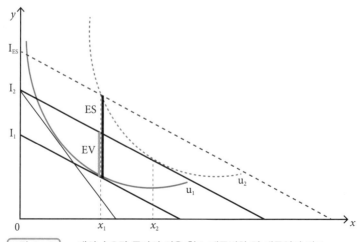

그림 2-46 ▶ x재의 수요량 증가의 경우 힉스 대등변화 및 대등잉여 비교

다. 즉, 소득이 증가하면 소비자는 x_2까지 x재를 더 구매하게 될 것이다. 하지만 소비자들은 현재 x재의 수요량이 환경 정책의 영향 이전의 기존 수요량인 x_1까지로 제약된 상태에 있다.

그러므로 이 기존 수요량인 x_1을 가지고 환경 정책의 시행 이후의 u_2를 달성할 수 있도록 하기 위해서는 추가적인 소득이 더 필요하게 됨을 알 수 있다. 이를 정리하면 대등변화는 $I_1 - I_2$이지만 대등잉여는 $I_1 - I_{ES}$가 된다. 그 결과, 가격 하락으로 수요량이 증가할 경우에 있어 대등변화(주황 선)가 대등잉여(검은 선)보다 더 적게 나타남을 확인할 수 있다.

이상의 마셜 및 힉스의 잉여 변화를 종합해볼 때, x재의 가격 하락 시 힉스의 보상잉여(CS)보다는 보상변화(CV)가 더 크고, 힉스의 대등변화(EV)보다는 대등잉여(ES)가 더 큼을 알 수 있다.

또한 x재의 가격 상승 시 힉스의 절댓값을 취한 보상잉여(CS)가 절댓값을 취한 보상변화(CV)보다 더 크고, 힉스의 절댓값을 취한 대등변화(EV)가 절댓값을 취한 대등잉여(ES)보다 더 큼을 확인할 수 있다. 즉, x재의 가격 상승 시 힉스의 잉여들이 모두 음수이므로 숫자로는 힉스의 보상변화(CV)가 보상잉여(CS)보다 더 크고, 힉스의 대등잉여(ES)가 대등변화(EV)보다 더 크다.

또한 환경질 개선으로 인해 x재의 수요량이 증가하면 힉스의 보상잉여(CS)보다 마셜의 소비자 잉여(MCS)가 더 크며, 아울러 마셜 소비자 잉여(MCS)보다는 힉스의 대등잉여(ES)가 더 크다.

반대로, 환경질 악화로 인해 x재의 수요량이 감소하면 모두 음수($-$)이므로 힉스의 보상잉여(CS)보다 마셜의 소비자 잉여(MCS)가 더 크고, 마셜 소비자 잉여(MCS)보다는 힉스의 대등잉여(ES)가 더 크다. 그러나 면적을 알아보기 위해 절댓값을 취하면 순서는 역으로 바뀌어 절댓값을 취한 힉스의 보상잉여(CS)가 절댓값을 취한 마셜의 소비자 잉여(MCS)보다 크고, 절댓값을 취한 마셜 소비자 잉여(MCS)가 절댓값을 취한 힉스의 대등잉여(ES)보다 더 큼을 확인할 수 있다.

표 2-4 x재의 가격 변화에 따른 마셜 및 힉스의 잉여 변화 비교

x재의 가격 및 수량 변화	마셜 및 힉스의 잉여 변화 비교
가격 하락	$CS \leq CV,\ EV \leq ES$
가격 상승	$|CS| \geq |CV|,\ |EV| \geq |ES|$
수요량 증가	$0 < CS \leq MCS \leq ES$
수요량 감소	$CS \leq MCS \leq ES < 0$

더 생각해보기   **환경질 변화에 따른 잉여 추정 및 WTP와 WPA 차이**

■ 환경질 변화에 따른 잉여 추정

일반적으로 자연 또는 환경 자원의 다양한 환경질 변화에 대한 후생 측정은 마셜의 소비자 잉여와 힉스의 보상변화, 대등변화, 보상잉여, 대등잉여 등으로 측정이 가능함을 우리는 확인하였다. 이 중 마셜의 소비자 잉여는 가격 (또는 수량) 변화 시 보통수요곡선의 아래 면적의 변화로 나타낼 수 있음도 확인하였다. 그러나 마셜의 소비자 잉여는 효용을 일정하다고 가정한 것이 아니라 소득을 일정하다고 가정함에 따라 실제 현실과 다소 동 떨어진 감이 있음을 알 수 있었다.

따라서 힉스는 이러한 현실적 한계를 극복해보고자 효용을 처음부터 일정하다고 가정하고 후생을 평가하는 보상변화와 보상잉여 및 환경질 변화 후의 새로운 효용수준을 일정하다고 가정한 상태에서 후생을 평가하는 대등변화와 대등잉여를 제시하였다. 이 중 보상변화와 대등변화는 가격 변화 시의 환경재나 시장재의 후생 측정과 관련되고, 보상잉여와 대등잉여는 가격 변화와 달리 수량이 제한되어 있는 환경재나 공공재의 후생 측정과 연관이 깊다.

여기서 우리는 환경질 변화에 따른 후생 측정에 있어 WTP와 WTA의 개념이 어떻게 힉스의 네 가지 후생 측정 방법과 연계되어 있는지를 추가적으로 살펴보고자 한다.

우선, 힉스의 보상측정(compensating measure)의 기본 전제는 경제주체가 현재의 효용 수준이나 현재 재산권(property right)을 지금 있는 수준으로 유지하는 권리가 주어져 있다고 본다. 이에 반해 힉스의 대등측정(equivalent measure)은 경제주체가 어떤 새로운 수준의 효용 또는 어떤 새로운 재산권 설정에 대해 권리가 주어져 있다고 본다. 다음으로, 힉스의 잉여측정(surplus measure)의 기본 전제는 경제주체가 구입하는 재화의 수량을 제한하는 것으로 환경재의 수량이나 질 변화 시 변화한 두 효용간의 차이를 처음 수량 또는 새로운 수량으로 제한함에 기초한다. 이에 반해 변화측정(variation measure)은 경제주체가 구입 또는 구매하는 해당 재화의 수량을 제한하지 않는다는 것에서 출발한다.

또한 지불의사액인 WTP라는 개념은 경제주체가 변화를 획득하고 이전의 권리가 부여된 경우와 같은 새로운 상태를 유지하기 위하여 경제주체인 소비자 등이 기꺼이 지불하고자 하는 금액을 의미한다(강정길, 2010). 반면, 보상수취액(willingness to accept)인 WTA는 변화는 발생하지 않았지만 변화가 발생했을 때의 상태를 획득하고자 소비자가 기꺼이 받아들이고자하는 금액을 의미한다(이광우, 2003). 그러므로 WTP는 지불의사액, WTA는 보상수취액으로 설명 가능한 데, 이를 좀 더 자세히 설명하면 어떤 일정 수준의 효용을 기존과 같이 유지하는 것을 전제로 가격 및 환경 수준의 변화에 대해 지불해도 좋은 금액을 WTP라 하고, 보상받기를 희망하는 금액을 WTA라 할 수 있다.

이상을 종합해 보면 지불의사액(WTP)과 보상수취액(WTA) 및 힉스(Hicks)의 네 가지 측정

표 2-5 환경질 변화에 따른 힉스의 편익 추정 방법

구분		지불의사액(WTP)	보상수취액(WTA)
환경질 개선	수량증가	보상잉여(CS)	대등잉여(ES)
	가격하락	보상잉여(CS) : 보상변화(CV)	대등잉여(ES) : 대등변화(EV)
환경질 악화	수량감소	대등잉여(ES)	보상잉여(CS)
	가격상승	대등잉여(ES) : 대등변화(EV)	보상잉여(CS) : 보상변화(CV)

방법의 관계는 [표 2-5]와 같이 요약 가능하다.

여기서 가격 하락 혹은 환경질 개선에 있어 변화가 있는 효용을 기준으로 할 경우, WTP는 보상변화 또는 보상잉여로 측정을 할 수 있다. 한편, 변화가 없는 효용을 기준으로 할 경우, WTA는 대등변화 또는 대등잉여로 측정이 가능하다. 반면, 가격 상승 혹은 환경질 악화에 있어 변화가 있는 효용을 기준으로 할 경우, WTP는 대등변화 또는 대등잉여로 측정이 가능하며, 변화가 없는 효용을 기준으로 할 경우, WTA는 보상변화 또는 보상잉여로 측정이 가능하다.

아울러 재산권을 기준으로 이전부터 재산권을 유지하고 있는 상황(compensating measure)에서 환경 또는 환경질이 악화된 경우에는 WTA로 평가를 해야만 하고, 반대로 이전부터 재산권을 유지하고 있지 못한 상황(equivalent measure)에서 환경 또는 환경질이 악화된 경우에는 WTP로 평가를 해야만 한다.

■ WTP와 WTA 간의 차이 발생 이유

WTP와 WTA 값은 이론적으로 차이가 발생하지 않거나 차이가 발생한다 하더라도 소득효과 정도의 크기만큼만 차이가 나야 한다(구소연, 1999). 소득효과는 WTP를 지불함에 따라 그 만큼의 실질소득은 감소하게 되고, 이로 인한 소득 감소의 우려가 WTP에 미치는 영향을 뜻한다. 다시 말해, 해당 재화의 가치를 부과함에 있어 WTP를 지불함에 따라 감소하게 될 실질소득을 고려하게 되므로, 이로 인해 WTP와 WTA의 값에 차이가 발생하게 됨을 의미한다(구소연, 1999; 이광우, 2003). 그리고 선행연구에 의하면 소득효과로 인한 WTA와 WTP의 차이는 5% 미만 수준으로 알려져 있으나, 실제 경험적 연구 결과는 WTA와 WTP의 차이가 소득효과를 훨씬 넘어서는 것으로 나타났다(구소연, 1999).

WTA와 WTP의 차이에 대해 최초로 문제를 제기한 논문은 Hammack과 Brown(1974)의 물새(Waterfowl)에 대한 연구에서 출발한다. Hammack과 Brown(1974)은 습지(Wetlands)와 물새(Waterfowl)에 관한 경제적 가치를 추정하기 위해 조사 대상 습지에서 사냥한 경험이 있는 사냥

꾼들에게 습지와 물새를 보존하기 위하여 각자 얼마 정도를 지불할 수 있는지, 역으로 습지와 물새의 서식지인 습지를 없애는 대신 그곳을 농경지로 전환하고자 하는 데 동의한다면 최소한 얼마 정도를 보상받길 원하는지에 대해 우편 설문을 수행하였다. 설문조사 결과, WTP과 WTA 사이에 약 4배가량의 차이가 나타난 것으로 조사되었다.

한편, Willig(1976)는 유사한 시기에 정반대의 이론을 제시하였는데, Willig(1976)의 분석 결과에 의하면, 가격이 변화할 때 WTP와 WTA의 차이는 소득탄력성(income elasticity)의 함수이며, 소득탄력성이 합리적인 값일 때 WTP와 WTA는 크게 차이가 나지 않는 것으로 조사되었다(Willig 1976; 구소연, 1999). 또한 Willig(1976)는 마셜의 소비자 잉여(MCS)가 WTP와 WTA 사이에 위치해 있는 것을 보여주며, 후생 변화를 측정하기 위해서는 마셜의 소비자 잉여(MCS)를 사용해야 한다고 주장하기도 하였다(구소연, 1999). 마셜의 소비자 잉여(MCS)를 힉스의 보상변화(CV) 또는 대등변화(EV)의 근사치로 이용할 때 최대오차를 추정하는 법을 도출하기도 하였다. 일례로, 단일 가격이 변화할 경우에 소비자 잉여를 보상변화(CV)의 근사치로 사용할 때 발생하는 오차로서, 만일 $(\overline{\varepsilon}|MCS|)/(2I^0) \leq 0.05$, $(\underline{\varepsilon}|MCS|)/(2I^0) \leq 0.05$, $|MCS/I^0| \leq 0.9$ 이면 이때는 다음과 같이 나타낼 수 있다(Willig, 1976).

$$\frac{\underline{\varepsilon}|MCS|}{2I^0} \leq \frac{CV - MCS}{|MCS|} \leq \frac{\overline{\varepsilon}|MCS|}{2I^0} \tag{2.98}$$

여기서 $\underline{\varepsilon}$, $\overline{\varepsilon}$는 각각 최소 소득탄력성, 최대 소득탄력성을, MCS는 가격 상승 시 양(+)이거나 가격 하락 시 음(−)을 갖는 수요곡선의 두 가격 사이의 마셜 소비자 잉여를, 그리고 I^0는 초기 소득을 의미한다(Willig, 1976). 그리고 소비자 잉여를 대등변화(EV)로 사용하는 데 따르는 오차는 식 (2.99)로 나타낼 수 있다.

$$\frac{\underline{\varepsilon}|MCS|}{2I^0} \leq \frac{MCS - EV}{|MCS|} \leq \frac{\overline{\varepsilon}|MCS|}{2I^0} \tag{2.99}$$

식 (2.99)에 의하면 마셜의 소비자 잉여(MCS)를 대등변화 또는 보상변화의 근사치로 이용함에 있어 최대오차는 5% 미만이다. Willig(1976)는 관측치로부터 잉여 도출이 어려운 힉스의 보상변화나 대등변화보다는 관측치로부터 잉여 도출이 가능한 마셜의 소비자 잉여를 이용해도 그 오차는 작음을 보여주었다. 아울러 Willig(1976)는 소득탄력성이 일정할 때, 마셜의 소비자 잉여로부터 힉스의 대등변화 또는 보상변화의 근사치도 도출해낼 수 있음을 제시한 바 있다 $[CV \approx MCS + (\varepsilon MCS^2)/2I^0, \; EV \approx MCS - (\varepsilon MCS^2)/2I^0]$.

반면, Haneman(1991)은 WTP(가격 하락 시 CV)와 WTA(가격 하락 시 EV)의 차이가 클 수 있다는 것을 밝혔다. Haneman(1991)에 의하면 Randall과 Stoll(1980)의 분석은 소득가격상관성(price flexibility of income, ξ)을 잘못 해석하여 WTP와 WTA의 차이가 적다는 분석을 하였다

고 주장하면서, 그는 ξ이 소득탄력성 ε와 공공재와 시장경제 내 재화 간의 대체탄력성(elasticity of substitution)인 σ_0의 비율로 나타낼 수 있다고 주장하였다(구소연, 1999).

$$\xi = \frac{\varepsilon}{\sigma_0} \qquad\qquad (2.100)$$

　이는 가격 변화에서의 결과와 달리 수량 변화의 경우에 있어 WTP와 WTA의 차이는 소득탄력성뿐만 아니라 대체탄력성에도 의존하며 대체효과가 작은 경우 그 차이가 클 수도 있음을 보여 주었다(구소연, 1999). 이렇듯 대체효과가 작으면 작을수록(공공재의 이용가능한 대체재가 작으면 작을수록) 그리고 소득효과가 크면 클수록(공공재에 대한 수요의 소득탄력성 ε이 크면 클수록) 즉, σ_0이 ε에 비해 작은 경우 WTP와 WTA의 차이는 더욱 커지게 된다는 것이다(구소연, 1999). 반면, 소득효과가 0인 경우나 대체효과가 무한대인 공공재의 경우에 σ_0는 크고 ξ는 작아지는데, 이때 WTP와 WTA의 크기가 서로 비슷해진다는 것이다.

　여기서 소득가격상관성과 WTP 및 WTA의 오차와의 관계에 대해 좀 더 자세히 설명하면 다음과 같다. 소득의 변화분이 한 재화의 수요량의 변화분에 영향을 주는 것이 소득탄력성이며, 소득탄력성이 클 때에는 WTP와 WTA의 차이는 커질 수 있다. 그리고 한 재화의 가격이 변화될 때는 대체효과와 소득효과가 발생하는데 이때 대체효과는 큰 반면 소득효과가 작다면 WTP와 WTA의 차이는 작아진다. 이렇게 각각 소득과 가격의 변화에 따라 소득탄력성과 대체탄력성의 영향을 받는 소득가격상관성과의 연관성을 확인해볼 수 있다.

6. 소득변화에 따른 최적선택

지금까지 우리는 가격 변화에 따른 소비자의 최적선택에 대해 살펴보았다. 그런데 소비자의 선택은 가격 변화뿐 아니라 소비자의 소득이나 기호, 다른 상품의 가격, 기후 변화, 미래에 대한 기대, 준거집단의 성격 등 여러 요인에 의해 영향을 받는다. 이 중 우리는 소득변화에 따른 소비자의 최적선택에 대해 살펴보고자 한다. 따라서 여기서는 소득변화에 따라 소비자의 최적선택이 어떻게 변하는가를 소득소비곡선 또는 소득확장경로와 엥겔곡선을 이용하여 살펴보고자 한다.

6.1 소득소비곡선

소득소비곡선(income consumption curve)이 무엇인가를 알기 위해서는 우선 소득이 변한다는

그림 2-47 ▶ 소득변화에 기초한 상품 선택의 변화

출처 : www.shutterstock.com

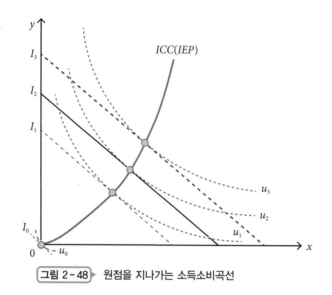

원점을 지나가는 소득소비곡선

것이 어떤 의미인지를 이해할 필요가 있다. 즉, 소득이 변한다는 것은 두 상품의 가격은 불변이면서 예산선은 평행 이동하고, 이에 따라 무차별곡선과 예산선의 접점인 소비자 균형점이 이동하게 되는 것을 의미한다. 이러한 소비자 균형점을 모두 연결한 선을 소득소비곡선(ICC) 또는 소득확장경로(IEP)라고 앞서 언급한 바 있다. 여기서 소득이 0인 경우, x재와 y재 모두 소비량이 0이 되기 때문에 소득소비곡선은 항상 원점을 지나게 됨도 확인한 바 있다.

우리는 소득소비곡선을 통해 분석 대상이 되는 상품의 성격을 파악할 수 있는데, 이는 상품마다 소득 변화에 따른 수요량의 변화를 의미하는 소득탄력성이 다르게 나타나기 때문이다. 구체적으로 정상재에 해당하는 필수재(necessity goods)의 소득탄력성(ε_I)은 0과 1 사이에 있으며, 정상재인 사치재(luxury goods)의 소득탄력성(ε_I)은 1보다 크다. 그러나 기펜재를 포함하고 있는 열등재의 소득탄력성(ε_I)은 0보다 작음을 알 수 있다.

6.2 엥겔곡선

이상의 소득소비곡선으로부터 우리는 엥겔곡선(Engel curve)을 도출해낼 수 있다. **엥겔곡선**이란 소득이 변화할 때 어떤 특정한 재화의 구입량 변화를 나타내는 곡선이다. 즉, 엥겔곡선은 소득과 어떤 특정 재화의 소비량과의 관계를 직접적으로 보여준다.

엥겔곡선도 앞서 언급한 소비소득곡선에서 분석해 본 것처럼, 분석대상이 되는 재화의 성격에 따라 곡선의 형태가 다른 형태를 띠게 된다. 그렇기 때문에 우리는 엥겔곡선을 통해 그 재화가 어떤 재화에 해당하는지를 쉽게 파악할 수 있다.

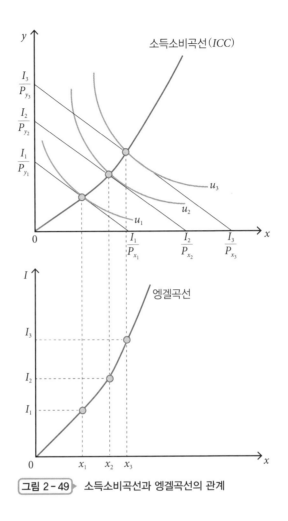

그림 2 - 49 소득소비곡선과 엥겔곡선의 관계

[그림 2-50]에서 보듯이 x재에 대해 소득탄력성이 0보다 작으면 열등재인데, 이는 소득이 %
증가함에 따라 수요는 오히려 % 감소하기 때문이다. 반면, 사치재는 x재에 대해 소득탄력성이
1보다 큼에 따라 소득 1% 증가 시 x재의 수요량은 1% 초과하여 증가하고, 필수재는 x재에 대
해 소득탄력성이 0과 1 사이임에 따라 소득 1% 증가 시 x재의 수요량은 0~1% 미만으로 증가
함을 알 수 있다. 아울러 x재에 대해 소득탄력성이 1인 경우는 단위탄력재(unit elastic goods)
에 해당된다. 끝으로, 소득이 증가함에도 불구하고 전혀 재화가 소비가 되지 않는 소득탄력성이
0인 경우도 있는데 이런 재화를 **무효용재**(non-utility goods)라고 한다.

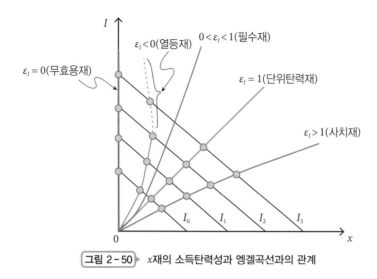

그림 2 - 50 x재의 소득탄력성과 엥겔곡선과의 관계

6.3 엥겔집합조건

앞서 우리는 두 재화로부터 소득소비곡선을 도출하고 이를 통해 한 재화가 소득 변화에 따라 어떠한 변화를 일으키는지를 엥겔곡선을 통해 확인해보았다. 여기서는 앞서 언급한 엥겔곡선을 여러 재화로 확장하여 설명해보고자 한다. 이러한 여러 재화로 확대하여 설명하는 엥겔집합조건을 통해 우리는 개별 재화의 구매 비율과 n – 1개의 재화에 대한 소득탄력성을 안다면 나머지 한 재화의 소득탄력성도 추정해낼 수 있음을 확인해보고자 한다.

우선, 소비자가 두 재화보다 훨씬 많은 여러 재화를 주어진 소득 내에서 모두 소비하고, x_i재의 개별 가격(P_i)이 일정하다고 가정하자.

$$I = \sum_{i=1}^{n} P_i x_i, \quad i = 1 \cdots n \tag{2.101}$$

$$= P_1 x_1 + P_2 x_2 + P_3 x_3 + \cdots + P_n x_n$$

위의 식 (2.101)을 소득(I)과 재화 x_i로 미분하면 식 (2.102)와 같이 나타낼 수 있다. 여기서 식 (2.102)는 x_i재 변화에 따른 소득 I의 변화를 나타낸다.

$$dI = \sum_{i=1}^{n} P_i dx_i = P_1 dx_1 + P_2 dx_2 + P_3 dx_3 + \cdots + P_n dx_n \tag{2.102}$$

그리고 식 (2.102)의 양변을 각각 dI로 나누어 주면 식 (2.103)과 같이 나타낼 수 있다.

$$\frac{dI}{dI} = 1 = \sum_{i=1}^{n} \frac{P_i dx_i}{dI} \tag{2.103}$$

그런 다음 식 (2.103)의 $\dfrac{P_i dx_i}{dI}$를 P_i와 $\dfrac{dx_i}{dI}$로 구분한 후에 P_i에 $\dfrac{x_i}{I}$를 곱하고, $\dfrac{dx_i}{dI}$에는 $\dfrac{I}{x_i}$를 곱해주면 아래의 식 (2.104)와 같은 식으로 변형이 가능하다.

$$\sum_{i=1}^{n} \frac{P_i x_i}{I} \frac{I dx_i}{x_i dI} \Rightarrow 1 = \sum_{i=1}^{n} \theta_i \eta_i \tag{2.104}$$

여기서 $\dfrac{P_i x_i}{I}$는 θ_i로 표현이 가능한 데, 이는 전체 소득 I 중 x_i재 소비에 사용되는 구매비율(proportion of income spent on good x_i)을 뜻한다. 예를 들어, 소득이 100만 원이고, $\theta_i = 0.1$이라면 100만 원 중 x_i재 소비에 10만 원을 사용하였다는 의미이다. 다시 말해, θ_i는 구매비율(%)이므로 무조건 0에서 1 사이의 양(+)의 값을 가지게 되고, 여기서의 θ_i만으로는 재화가 정상재인지 열등재인지를 알기는 곤란하다.

$$\theta_i = \frac{P_i x_i}{I} \ (0 \leq \theta_i \leq 1) \tag{2.105}$$

그리고 식 (2.104)의 $(I dx_i)/(x_i dI)$는 η_i로 표현이 가능한데, 이는 x_i재 **수요의 소득탄력성**(income elasticity of good x_i)을 의미한다. 즉, η_i를 다시 나타내면 우리가 흔히 경제학원론이나 미시경제학에서 본 수요의 소득탄력성임을 식 (2.106)을 통해 쉽게 확인할 수 있다. 여기서 x_i재 수요의 소득탄력성이란 소득의 변화율이 x_i재의 수요량 변화율에 미치는 영향을 의미한다.

$$\eta_i = \frac{\dfrac{dx_i}{x_i}}{\dfrac{dI}{I}} = \frac{dx_i I}{x_i dI} \tag{2.106}$$

여기서 $\eta_i > 0$이면 소득이 증가할 때 x_i재의 소비가 증가하는 정상재이고, 반대로 $\eta_i < 0$이면 소득이 증가할 때 x_i재의 소비가 감소하는 열등재이다.

$$1 = \sum_{i=1}^{n} \theta_i \eta_i = \theta_1 \eta_1 + \theta_2 \eta_2 + \cdots + \theta_n \eta_n \tag{2.107}$$

여기서 우리는 경제적으로 중요한 함의를 발견할 수 있는데, 식 (2.107)의 결과 값이 1이 나온다는 것은 적어도 소비자가 소비한 x_i의 재화 중 적어도 한 재화는 소득탄력성이 0보다 커야 한다는 조건이 필요하다. 만일 모든 재화가 열등재라면 $\theta_1 \eta_1 + \theta_2 \eta_2 + \cdots + \theta_n \eta_n$의 결과 값이 1이 나올 수가 없기 때문이다. 그러므로 소비한 재화 중 적어도 하나는 소득탄력성이 0보다 커서 열등재의 음(−)의 값을 상쇄시킬 수 있어야 한다.

예를 들어 보자. 세 가지 재화가 있는데 θ값은 각각 0.3, 0.4, 0.3이고, 소득탄력성은 두 가지 재화의 경우만 −0.5로 알려져 있고, η_3는 모른다고 가정하자.

$$1 = \theta_1 \eta_1 + \theta_2 \eta_2 + \theta_3 \eta_3 \tag{2.108}$$

여기서 개별 값들을 식 (2.108)에 대입하면 식 (2.109)가 도출되며, 아래의 식 (2.109)로부터 우리는 x_3재화의 소득탄력성 η_3의 값을 구할 수 있게 된다.

$$1 = 0.3 \times (-0.5) + 0.4 \times (-0.5) + 0.3 \times \eta_3 \qquad (2.109)$$

산출 결과, 소득탄력성 x_3재화의 소득탄력성 η_3의 값은 4.5임을 알 수 있다. 다시 말해, 우리는 엥겔집합조건을 통해 개별 재화의 구매비율을 알고 있고, n – 1개의 소득탄력성을 알고 있다면 나머지 한 재화의 소득탄력성을 추정해낼 수 있다는 사실을 알게 되었다. 또한 이때 식 (2.108)과 같은 결과 값이 나오기 위해서는 n개의 재화 중 적어도 한 재화의 소득탄력성은 0보다 커야 한다는 조건을 충족시켜야 한다는 점도 확인할 수 있었다.

더 생각해보기 **엥겔지수 및 소득소비곡선과 엥겔곡선의 관계**

■ 엥겔지수

독일의 사회통계학자이었던 에른스트 크리스티안 로렌츠 엥겔은 가계의 총소비 지출에서 식료품비가 차지하는 비중을 백분율로 표시한 엥겔지수 (또는 엥겔계수)를 만들었다.

$$엥겔지수 = (식료품비/가계의 총소비 지출) \times 100 \qquad (2.110)$$

당시 에른스트 크리스티안 로렌츠 엥겔은 1857년 유럽 내 벨기에 국가의 노동자 153 가계의 가계 지출을 조사·분석하여 「벨기에 노동자 가족의 생활비」라는 논문을 발표하였다. 엥겔은 본 논문에서 가계의 지출을 식료품비, 주거비, 피복비, 광열비, 문화비(교육비, 보건비, 공과금, 기타 잡비)의 5개 항목으로 구분

그림 2-51 에른스트 크리스티안 로렌츠 엥겔
독일 사회통계학자 엥겔(Ernst Christian Lorenz Engel, 1821~1896)

하였다. 엥겔은 본 논문을 통해 소득이 증가할수록 식료품 소비를 위한 지출 비중은 감소하고, 피복비 지출 비중은 소득 변화에 영향을 받지 않으며, 주거비, 광열비 지출 비중은 소득 증감에 관계없이 일정한 반면 문화비 지출 비중은 소득 증가 시 크게 증가함을 알게 되었다.

이러한 네 가지 사실을 발견한 엥겔은 이를 '엥겔의 법칙'이라 명명하였고, 이 중 식료품비만 따로 떼어내어 앞서 언급한 바와 같이 엥겔지수를 만들었다. 여기서 엥겔은 식료품비의 경우 소득이 많든 적든 간에 지출되는 금액은 크게 차이가 나지 않음을 알게 되었고, 소득 증가에 따른 가계의 총소비 지출 증가폭보다 식료품비의 증가폭이 상대적으로 낮음을 발견하였다. 즉, 생활수준이 높을수록 식료품비는 낮아지고, 생활수준이 낮을수록 식료품비가 높아지는 경향이 있다

그림 2-52 ▶ 식료품 가게에서 무엇을 살까 고민하는 한 부부

출처 : www.shutterstock.com

고 주장하였다. 그 결과, 엥겔지수는 소득 계층의 구분 척도로 활용될 수 있을 뿐만 아니라 사회의 경제 상태, 빈곤 수준 등을 파악하는 척도로도 널리 알려져 있다.

또한 엥겔지수를 달리 표현하면, 식료품에 대한 수요의 소득탄력성이 1보다 작다는 의미로, 식료품은 일반적으로 정상재 중에서도 주로 필수재에 해당됨도 알 수 있다.

■ 재화의 성격별 소득소비곡선과 엥겔곡선의 관계

다음으로, 재화의 성격별 소득소비곡선과 엥겔곡선과의 관계를 살펴보자. 소득의 증가가 상품 구입량의 변화를 가져오는 경우에는 그 상품이 어떤 성격을 가지고 있는가에 따라 구입량 변화의 반응 정도도 달라지게 된다. 이는 수요의 소득탄력성과 관련이 있는데 이를 사치재, 필수재를 포함한 정상재와 기펜재를 포함한 열등재로 구분하여 소득소비곡선과 엥겔곡선의 관계를 나타낼 수 있다. 일례로, 소득이 증가한다고 가정할 경우, 예산선은 I_1에서 I_2로 이동하게 되어 개별 재화의 구매에 영향을 미치는데 재화별 성격에 따라 소득소비곡선과 엥겔곡선은 [그림 2-53]과 같이 다양하게 표현할 수 있다.

첫째, 소득이 증가함에 따라 x재의 구매량이 변화하여 소득소비곡선이 E_1에서 E_2로 이동할 경우, 엥겔곡선은 소득 증가율에 따른 재화 소비량 증가율이 일정하여 F_1과 F_2를 가로지르게 되는데, 이때의 x재는 수요의 소득탄력성이 1이어서 단위탄력재로 해석될 수 있다.

둘째, 소득이 증가함에 따라 x재의 구매량이 변화하여 소득소비곡선이 E_1에서 E_3로 이동할 경우, 엥겔곡선은 소득 증가율에 따른 재화 소비량 증가율이 감소하여 F_1과 F_3을 가로지르게 되므로 이러한 x재는 수요의 소득탄력성이 0보다는 크고 1보다는 작아 필수재로 분류된다.

셋째, 소득이 증가함에 따라 x재의 구매량이 변화하여 소득소비곡선이 E_1에서 E_4로 이동할 경우, 엥겔곡선은 소득 증가율에 따른 재화 소비량 증가율이 증가하여 F_1과 F_4를 가로지르게 되는데, 이때의 x재는 수요의 소득탄력성이 1보다 크므로 사치재임을 알 수 있다.

넷째, 소득이 증가함에 따라 x재의 구매량이 변화하여 소득소비곡선이 E_1에서 E_5로 이동할 경우, 엥겔곡선은 소득 증가율에 따른 재화 소비량 증가율이 크게 감소하여 F_1과 F_5를 가로지르게 되므로 이러한 x재는 수요의 소득탄력성이 0보다 작아 열등재로서 분류된다.

이상과 같이 소득이 증가하면 x재의 구매량이 변화되어 새로운 구매량을 형성하게 되는데, 이때 수요의 소득탄력성에 따라 x재화는 사치재, 필수재, 열등재(기펜재), 단위탄력재 등으로 분류될 수 있음을 확인할 수 있었다.

반대로, 소득이 감소한다고 가정할 경우, 예산선이 아래로 이동함에 따라 재화의 성격별로 [그림 2-53]과 같이 도식화할 수 있으나, 여기서는 생략한다.

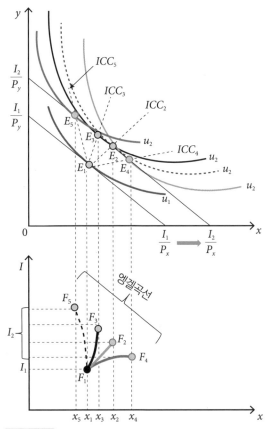

그림 2-53 ▶ 재화의 성격별 소득소비곡선과 엥겔곡선의 관계

7. 소비자 듀얼이론의 응용 : Maple 2019 활용

주어진 제약조건 하에서의 효용극대화와 지출극소화를 통한 마셜수요함수, 간접효용함수, 힉스수요함수, 지출함수, 마셜 및 힉스 수요곡선, 소비자 잉여 및 보상 변화를 도출하시오.

[가정]

주어진 예산제약 $[B = P_X X + P_Y Y]$ 하에서 효용극대화를 위한 라그랑주 함수식 $[U = X^{0.3} Y^{0.7} + \lambda(B - P_X X - P_Y Y)]$ 및 주어진 효용 $[U(X, Y) = X^{0.3} Y^{0.7}]$ 하에서 지출극소화를 위한 라그랑주 함수식 $[MinE = P_X X + P_Y Y + \mu(U - X^{0.3} Y^{0.7})]$을 이용하시오.

1) 상품 X재 또는 Y재의 마셜수요함수(Marshallian demand function)와 마셜수요곡선 (Marshallian demand curve)을 도출하시오.

2) X재 또는 Y재의 마셜수요함수로부터 간접효용함수(indirect utility function), $V^* = f(P_X, P_Y, B)$를 도출하시오.

3) 로이의 항등식(Roy's identity)을 이용하여 간접효용함수로부터 X재 또는 Y재의 마셜수요를 도출하시오.

4) X재 또는 Y재의 마셜수요곡선을 도식화하시오.

5) X재 또는 Y재의 힉스수요함수(Hicksian demand function)와 힉스수요곡선(Hicksian demand curve)을 도출하시오.

6) X재 또는 Y재의 힉스수요곡선을 도식화하시오.

7) X재 또는 Y재의 힉스수요함수로부터 지출함수(expenditure function), $E^*(P_X, P_Y, U_0) = wL^* + rK^*$를 도출하시오.

8) X재 또는 Y재의 마셜수요곡선과 힉스수요곡선을 도식화하여 비교하시오.

9) 셰퍼드의 보조정리(Shephard's lemma)를 이용하여 지출함수로부터 X재 또는 Y재의 힉스수요를 도출하시오.

10) X재 또는 Y재의 가격 변화로 인한 마셜수요함수의 소비자잉여(consumer surplus)와 힉스수요함수의 보상변화(compensating variation)를 도출하시오.

Maple Codes

1. 효용극대화(Utility Maximization)

> *restart; U: = X^0.3*Y^0.7;*

$$U: = X^{0.3}Y^{0.7} \tag{1}$$

(Utility equation)

> *constr: = B = P_X*X + P_Y*Y;*

$$constr: = B = P_X X + P_Y Y \tag{2}$$

(Budget line)

> *maxU: = U + λ(B − P_X X − P_Y Y);*

$$maxU = X^{0.3}Y^{0.7} + \lambda(B - P_X X - P_Y Y) \tag{3}$$

[Lagrangian function : the maximum utility (max U)]

1) 상품 X재 또는 Y재의 마셜수요함수(Marshallian demand function)와 마셜수요곡선(Marshallian demand curve)을 도출하시오.

> *one: = diff(maxU, X) = 0;*

$$one: = \frac{0.3Y^{0.7}}{X^{0.7}} - \lambda P_X = 0 \tag{4}$$

(Necessary conditions : first order condition for X)

> $two := diff(maxU, Y) = 0$;

$$two := \frac{0.7X^{0.3}}{Y^{0.3}} - \lambda P_Y = 0 \tag{5}$$

(First order condition for Y)

> $three := diff(maxU, lambda) = 0$;

$$three := B - P_X X - P_Y Y = 0 \tag{6}$$

(First order condition for λ)

> $solve(\{one, three, two\}, \{X, Y, lambda\})$; $assign(\%)$;

$$\left\{ X = \frac{0.3000000000B}{P_X}, \ Y = \frac{0.7000000000B}{P_Y}, \ \lambda = \frac{0.5428814527\left(\dfrac{B}{P_X}\right)^{3/10}}{P_Y\left(\dfrac{B}{P_Y}\right)^{3/10}} \right\} \tag{7}$$

(X and Y : Marshallian demands of X and Y goods, λ: the marginal utility of income)

2) X재 또는 Y재의 마셜수요함수로부터 간접효용함수(indirect utility function), $V^* = f(P_X, P_Y, B)$를 도출하시오.

> U;

$$0.5428814527\left(\frac{B}{P_X}\right)^{0.3}\left(\frac{B}{P_Y}\right)^{0.7} \tag{8}$$

(Indirect utility function : $u = V(P_x, P_y, B)$ ⟶ utility homeogenous of degree zero in P and B given the indirect utility function and find Marshallian demand for X)

3) 로이의 항등식(Roy's identity)을 이용하여 간접효용함수로부터 X재 또는 Y재의 마셜수요를 도출하시오.

(Roy's identity: demand for X, $X(P_X, P_Y, B) = -(\partial V/\partial P_X/\partial V/\partial B) = -\partial B/\partial P_x$)

> $four := diff(U, P_X)$;

$$four := -\frac{0.1628644358\left(\dfrac{B}{P_Y}\right)^{0.7}B}{\left(\dfrac{B}{P_X}\right)^{0.7}P_X^2} \tag{9}$$

(Differentiate U with respect to P_x)

> $five := diff(U, B)$;

$$five := -\frac{0.1628644358\left(\dfrac{B}{P_Y}\right)^{0.7}}{\left(\dfrac{B}{P_X}\right)^{0.7}P_X} + \frac{0.3800170169\left(\dfrac{B}{P_X}\right)^{0.3}}{\left(\dfrac{B}{P_Y}\right)^{0.3}P_Y} \tag{10}$$

[Differentiate U with respect to income (B)]

> $MdemandX := -1(four/five)$;

$$MdemandX := \frac{0.1628644358\left(\dfrac{B}{P_Y}\right)^{0.7}B}{\left(\dfrac{B}{P_Y}\right)^{0.7}P_X^2\left[\dfrac{0.1628644358\left(\dfrac{B}{P_Y}\right)^{0.7}}{\left(\dfrac{B}{P_X}\right)^{0.7}P_X} + \dfrac{0.3800170169\left(\dfrac{B}{P_X}\right)^{0.3}}{\left(\dfrac{B}{P_Y}\right)^{0.3}P_Y}\right]} \tag{11}$$

[Marshallian demand for P_X (MdemandX) derived by Roy's identity]

> $simplify(MdemandX, \text{'}symbolic\text{'})$;

$$\frac{0.3B}{P_X} \tag{12}$$

(Marshallian demand for X good)

4) X재 또는 Y재의 마셜수요곡선을 도식화하시오.

> $U := 10;\ P_Y := 5;\ plot(\dfrac{0.3B}{P_X},\ P_X = 1..10)$;

$$U := 10$$
$$P_Y := 5$$

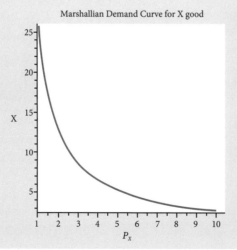

Marshallian Demand Curve for X good

2. 지출극소화 (Expenditure Minimization)

> restart;

[(Hicksian demand: minimize expenditure subject to $U(X, Y) = U_0 = X^{0.3}Y^{0.7}$, $X = f(P_X, P_Y, U_0)$)]

> Exp: = $P_X*X + P_Y*Y$;

$$Exp: = P_X X + P_Y Y \qquad (13)$$

(Expenditure line)

> minE: = $Exp + mu*(U - X^0.3*Y^0.7)$;

$$minE: = P_X X + P_Y Y + \mu(U - X^{0.3}Y^{0.7}) \qquad (14)$$

[Lagrangian function : minimum expenditure (minE)]

5) X재 또는 Y재의 힉스수요함수(Hicksian demand function)와 힉스수요곡선(Hicksian demand curve)을 도출하시오.

> one: = $diff(minE, X) = 0$;

$$one: = P_X - \frac{0.3\mu Y^{0.7}}{X^{0.7}} = 0 \qquad (15)$$

(Necessary conditions : first order condition for X)

> two: = $diff(minE, Y) = 0$;

$$two: = P_Y - \frac{0.7\mu X^{0.3}}{Y^{0.3}} = 0 \qquad (16)$$

(First order condition for Y)

> three: = $diff(minE, mu) = 0$;

$$three: = U - X^{0.3}Y^{0.7} = 0 \qquad (17)$$

(First order condition for μ)

> HDME: = $solve(\{one, three, two\}, \{X, Y, mu\})$;

$$HDME: = \left\{ \begin{array}{l} X = \dfrac{0.4285714286\left(\sqrt{(-343U^{10}P_X^3 + 27\_Z^{100}P_Y^3)}\right)^{10}P_Y}{P_X}, \\[2mm] Y = \left(\sqrt{(-343U^{10}P_X^3 + 27\_Z^{100}P_Y^3)}\right)^{10}, \\[2mm] \mu = \dfrac{18.14814815U^9P_X^3}{P_Y^2\left(\sqrt{(-343U^{10}P_X^3 + 27\_Z^{100}P_Y^3)}\right)^{90}} \end{array} \right\} \qquad (18)$$

(X and Y : Hicksian demands of X and Y goods, μ: the marginal expenditure of utility,
HDME means Hicksian demands for X and Y and the marginal expenditure of utility)

> $HDME1 := convert(HDME, \text{ `radical'});$

$$HDME1 := \left\{ X = \frac{0.01587301587\ 343^{1/10}29^{9/10}\left(\dfrac{U^{10}P_X^3}{P_Y^3}\right)^{1/10}P_Y}{P_X}, \right. \tag{19}$$

$$Y = \frac{1}{27}343^{1/10}27^{9/10}\left(\frac{U^{10}P_X^3}{P_Y^3}\right)^{1/10},$$

$$\left. \mu = \frac{0.05291005292\ 343^{1/10}27^{9/10}U^9P_X^3}{P_Y^2\left(\dfrac{U^{10}P_X^3}{P_Y^3}\right)^{9/10}} \right\}$$

(X and Y : Hicksian demands of X and Y goods, μ: the marginal expenditure of utility, HDME1 means Hicksian demands for X and Y and the marginal expenditure of utility)

> $map(simplify, HDME1, \text{ `symbolic'}); \ assign(\%);$

$$\left\{ X = \frac{0.5526068322UP_Y^{7/10}}{P_X^{7/10}}, \ Y = \frac{1}{3}\frac{7^{3/10}3^{7/10}UP_X^{3/10}}{P_Y^{3/10}}, \ \mu = 1.842022775P_Y^{7/10}P_Y^{3/10} \right\} \tag{20}$$

(X and Y : Hicksian demands of X and Y goods, μ: the marginal expenditure of utility)

6) X재 또는 Y재의 힉스수요곡선을 도식화하시오.

> $U := 10; \ P_Y := 5; \ plot\left(\dfrac{0.5526068322UP_Y^{7/10}}{P_X^{7/10}}, \ P_X = 1..10\right);$

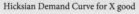

$$U := 10$$
$$P_Y := 5$$

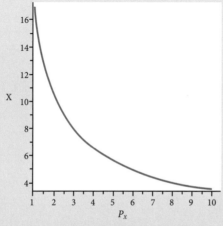

Hicksian Demand Curve for X good

7) X재 또는 Y재의 힉스수요함수로부터 지출함수(expenditure function), $E^*(P_X, P_Y, U_0) = wL^* + rK^*$를 도출하시오.

> minE;

$$5.526068322 \; 5^{7/10}P_X^{3/10} + \frac{10}{3}7^{3/10}3^{7/10}5^{7/10}P_X^{3/10} \tag{21}$$
$$+ 1.842022775 \; 5^{7/10}P_X^{3/10}\left(10 - 1.257363919\left(\frac{5^{7/10}}{P_X^{7/10}}\right)^{0.3}(7^{3/10}3^{7/10}5^{7/10}P_X^{3/10})^{0.7}\right)$$

[Lagrangian function: the minimum expenditure function (minE)]

> EF: = simplify(minE, 'symbolic');

$$EF: = 56.82952141 \; P_X^{3/10} \tag{22}$$

[Expenditure function (EF) when $P_Y = 5$, $U = 10$]

> subs($P_X = 4$, %);

$$56.82952141 \; 4^{3/10} \tag{23}$$

(Expenditure value : substitute 4 into P_X when $P_Y = 5$, $U = 10$)

> EV: = evalf(%);

$$EV: = 86.13744710 \tag{24}$$

[Expenditure value (EV) when $P_X = 4$, $P_Y = 5$, $U = 10$]

8) X재 또는 Y재의 마셜수요곡선과 힉스수요곡선을 도식화하여 비교하시오.

> B: = EV; U: = 10; plot($\left\{\dfrac{0.5526068322 U P_Y^{7/10}}{P_X^{7/10}}, \dfrac{0.3B}{P_X}\right\}$, $P_X = 1..10$);

$$B: = 86.13744710$$
$$U: = 10$$

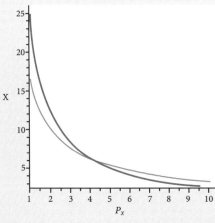

Marshallian and Hicksian Demand Curves

(Bold line: Marshallian demand curve, Thin line: Hicksian demand curve)

9) 셰퍼드의 보조정리(Shephard's lemma)를 이용하여 지출함수로부터 X재 또는 Y재의 힉스수요를 도출하시오.

> $HdemandX: = diff(EF, P_X);$

$$HdemandX: = \frac{17.04885642}{P_X^{7/10}} \tag{25}$$

(Hicksian demand for X (HdemandX) derived by Shephard's lemma which differentiate expenditure function with respect to P_X)

> $evalf(\%);$

$$\frac{17.04885642}{P_X^{7/10}} \tag{26}$$

(Hicksian demand for X (HdemandX) derived by Shephard's lemma)

> $U: = 10; \; P_Y: = 5; \; X = \frac{0.5526068322 U P_Y^{7/10}}{P_X^{7/10}};$

$$U: = 10, \; P_Y = 5, \; X = \frac{5.526068322 \; 5^{7/10}}{P_X^{7/10}} \tag{27}$$

$$10., \; 5. = 5., \; \frac{17.04885641}{P_X^{7/10}} = \frac{17.04885641}{P_X^{7/10}} \tag{28}$$

(Hicksian demand for X (HdemandX) derived by minimized Lagrangian approach)

(Comparison with Hicksian demands derived by Shephard's lemma and Lagrangian approach)

10) X재 또는 Y재의 가격 변화로 인한 마셜수요함수의 소비자잉여(consumer surplus)와 힉스수요함수의 보상변화(compensating variation)를 도출하시오.

> $Int\left(\left(\frac{0.3B}{P_X}\right), P_X = 2..4\right);$

$$\int_2^4 \frac{25.84123413}{P_X} \, dP_X \tag{29}$$

(Integration of Marshallian consumer surplus (CS) derived by changes from 2 to 4 in the price of X)

> $int\left(\left(\frac{0.3B}{P_X}\right), P_X = 2..4\right);$

$$17.91177858 \tag{30}$$

(Marshallian consumer surplus (CS) derived by changes from 2 to 4 in the price of X)

> $Int\left(\left(\frac{0.5526068322 U P_Y^{7/10}}{P_X^{7/10}}\right), P_X = 2..4\right);$

$$\int_2^4 \frac{5.526068322 \; 5^{7/10}}{P_X^{7/10}} \, dP_X \tag{31}$$

(Equation of Hicksian compensating variation (CV) derived by changes from 2 to 4 in the price of X)

> $int\left(\left(\dfrac{0.5526068322UP_Y^{7/10}}{P_X^{7/10}}\right),\ P_X=2..4\right);$

$$16.17209926 \qquad\qquad (32)$$

(Hicksian compensating variation (CV) derived by changes from 2 to 4 in the price of X)

> $plot\left(\left\{\left(\dfrac{0.5526068322UP_Y^{7/10}}{P_X^{7/10}}\right),\ \left(\dfrac{0.3B}{P_X}\right)\right\},\ P_X=2..4\right);$

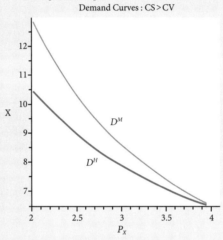

Comparision Surplus with Marshallian and Hicksian
Demand Curves : CS > CV

> $plot\left(\left\{\left(\dfrac{0.5526068322UP_Y^{7/10}}{P_X^{7/10}}\right),\ \left(\dfrac{0.3B}{P_X}\right)\right\},\ P_X=4..4.1\right);$

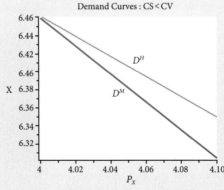

Comparision Surplus with Marshallian and Hicksian
Demand Curves : CS < CV

$$> plot\left(\left\{\left(\frac{0.5526068322UP_Y^{7/10}}{P_X^{7/10}}\right), \left(\frac{0.3B}{P_X}\right)\right\}, P_X = 4..6\right);$$

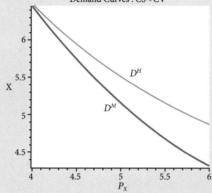

Comparision Surplus with Marshallian and Hicksian
Demand Curves : CS < CV

PART

3

생산자이론

▲ 최첨단개발 실험실에서 자동차 성능을 테스트하는 전문 엔지니어

출처 : www.shutterstock.com

1. 생산과 생산함수

2. 비용과 비용함수

3. 이윤극대화 및 비용극소화

4. 생산자 선택에 따른 공급함수의 듀얼이론

5. 공급함수 결정 및 생산자 잉여

6. 비용변화에 따른 최적선택

7. 생산자 듀얼이론의 응용 : Maple 2019 활용

Producer Theory

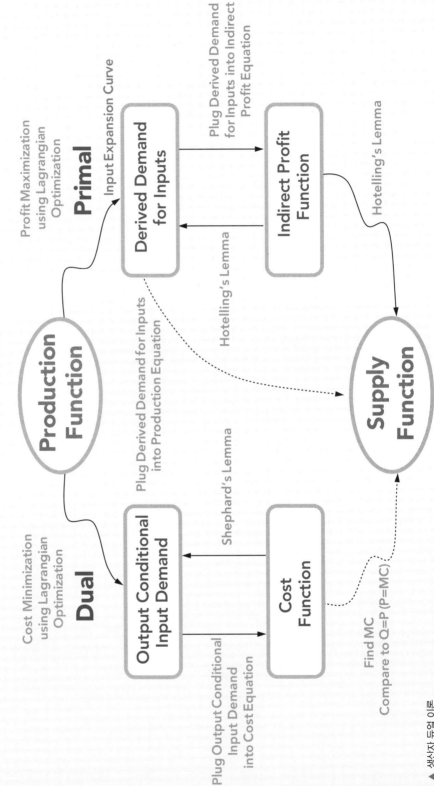

Primal

Profit Maximization using Lagrangian Optimization

Input Expansion Curve

Production Function

Cost Minimization using Lagrangian Optimization

Dual

Derived Demand for Inputs

Plug Derived Demand for Inputs into Indirect Profit Equation

Indirect Profit Function

Hotelling's Lemma

Hotelling's Lemma

Plug Derived Demand for Inputs into Production Equation

Supply Function

Shephard's Lemma

Output Conditional Input Demand

Cost Function

Plug Output Conditional Input Demand into Cost Equation

Find MC Compare to Q=P (P=MC)

▲ 생산자 듀얼 이론

1. 생산과 생산함수

기업은 생산(production)활동을 하면서 생산요소를 구매하기 위해 생산비용을 지출하고, 이를 통해 생산한 생산물을 시중에 판매하여 수입(revenue)을 얻고자 한다.

1.1   생산요소

신발 하나를 생산하기 위해서는 어떤 것들이 필요할까? 먼저 신발을 만드는 사람, 즉 노동이 필요할 것이고, 신발을 만드는 원재료도 필요할 것이다. 아울러 신발을 대량으로 생산하기 위해서는 공장과 기계도 필요할 것이다. 다시 말해, 우리가 소비하는 재화 하나가 생산되기까지는 다양한 생산요소(factors of production), 즉 투입요소(input factors)들이 필요하다. 그리고 노동, 자본, 원재료와 같은 생산요소들의 조합으로부터 최종재(final goods)인 제품을 생산할 수 있게 된다.

일례로, 신발 공장 사장이 신발공장을 세웠다고 가정해보자. 이때 신발공장은 노동, 자본, 원재료 같은 생산요소를 한 번만 투입하는 것이 아니라 주문된 신발을 납품하고자 여러 번 생산요소를 투입하게 된다. 그런데 갑자기 지난 분기에 신발 판매량이 증가하여 지난 분기와 같은 동일한 생산요소로는 생산 물량을 맞추기 어려워졌다고 하자. 그럼 신발공장 사장은 어떤 선택을 할 것인지를 생각해보자.

이 경우 신발공장 사장은 더 많은 원재료를 구입하거나, 직원 몇 명을 더 고용하거나, 생산기계 몇 대를 추가적으로 구입하거나 기존의 생산기계를 더 가동시키는 등의 선택을 내릴 수 있다. 이때 투입요소 결정에 있어 사장은 투입요소의 양을 자유롭게 조절할 수 있느냐를 고민할 것이다. 그리고 투입요소를 선택함에 있어 사장은 생산요소가 단기(short run) 조절이 불가능한 고정투입요소(fixed inputs)인지 아니면 단기 조절이 가능한 가변투입요소(variable inputs)인지를 구분하고자 할 것이다.

그림 3-1 ▶ 생산공정을 꼼꼼히 점검하는 신발공장 사장

출처 : www.shutterstock.com

또한 신발공장 사장은 이러한 결정을 할 때, 투입된 생산요소로부터 어느 정도의 제품을 생산할 수 있는지를 고려할 것이다. 이때, 사장은 생산 공정에 투입되는 생산요소와 이에 따른 총생산량(total product) 사이의 관계를 나타내는 생산함수를 이용하고자 할 것이다. 여기서 **생산함수**(production function)란 생산요소들의 특정한 조합을 투입하여 기업의 기술력을 이용해 생산할 수 있는 최대생산량(Q)을 수학적 기호로 나타낸 것을 의미한다. 가정의 단순화를 위해, 노동(L)과 자본(K)이라는 두 종류의 생산요소만이 있을 때의 생산함수를 다음과 같이 나타낼 수 있다.

$$Q = f(L, K) \tag{3.1}$$

여기서 Q는 생산물의 양, L은 노동의 양, K는 자본의 양을 의미한다. 그리고 식 (3.1)은 주어진 기술 수준 하에서 노동(L)과 자본(K)이라는 두 생산요소의 투입량과 생산량의 관계를 나타낸다. 즉, 생산요소를 생산물로 전환하는 데 사용될 수 있는 생산방법들이 주어진 상황에서의 생산요소와 생산물 간의 관계를 나타낸다. 기술이 더 발전하면 생산함수도 변하여 기업은 특정한 생산요소의 양으로 더 많은 생산량을 얻을 수 있다.

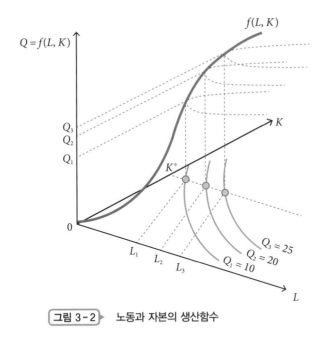

그림 3-2 ▶ 노동과 자본의 생산함수

1.2 등량곡선

등량곡선(iso-quant curve)이란 일정한 산출물을 얻기 위해 투입해야 하는 생산요소의 조합을 곡선으로 표현한 것이다. 다시 말해, 등량곡선은 똑같은 양의 상품을 생산할 수 있게 만드는 생산요소의 조합들로 구성된 집합을 그림으로 나타낸 것이다. 가정의 단순화를 위해, 다른 모든 조건은 일정하고 노동(L)과 자본(K)만을 가변투입요소로 가정해보자.

소비자이론에서 언급한 무차별곡선과 같이 등량곡선도 다음 네 가지 성격을 만족해야 한다.

첫째, 등량곡선은 우하향하는 모양을 가져야 한다.
둘째, 원점에서 멀리 떨어질수록 더 많은 생산량을 가진다.
셋째, 두 등량곡선 간에는 서로 교차하지 않아야 한다.
넷째, 등량곡선은 원점에서 볼 때 볼록한 모양을 갖는다.

여기서 첫째 조건에 의해 등량곡선이 음($-$)의 기울기를 가지는 이유는 자본과 노동의 한계생산(marginal product)이 모두 양($+$)의 값을 갖기 때문이다. 이는 생산량을 일정하게 유지하면서 하나의 생산요소를 줄이면 다른 생산요소의 사용량은 늘려야 한다는 점에 기인한다.

또한 [그림 3-3]과 같이 여러 개의 등량곡선을 하나의 그래프로 표현한 것을 '등량곡선 지도(iso-quant map)' 또는 '생산무차별지도(production indifference map)'라고 한다. 이는 소비자

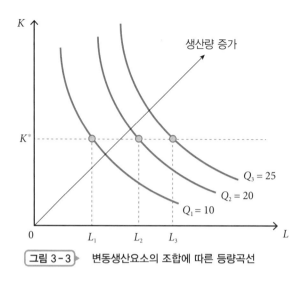

그림 3 - 3 변동생산요소의 조합에 따른 등량곡선

이론에서 언급한 무차별지도의 도출과정과 매우 유사함을 알 수 있다. 그러나 무차별곡선과 달리 등량곡선은 구체적인 생산수준을 나타낼 수 있다. 이런 점에서 효용의 수준을 정량적으로 표현하기 어려운 무차별곡선과는 차이가 있다.

생산함수를 나타내는 또 다른 방법으로서 각각의 등량곡선은 각기 다른 생산량을 나타내며, [그림 3-3]에서의 등량곡선은 Q_1, Q_2, Q_3으로 이동하는데 이를 우리는 정량적인 생산량의 증가로 표시할 수 있다.

여기서 한 가지 생산요소의 투입량이 고정된 상태에서 다른 생산요소 투입량을 증가시킬 경우 생산량의 변화를 살펴보면, 생산요소들의 최적 조합이 어떻게 결정되는지를 쉽게 이해할 수 있다.

[그림 3-3]은 자본의 투입량을 K^*로 고정시키고 노동 투입량을 증가시킬 때 자본에 대한 노동의 한계생산물(marginal product of labor)이 어떻게 변화하는지를 보여준다. 노동의 투입이 L_1, L_2, L_3으로 증가함에 따라 추가적인 생산량은 점점 감소함을 볼 수 있다($Q_3 - Q_2 < Q_2 - Q_1$). 이것은 노동에 대한 한계생산물이 점차 체감함을 의미하고, 이것은 다시 [그림 3-4]와 같이 나타낼 수 있다.

역으로, 자본의 경우에도 노동 투입량이 고정된 상태에서는 자본 투입량을 증가시키면 노동에 대한 자본의 한계생산물(marginal product of capital)도 감소하게 됨을 [그림 3-3]과 [그림 3-4]와 같이 나타낼 수 있으나 여기서는 생략한다.

[그림 3-4]는 생산요소 중 하나인 노동의 한계생산물을 나타낸다. 자본의 경우도 마찬가지로 그 기울기가 점점 완만해져 한계생산물이 체감한다. 이를 식으로 나타내면 다음과 같다.

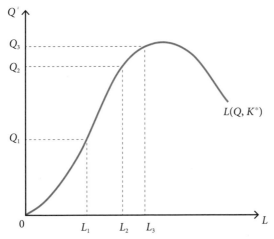

그림 3 - 4 ▶ 자본이 고정된 단기생산함수 : 노동의 한계생산물 체감

$$MP_L(K, L) = \frac{\partial f(K, L)}{\partial L} > 0, \ \frac{\partial^2 f(K, L)}{\partial L^2} < 0 \tag{3.2.1}$$

$$MP_K(K, L) = \frac{\partial f(K, L)}{\partial K} > 0, \ \frac{\partial^2 f(K, L)}{\partial K^2} < 0 \tag{3.2.2}$$

식 (3.2.1)은 노동의 한계생산물을 나타내고, 식 (3.2.2)는 자본의 한계생산물을 나타낸다. 여기서 $MP_L(K, L) = \partial f(K, L)/\partial L > 0$은 **노동의 한계생산물**이 양(+)의 값을 갖는다는 것을 의미하며, 이는 노동 투입을 한 단위 더 늘릴 때 이로 인해 변화하는 생산량이 증가함을 뜻한다. 다음으로, $\partial^2 f(K, L)/\partial L^2 < 0$은 노동 투입을 늘리면 늘릴수록 생산량의 증가율은 감소함을 의미한다.

또한 $MP_K(K, L) = \partial f(K, L)/\partial K > 0$은 **자본의 한계생산물**이 양(+)의 값을 갖는다는 것을 의미하며, 이는 자본 투입을 한 단위 더 늘릴 때 이로 인해 변화하는 생산량이 증가함을 뜻한다. 그리고 $\partial^2 f(K, L)/\partial K^2 < 0$은 자본 투입을 늘리면 늘릴수록 생산량의 증가율은 감소함을 의미한다. 그러므로 노동과 자본의 경우 '한계생산물체감의 법칙'(law of diminishing marginal product)이 성립함을 알 수 있다.

1.3 한계기술대체율

앞서 소비자이론에서 무차별곡선 위의 한 점에서 잰 기울기의 절대값이자, 두 상품 사이의 주관적 교환비율을 의미한 한계대체율(MRS)을 기억할 것이다. 이와 마찬가지로 각 등량곡선의 기울기는 생산량이 고정된 상태에서 한 생산요소의 투입량이 다른 생산요소의 투입량과 어떻게

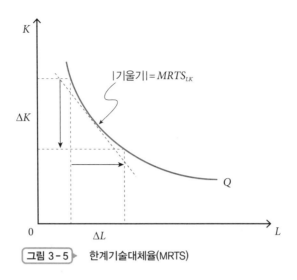

그림 3-5 한계기술대체율(MRTS)

대체될 수 있는가를 보여준다. 여기서 음(−)의 부호를 무시한 등량곡선의 기울기를 한계기술
대체율(marginal rate of technical substitution, MRTS)이라고 한다.

[그림 3-5]에서 보듯이 등량곡선은 원점에 대해서 볼록하다. 이는 한계기술대체율을 통해서
어떤 생산요소의 생산성이 무한정 양(+)의 값으로 확대되지는 않는다는 것을 보여준다.
자본 대신 노동 투입량을 증가시킬수록 노동의 생산성(productivity of labor)은 떨어진다. 마
찬가지로, 노동을 대신하여 자본투입량을 늘리면 자본의 생산성(productivity of capital)은 떨어
진다. 따라서 생산성을 높이기 위하여 두 생산요소를 적절히 혼합하여 균형을 유지할 필요가 있
다. 이처럼 한계기술대체율은 노동의 한계생산물인 MP_L과 자본의 한계생산물인 MP_K 간에 상
호 밀접한 관계를 맺고 있다.

즉, 노동투입량의 증가에 따른 생산량의 증가분을 자본투입량의 감소에 따른 생산량의 감소
분으로 나누면 한계기술대체율이 도출됨을 알 수 있다. 여기서 자본투입량의 감소에 따른 생산
량의 감소분은 $(-MP_K)(\Delta K)$이며, 노동투입량의 증가에 따른 생산량의 증가분은 $(MP_L)(\Delta L)$으
로 나타낼 수 있다.

$$\left| -\frac{dK}{dL} \right| = MRTS_{LK} = \frac{MP_L(K,\ L)}{MP_K(K,\ L)} \tag{3.3}$$

앞서 등량곡선이 원점에 대해 볼록성을 갖는다고 하였는데, [그림 3-5]에서 확인할 수 있듯
이 원점에서 오른쪽으로 가면 갈수록 한계기술대체율이 작아진다. 이것을 달리 표현하면 '한계
기술대체율 체감의 법칙(law of decreasing marginal rate of technical substitution)이 성립한다'고
말할 수 있다. 여기서 '**한계기술대체율 체감의 법칙**'이란 [그림 3-5]에서 보듯이 노동을 증가시
키면 시킬수록 일정한 양의 자본 투입량의 감소가 일어나면서 점점 더 많은 양의 노동 투입량의

증가로 대체되어야 함을 의미한다. 이것은 다시 말해, 노동과 자본이 완전하게 대체할 수 있는 생산요소가 아니므로 한 생산요소의 투입량이 줄어들면 다른 생산요소의 대체가 더 힘들어짐을 의미한다. 그러므로 자본 투입량이 줄어들 때 자본 1단위를 대체할 수 있는 노동 투입량이 점점 더 커지는 결과를 초래한다.

1.4 생산함수의 동차성

1차 동차생산함수(homogeneous production function)는 투입량을 t배 증가시켰을 때 생산량이 t배 되는 특성을 지니는 생산함수를 뜻한다. 즉, 생산요소 투입을 1단위 증가시키면 생산량도 1단위 증가함을 의미한다. 이를 수식으로 표현하면 식 (3.4)와 같이 표현할 수 있다.

$$f(tL,\ tK) = A[t(L)]^{\alpha}\ [t(K)]^{\beta}$$
$$= At^{\alpha}L^{\alpha}t^{\beta}K^{\beta} = t^{\alpha+\beta}AL^{\alpha}K^{\beta} = t^{1}AL^{\alpha}K^{\beta} \qquad (3.4)$$

여기서 A는 기술수준, L은 노동량, K는 자본량(stock of capital)을 의미한다. 위 식 (3.4)에서처럼 $\alpha + \beta$가 1이면 규모에 대한 수익 불변인 1차 동차가 되는데, 여기서 α는 노동이 생산에 미치는 비율을 의미하고, β는 자본이 생산에 미치는 비율을 의미한다.

그림 3-6 ▶ 레온하르트 오일러

스위스 수학자 오일러(Leonhard Euler, 1707~1783)

이것을 r차 동차생산함수(homogeneous production function of degree r)로 확대하면 다음과 같다. 식 (3.5)에서처럼 함수 $Q = f(x_1, \cdots, x_n)$이 모든 t에 대해 r차 동차성이 성립한다면 이를 r차 동차생산함수라고 하고, 식 (3.5)가 1차 동차생산함수라면 스위스 수학자 레온하르트 오일러에 의해 소개된 '오일러의 정리(Euler's theory)'[7]가 성립하게 된다. 즉, 식 (3.5)를 t에 대해 미분한 다음 양변의 t에 1을 대입하면 된다.

$$f(tx_1, \cdots, tx_n) \equiv t^r f(x_1, \cdots, x_n) \qquad (3.5)$$

---

7 오일러의 정리는 생산함수 $Q = f(x_1, x_1, \dots, x_n)$이 t배의 1차 동차함수라고 할 때, 이때의 함수를 t에 관해 미분한 다음 $t=1$을 대입하면 $\dfrac{\partial f(tx_1, tx_2, \cdots, tx_n)}{\partial t} = \dfrac{\partial f}{\partial tx_1}\dfrac{\partial tx_1}{\partial t} + \cdots + \dfrac{\partial f}{\partial tx_n}\dfrac{\partial tx_n}{\partial t} = \dfrac{\partial f}{\partial x_1}x_1 + \cdots + \dfrac{\partial f}{\partial x_n}x_n$ 이 성립함을 의미한다. 일례로, 오일러 정리에 의해 생산함수 $Q = f(L, K)$가 1차 동차함수이고, $t=1$이라면, 이때의 $\dfrac{\partial Q}{\partial L}L + \dfrac{\partial Q}{\partial K}K = f(L, K)$가 성립한다. 이것은 각 생산요소가 한계생산만큼 보수를 받으면 생산량은 과부족 없이 두 생산요소에 분배된다는 것을 의미한다.

먼저 식 (3.5)를 t로 미분하면서 연쇄법칙(chain rule)을 이용하면 식 (3.6)이 도출된다. 여기서 t로 미분한 다음의 값들은 $\frac{\partial(tx_1)}{\partial t}=x_1$, $\frac{\partial(tx_2)}{\partial t}=x_2$, $\cdots$, $\frac{\partial(tx_n)}{\partial t}=x_n$이다.

$$\frac{\partial f}{\partial(tx_1)}\frac{\partial tx_1}{\partial t}+\cdots+\frac{\partial f}{\partial(tx_n)}\frac{\partial tx_n}{\partial t}\equiv rt^{r-1}f(x_1,\cdots,x_n) \tag{3.6}$$

또한 앞서 제시한 t로 미분한 값들을 이용하면 식 (3.6)은 식 (3.6.1)과 같이 나타낼 수 있다.

$$\frac{\partial f}{\partial tx_1}x_1+\cdots+\frac{\partial f}{\partial tx_n}x_n=rt^{r-1}f(x_1,\cdots,x_n) \tag{3.6.1}$$

그리고 식 (3.6.1)의 양변에 있는 t에 숫자 1을 대입하면 식 (3.6.2)로 표현 가능하다.

$$\frac{\partial f}{\partial x_1}x_1+\cdots+\frac{\partial f}{\partial x_n}x_n=rf(x_1,\cdots,x_n) \tag{3.6.2}$$

다음으로, 앞서 언급한 생산함수의 동차성 개념을 적용하여 콥-더글라스 생산함수(Cobb-Douglas production function)에 대해 살펴보면 다음과 같다.

콥-더글라스 생산함수는 $f(L,K)=AL^\alpha K^\beta$의 형태로 표현 가능한데, A는 기술수준에 해당하는 총요소생산성(total factor productivity)을, 그리고 α와 β는 콥-더글라스 생산함수의 승수(output elasticities of labor and capital)를 의미한다. 여기서, 콥-더글라스 생산함수는 $\alpha+\beta$차 동차함수가 되고, $\alpha+\beta$가 1이라면 식 (3.4)에서처럼 1차 동차함수가 된다.

우리는 $\alpha+\beta$의 값이 어떤 값을 가지느냐에 따라 콥-더글라스 생산함수가 어떤 특징을 가지는지 살펴볼 필요가 있다. 우선, $\alpha+\beta>1$이면 L과 K가 t배 되었을 때 규모의 수익은 $t^{\alpha+\beta}$가 됨에 따라 규모수익 체증의 법칙이 성립한다. 다음으로, $\alpha+\beta<1$이면 L과 K가 t배 되었을 때 규모의 수익은 $t^{\alpha+\beta}$가 됨에 따라 규모수익 체감의 법칙이 성립한다. 끝으로 $\alpha+\beta=1$이면 앞서 언급하였듯이 L과 K가 t배 되었을 때 규모의 수익은 t^1이 됨에 따라 규모수익 불변의 법칙이 성립한다.

좀 더 심화하여 콥-더글라스 생산함수에서 $\alpha+\beta$가 1을 만족시키는 1차 동차함수라면, 우선 오일러의 정리가 성립하므로 이러한 생산함수로부터 또 다른 시사점을 발견할 수 있다. 일례로, 만일 생산함수가 1차 동차함수라면, 식 (3.7.2)에서 보듯이 최소한의 정보에 해당하는 자본과 노동 간의 비율만으로도 노동 1단위당 생산량을 도출할 수 있다는 것이다.

이를 알아보기 위해 수식을 전개해보자. 우선, 1차 동차함수인 콥-더글라스 생산함수를 자본과 노동 간의 비율인 요소집약도로 만들고자 $K/L=k$, $t=1/L$이라고 하자. 여기서 1차 동차함수는 오일러의 정리가 성립하므로 식 (3.4)에서처럼 식 (3.7)과 같이 표현 가능하다.

$$f(tL, tK) = tf(L, K) = tQ, \quad where \ f(L, K) = Q \tag{3.7}$$

또한 식 (3.7)의 생산함수는 t가 $\dfrac{1}{L}$이므로 식 (3.7.1)과 같이 표현할 수 있다.

$$f(tL, tK) = \frac{1}{L}f(L, K) = \frac{Q}{L} \tag{3.7.1}$$

그리고 $Q/L = \phi(k)$로 두면, 식 (3.7.1)은 식 (3.7.2)로 변환 가능하다.

$$f(1, k) = \phi(k), \quad where \ \phi(k) = \frac{Q}{L} \tag{3.7.2}$$

여기서 식 (3.7.2)의 좌변[$f(1, k)$]은 노동 한 단위당 투입되는 자본량이며, 우변[$\phi(k)$]은 노동 한 단위당 생산량이므로 **평균물적생산**(average physical production)을 의미한다. 이는 곧 자본과 노동의 투입량을 알지 못하더라도 두 변수 간의 비율 k만 알 수 있다면 노동 한 단위당 생산량을 알 수 있다는 것을 의미한다.

다음으로, 앞의 전개 과정을 통해 발견한 노동 한 단위당 투입되는 자본량이 평균물적생산을 의미함으로부터 자본과 노동의 평균물적생산 및 **한계물적생산**(marginal physical production)을 노동과 자본 간의 비율인 $k(=K/L)$에 대한 함수로 표현 가능함을 확인할 수 있다.

우선, 자본과 노동의 평균물적생산이란 생산량을 자본과 노동 각각으로 나누어준 값이므로, 이들을 달리 표현하면 식 (3.8)과 같이 나타낼 수 있다.

$$APP_L = \frac{Q}{L} = \phi(k), \ APP_K = \frac{Q}{K} = \frac{Q}{L}\frac{L}{K} = \frac{\phi(k)}{k} \tag{3.8}$$

여기서 APP_L은 노동의 평균물적생산을, APP_K는 자본의 평균물적생산을 의미한다. 그리고 식 (3.8)은 식 (3.7), (3.7.1), (3.7.2)의 결과로부터 도출 가능하다.

다음으로, 노동과 자본의 한계물적생산을 자본과 노동의 비율인 k로 표현해보면 다음과 같다. 일단 노동과 자본의 한계물적생산을 설명하기에 앞서 제시한 $\phi(k)$와 k식을 이용하여 $\partial k/\partial K$와 $\partial k/\partial L$를 풀어보면 $k = K/L$이므로 노동 1인당 자본량인 k를 자본투입량과 노동투입량으로 미분하면 $\partial k/\partial K = \partial(K/L)/\partial K = 1/L$, $\partial k/\partial L = \partial(K/L)/\partial L = -K/L^2$임을 알 수 있다. 또한 k에 대한 함수 $\phi(k)$는 노동 한 단위당 생산량으로, 생산량(Q)은 노동투입량을 k에 곱한 것과 같다. 다시 말해, $\phi(k) = Q/L$이므로 $Q = L\phi(k)$이다.

노동과 자본의 한계물적생산이란 생산량을 자본과 노동으로 각각 미분한 값이므로, 이들을 달리 표현하면 식 (3.9)로 나타낼 수 있다. 우선, 노동의 한계물적생산은 생산량을 L에 대해 미분한 것으로 K에 대해서는 미분하지 않는다. 노동의 한계물적생산도 K와 L에 대한 함수이므로, $\phi(k)$는 $\phi[k(K, L)]$로 나타낼 수 있으며, 이는 연쇄법칙(chain rule)인 $\partial\phi[k(L, K)]/\partial L = (\partial\phi(k)/\partial k)$

$(\partial k/\partial L)$을 이용하여 미분할 수 있다. 다음으로, 자본의 한계물적생산은 생산량을 K에 대하여 미분한 것이므로 L에 대해서는 미분하지 않고, k에 대한 함수 $\phi(k)$를 K에 대하여 미분하면 된다. 여기서 k는 자본과 노동의 비율이므로, $\phi(k)$는 k에 대한 함수이고, k는 K와 L에 대한 함수이므로 $\phi[k(L, K)]$로 표현할 수 있다.

$$MPP_L = \frac{\partial Q}{\partial L} = \frac{\partial [L\phi(k)]}{\partial L} = \phi(k) + L\frac{\partial \phi(k)}{\partial L} = \phi(k) + L\phi'(k)\frac{\partial k}{\partial L} \tag{3.9}$$

$$= \phi(k) + L\phi'(k)\frac{-K}{L^2} = \phi(k) + \phi'(k)\frac{-K}{L} = \phi(k) - k\phi'(k)$$

$$MPP_K = \frac{\partial Q}{\partial K} = \frac{\partial [L\phi(k)]}{\partial K} = L\frac{\partial [\phi(k)]}{\partial K}$$

$$= L\left[\frac{\partial \phi(k)}{\partial k}\right]\left[\frac{\partial k}{\partial K}\right] = L\phi'(k)\left(\frac{1}{L}\right) = \phi'(k)$$

여기서 MPP_L은 노동의 한계물적생산을, MPP_K는 자본의 한계물적생산을 의미한다. 생산함수가 1차 동차함수이면 각주 7에서 살펴보았듯이 오일러의 정리에 의해 $Q = (\partial Q/\partial L)L + (\partial Q/\partial K)K$가 성립한다. 여기서 $\partial Q/\partial L = MPP_L$, $\partial Q/\partial K = MPP_K$이므로 식 (3.10)과 같이 표현할 수 있다.

$$Q = L\,MPP_L + K\,MPP_K = L[\phi(k) - k\phi'(k)] + K\phi'(k) \tag{3.10}$$

$$= K\phi'(k) + L\phi(k) - L\frac{K}{L}\phi'(k) = K\phi'(k) + L\phi(k) - K\phi'(k)$$

$$= L\phi(k)$$

이로써 우리는 평균물적생산(APP)뿐만 아니라 한계물적생산(MPP)도 자본과 노동의 비율 k에 대한 함수만으로 표현될 수 있음을 확인하였다. 또한 자본과 노동의 투입량 K와 L을 알 수 없더라도, 자본과 노동의 비율 k를 이용하여 생산함수를 표현할 수 있고, 생산함수가 1차 동차함수이면 생산요소 투입을 1단위 증가시킬 때 생산량도 1단위 증가함을 알 수 있었다.

또한 콥-더글라스 생산함수의 투입요소를 각각 t배 증가시켰을 때 생산량도 t배가 되는 1차 동차함수임을 증명하였다. 따라서 앞서 우리가 논하였던 1차 동차의 성격을 갖는 생산함수의 성질이 콥-더글라스 생산함수에도 똑같이 적용됨을 확인할 수 있었다. 1차 동차라는 것은 규모에 대한 수익 불변을 의미하며, 오일러의 정리는 규모에 대한 수익 불변인 생산함수에 대해서 적용됨도 알게 되었다. 추가적으로 규모에 대한 수익의 k차 변화에 대해서는 바로 이어 좀 더 자세히 다룰 것이다.

1.5 규모에 대한 수익 변화

장기적으로 생산요소의 투입량은 고정된 것이 아니라 가변적이다. 따라서 완전경쟁시장에 참여하고 있는 기업은 생산량을 증가시켜 더 높은 이윤을 얻을 수도 있다. 이를 살펴보는 방법 중 하나는 모든 생산요소 투입량을 동일한 비율로 증가시킴으로써 생산량의 규모를 변화시키는 것이다.

규모에 대한 수익(returns to scale)은 생산요소의 투입량을 증가시켰을 때 생산량이 증가하는 비율에 따라 규모에 대한 수익 증가(increasing returns to scale, IRS), 규모에 대한 수익 불변(constant returns to scale, CRS), 규모에 대한 수익 감소(decreasing returns to scale, DRS)로 구분할 수 있다.

생산량 Q와 투입된 생산요소 L, K의 관계를 $Q=f(L, K)$의 함수식으로 표현하고, 각각의 생산요소를 일정한 비율 α로 증가시킴에 따라 수익, 즉 생산량이 α^k배 변화하였음을 아래의 식 (3.11)과 (3.12)로 나타낼 수 있다.

$$Q=f(L, K) \tag{3.11}$$

$$f(\alpha L, \alpha K)=\alpha^k f(L, K)=\alpha^k Q, \quad \text{for } \alpha>0 \tag{3.12}$$

(a) $k>1$ 규모수익 증가(Increasing Returns to Scale) : 규모의 경제(economies of scale)

(b) $k=1$ 규모수익 불변(Constant Returns to Scale)

(c) $k<1$ 규모수익 감소(Decreasing Returns to Scale): 규모의 비경제(diseconomies of scale)

규모에 대한 수익 증가는 생산요소의 증가 비율보다 생산량 증가 비율이 더 큰 경우를 말한다. 다음으로, 규모에 대한 수익 불변은 생산요소의 증가 비율과 생산량 증가 비율이 같은 경우이고, 끝으로 규모에 대한 수익 감소는 생산요소의 증가 비율보다 생산량 증가 비율이 작은 경우에 해당한다.

이것을 등량곡선으로 표현하면, 아래의 [그림 3-7]과 같이 표현할 수 있다. 일정한 생산량 $\alpha^k Q$를 생산하기 위하여 자본(K)과 노동(L)이 얼마나 투입되었는가를 생각해보면 명확히 이해할 수 있을 것이다.

다음으로, 콥-더글라스 생산함수가 규모에 대한 수익을 어떻게 반영하는지 확인해보자. 최초의 생산함수가 $Q_0=AL^\alpha K^\beta$일 때 노동과 자본을 일정한 비율 t만큼 증가시켜 얻게 되는 생산량 Q_{new}를 식 (3.13)과 같이 표현할 수 있다.

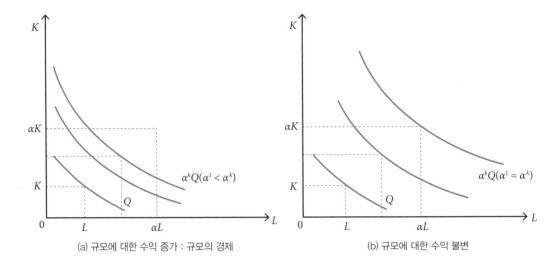

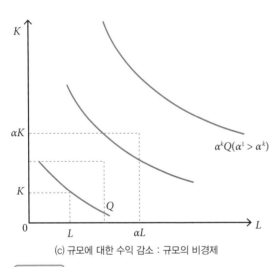

(c) 규모에 대한 수익 감소 : 규모의 비경제

그림 3 - 7 ▶ 규모에 대한 수익 변화

$$Q_{new} = A(tL)^\alpha (tK)^\beta = t^{\alpha+\beta} AL^\alpha K^\beta = t^{\alpha+\beta} Q_0 \tag{3.13}$$

$$a)\ \alpha + \beta > 1 : IRS$$

$$b)\ \alpha + \beta = 1 : CRS$$

$$c)\ \alpha + \beta < 1 : DRS$$

즉, $Q_{new}/Q_0 = t^{\alpha+\beta}$로 정리되고 $t^{\alpha+\beta}$와 t를 비교하여 보면 규모에 대한 수익이 증가하는지 감소하는지 혹은 불변하는지를 확인할 수 있다. $\alpha + \beta > 1$이라면 $t^{\alpha+\beta} > t$와 $Q_{new} = t^{\alpha+\beta} Q_0 >$

t^1Q_0임을 보여 규모에 대한 수익 증가(IRS)임을 알 수 있으며, $\alpha+\beta<1$인 경우에는 $t^{a+\beta}<t$, $Q_{new}=t^{a+\beta}Q_0<t^1Q_0$이므로 규모에 대한 수익 감소(DRS)임을 알 수 있다. 또한 $\alpha+\beta=1$인 경우에는 $t^{a+\beta}=t^1$, $Q_{new}=t^{a+\beta}Q_0=t^1Q_0$이므로 규모에 대한 수익 불변(CRS)임을 알 수 있는데, 이때의 $\alpha+\beta=1$인 콥-더글라스 생산함수는 1차 동차함수에 해당하는 것이다.

2. 비용과 비용함수

비용함수의 개념은 경제학의 역사에서 보면 생산함수의 개념보다 앞서 정립되었다. 그러나 비용함수의 듀얼 접근은 주어진 효용 하에서 지출을 극소화시키는 소비자이론의 수학적 접근과 동일한 것으로 미국의 통계학자이면서 경제학자이었던 해럴드 호텔링의 논문(1932)에서 처음 언급된 것으로 보인다(Fuss and McFadden, 1978).

그림 3-8 ▶ 해럴드 호텔링

미국 통계학자 호텔링(Harold Hotelling, 1895~1973)

2.1 비용

완전경쟁시장에서 기업이 이윤극대화를 목적으로 재화를 생산하고자 할 때, 가격수용자(price taker)인 생산자 입장에서 고려해야 할 것은 비용, 즉 투입의 크기를 결정하는 것이다. 소비자의 선택에 예산제약이 따르듯이 기업의 선택에도 비용 제약이 따른다.

우선, 생산에 따른 비용의 구성을 살펴보자. **총비용**(total cost, TC)은 고정비용(fixed cost, FC)과 가변(변동)비용(variable cost, VC)으로 구분된다. **고정비용**은 생산량이 달라지더라도 변하지 않는 비용으로 사업을 그만둬야만 제거할 수 있는 비용이다. **가변비용**은 생산량의 변화와 함께 변동하는 비용이다.

$$TC = VC + FC \tag{3.14}$$

한계비용(marginal cost, MC)은 생산량을 1단위 더 증가시킬 때 추가적으로 증가하는 총비용의 크기를 말한다. 생산량이 달라지더라도 고정비용은 변하지 않기 때문에 한계비용은 가변비용의 증가분과 같다.

$$MC = \frac{\partial TC}{\partial Q} = \frac{\partial FC + \partial VC}{\partial Q} = \frac{\partial VC}{\partial Q} \tag{3.15}$$

평균총비용(average total cost, ATC)은 총비용을 생산량으로 나눈 것이다. 평균총비용은 고정비용을 생산량으로 나눈 **평균고정비용**(average fixed cost, AFC)과 가변비용을 생산량으로 나눈 **평균가변비용**(average variable cost, AVC)으로 구성된다.

$$ATC = \frac{TC}{Q} = \frac{FC}{Q} + \frac{VC}{Q} = AVC + AFC \tag{3.16}$$

단기에서 기업은 더 많은 생산물을 산출하기 위하여 고용을 늘릴 수 있다. 그러나 '한계생산물체감의 법칙(law of diminishing marginal product)'에 따라 노동의 한계생산물이 점점 감소한다면, 같은 양의 생산물을 증가시키기 위해서 점점 더 많은 비용을 지출해야 할 것이다. 따라서 가변비용과 총비용은 생산량이 증가함에 따라 점점 더 크게 증가한다.

반면, 평균고정비용(AFC) 곡선은 생산량 증가에 따라 부(−)의 방향으로 하락하게 되는데, 이는 고정비용이 생산량과 관계없이 항상 일정하기 때문이다. 나머지 곡선들은 한계비용곡선(marginal cost curve)과 평균비용곡선(average cost curve)의 관계에 의해 결정된다. 한계비용이 평균총비용보다 작을 때는 평균총비용곡선은 언제나 하락한다. 한계비용이 평균총비용보다 클 경우 평균총비용곡선은 언제나 상승한다. 따라서 평균총비용이 최소일 때 한계비용과 평균총비용은 같아진다. 이는 그래프 상에서도 동일하게 표현될 수 있다.

한계비용곡선은 항상 평균총비용곡선의 최저점인 A점을 지나게 된다. [그림 3-9]의 A점과 B점은 경제적으로 중요한 의미를 가지는데, 이는 고정비용이 매몰비용(sunk cost)인지 아니면 회수 가능한 비용인지, 그리고 x재의 가격이 어느 수준인지에 따라 개별기업의 공급곡선이 달라질 수 있기 때문이다.

일례로, 고정비용이 매몰비용일 때, 개별기업은 x재의 가격이 평균가변비용의 최저점인 B점보다 크다면 x재를 생산하고자 할 것이다. 즉, 고정비용이 매몰비용이라면 개별기업은 B점에서 생산을 중단하므로 이점을 **생산중단점**(shutdown point)이 되고, 가격이 B점 이하로 떨어질 때, 이때의 가격을 **생산중단가격**(shutdown price)이라고 한다.

그러나 고정비용을 모두 회수할 수 있다면 개별기업은 x재의 가격이 평균총비용의 최저점인 A점보다 클 때 x재를 생산하고자 할 것이다. 그러므로 고정비용이 모두 회수 가능하다면 개별기업은 A점이 생산중단점이 될 것이고, 가격이 A점 이하로 떨어질 때, 이때의 가격을 생산중단가격이라고 할 것이다.

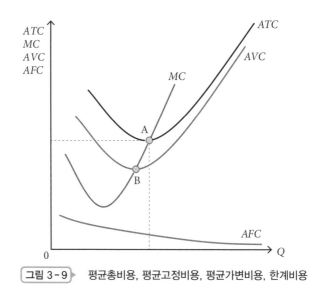

그림 3-9 ▶ 평균총비용, 평균고정비용, 평균가변비용, 한계비용

2.2 등비용선

다음으로, 기업의 등비용선에 대해서 알아보자. **등비용선**(iso-cost line)이란 동일한 비용이 소요되는 투입요소들에 관한 결합을 나타내는 선이다. 앞서 공부한 소비자이론의 측면에서 볼 때 예산선과 같은 맥락이며, 수학적인 접근에서는 전혀 차이가 없다고 봐도 무방하다. 예산선이 동일한 예산을 지출하여 구매 가능한 상품조합인 것을 상기해보면 이해하는 데 도움이 될 것이다. 예산선의 [그림 2-3]을 상기하면 [그림 3-10]의 등비용선이 쉽게 이해될 것이다.

등비용선을 고려할 때, 투입요소들의 가격이 변하지 않고 고정된 상태라면 생산자들은 모두 같은 등비용선에 직면하게 된다. 하지만 현실에서의 등비용선은 각 기업별로 상이한 투입요소와 상이한 기술을 갖기 때문에 모두 다르게 나타날 수 있다. 반대로 말해, 완전경쟁시장의 가정하에서는 모든 기업이 동일한 등비용선의 조건에 직면한다.

또한 소비자이론에서의 예산선과 마찬가지로, 등비용선은 투입요소의 가격, 총지출에 의해 곡선의 위치가 결정된다. 기업의 의사결정에 있어 총지출이 증가한다면 등비용선은 원점과 멀어지고, 총지출의 감소는 등비용선이 원점으로 이동하는 결과를 가져온다. 또, 투입요소의 가격 변화는 등비용선에 있어 기울기와 절편의 변화를 가져온다.

2.3 투입요소의 가격비율

소비자이론에서 살펴 본 것과 같이, 소비자의 선택은 무차별곡선과 예산선이 접하는 점에서 이

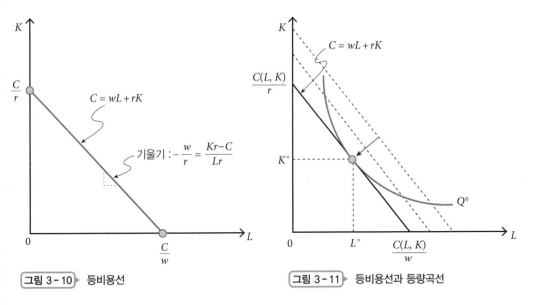

그림 3 - 10 등비용선

그림 3 - 11 등비용선과 등량곡선

루어짐을 알 수 있었다. 이와 마찬가지로 생산자이론에서도 이러한 과정을 동일하게 적용할 수 있다. 소비자이론에서의 무차별곡선은 생산자이론에서 등량곡선과 유사하고, 소비자이론에서의 예산선은 생산자이론에서 등비용선과 유사하다. 그러므로 생산자의 선택은 등량곡선과 등비용선이 접하는 점에서 이루어진다. 이는 뒤에서 살펴볼 기업의 이윤극대화, 비용극소화 문제에 대한 최적해(L^*, K^*)를 제공한다. [그림 3-11]은 적절한 상품 생산량 수준(Q^0)이 선택된 상황에서 비용을 극소화하여 요소수요의 최적해(L^*, K^*)를 찾아가는 한 예를 보여주고 있다.

소비자이론에서는 재화의 가격비율이 예산선의 기울기를 결정하는 요소이었다. 그렇다면 생산자이론에서 등비용선의 기울기를 결정하는 요소는 무엇일까? 바로 투입요소의 가격비율인 요소상대가격이 등비용선의 기울기를 결정한다는 것을 쉽게 알 수 있다.

대표적인 생산요소인 노동과 자본의 가격을 각각 w, r이라고 할 때, 투입요소의 가격비율, 즉 등비용선의 기울기는 $-w/r$로 나타낼 수 있다. 그리고 한계생산물의 비율, 즉 등량곡선의 기울기는 음($-$)을 포함하는 $MRTS_{LK}$로 나타낼 수 있다. 그러므로 생산자의 최적선택조건식은 다음의 식 (3.17)과 같다.

$$\frac{w}{r} = MRTS_{LK} = \frac{MP_L}{MP_K} \tag{3.17}$$

여기서 투입요소의 가격비율인 요소상대가격과 한계기술대체율은 모두 음($-$)의 값을 가지므로 음($-$)의 값을 제하였다.

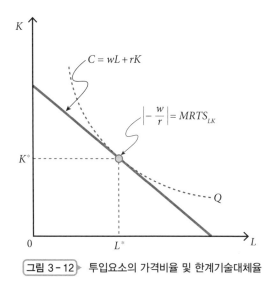

그림 3-12 투입요소의 가격비율 및 한계기술대체율

또한 식 (3.17)을 변형하면 식 (3.18)과 같이 나타낼 수 있다.

$$\frac{MP_L}{w} = \frac{MP_K}{r} \tag{3.18}$$

여기서 식 (3.18)의 좌변은 노동의 대가로 지불한 화폐단위당 한계생산물이며, 우변은 자본의 대가로 지불한 화폐단위당 한계생산물을 의미하는데, 이는 좌변과 우변이 같아지는 점에서 비용을 극소화하는 최적요소투입이 이루어진다는 것을 나타낸다.

2.4 생산요소의 대체탄력성

콥-더글라스 생산함수의 형태는 $f(L, K) = AL^\alpha K^\beta$이며, 이것이 동차함수인지 확인하기 위해서 앞서 한계기술대체율이 등량곡선의 기울기를 나타낸다는 사실을 떠올려 보자.

주어진 생산함수 $f(L, K) = AL^\alpha K^\beta$를 L과 K로 미분하면 개별 생산요소의 한계생산물에 대한 값은 식 (3.19), 식 (3.20)과 같이 구할 수 있다.

$$MP_L = \frac{\partial f(L, K)}{\partial L} = A\alpha L^{\alpha-1} K^\beta \tag{3.19}$$

$$MP_K = \frac{\partial f(L, K)}{\partial K} = AL^\alpha \beta K^{\beta-1} \tag{3.20}$$

식 (3.19)와 (3.20)을 이용하여 한계기술대체율은 식 (3.21)과 같이 나타낼 수 있다.

$$MRTS_{LK} = \frac{A\alpha L^{\alpha-1}K^{\beta}}{AL^{\alpha}\beta K^{\beta-1}} = \frac{\alpha K}{\beta L} \tag{3.21}$$

$$\frac{K}{L} = \frac{\beta}{\alpha}MRTS_{LK} \tag{3.21.1}$$

여기서 식 (3.21.1)의 요소집약도 K/L를 '한계기술대체율($MRTS_{LK}$)'로 미분하면 식 (3.21.2)로 나타날 수 있다.

$$\frac{\Delta(K/L)}{\Delta MRTS_{LK}} = \frac{\beta}{\alpha} \tag{3.21.2}$$

그리고 식 (3.21.2)를 통해 우리는 요소간의 대체탄력성을 좀 더 쉽게 찾아낼 수 있다. 즉, 식 (3.21.1)로부터 식 (3.21.3)도 도출되어진다.

$$\frac{MRTS_{LK}}{(K/L)} = \frac{\alpha}{\beta} \tag{3.21.3}$$

여기서 한계기술대체율($MRTS_{LK}$)은 요소 간의 대체탄력성을 내포하고 있는데, 이것을 식으로 나타내면 아래 식 (3.21.4)와 같다.

$$\sigma = \frac{\%\Delta in(K/L)}{\%\Delta in\ MRTS_{LK}} \tag{3.21.4}$$

여기서 분자인 $\%\Delta in(K/L)$은 요소집약도의 % 변화율(% change in K/L)을 의미하고, 분모인 $\%\Delta in\ MRTS_{LK}$은 한계기술대체율의 % 변화율을 의미한다. 또한 한계기술대체율은 생산요소의 가격비율인 요소상대가격과 같으므로 요소상대가격 변화율로도 표현할 수 있다. 따라서 식 (3.21.4)를 다시 풀어서 식 (3.22)와 같이 전개한 후, 위에서 도출한 식 (3.21.3)과 그것의 변형식인 식 (3.21.2)를 대입하여 식 (3.23)과 같은 대체탄력성(σ)을 구할 수 있다.

$$\sigma = \frac{\left(\dfrac{\Delta(K/L)}{K/L}\right)}{\left(\dfrac{\Delta MRTS_{LK}}{MRTS_{LK}}\right)} = \frac{\Delta(K/L)}{\Delta MRTS_{LK}} \times \frac{MRTS_{LK}}{K/L} \tag{3.22}$$

대체탄력성(σ)이란 생산량을 일정 수준에 유지하면서 한계기술대체율이 1% 변화할 때 요소집약도(K/L)가 얼마나 변화하는가 또는 생산요소의 가격비율인 요소상대가격 (r/w)이 1% 변화할 때, 요소집약도가 얼마나 변화하는지를 의미한다. 따라서 대체탄력성의 크기는 등량곡선과 밀접한 관련을 맺고 있음을 알 수 있다.

일례로 등량곡선의 곡률이 클수록 대체탄력성은 작아지는데, 이는 요소집약도 변화율이 요소상대가격 변화율 보다 작기 때문이다. 또한 등량곡선이 우하향하는 직선에 가까울수록 대체탄력성은 커지는데, 이는 요소집약도 변화율이 요소상대가격 변화율보다 크기 때문이다.

$$\sigma = \frac{\beta}{\alpha} \times \frac{\alpha}{\beta} = 1 \qquad\qquad (3.23)$$

그러므로 콥-더글라스 생산함수의 대체탄력성은 식 (3.27)과 같이 1임을 알 수 있다. 이는 콥-더글라스 생산함수$[f(L, K) = AL^{\alpha}K^{\beta}]$는 오일러의 법칙이 성립하는 1차 동차함수이기는 하나 1차 동차함수와 상관없이 대체탄력성이 1이다.

그리고 콥-더글라스 생산함수가 가장 기본적인 생산함수의 형태로서 자주 이용되어짐도 알고 있자. 이에 반해 L자형인 레온티에프 생산함수의 대체탄력성은 0이며, 선형생산함수는 우하향하는 직선으로서 대체탄력성이 무한대임도 알아둘 필요가 있다.

<h2>2.5   요소수요함수와 비용함수의 동차성</h2>

요소수요는 일반적으로 **조건부 요소수요**(output conditional input demand)를 의미하는데, 조건부 요소수요의 의미는 등량선에 대한 접선의 기울기와 요소의 상대가격이 일치하는 경우에 비용을 극소화시키는 생산투입 요소의 수요를 의미한다. 그러므로 조건부 요소수요함수(input demand function)의 의미는 이렇게 비용을 극소화시키는 데 투입되는 생산요소의 가격과 생산량에 따라 변하는 함수를 의미한다.

그림 3 - 13   **찰스 위긴스 콥과 폴 하워드 더글라스**
미국 경제학자 콥(Charles Wiggins Cobb 1875~1949)과 더글라스 (Paul Howard Douglas 1892~1976)

개별기업의 비용을 극소화시키려면 우선 식 (3.17)과 같이 한계기술대체율과 생산요소의 가격비율인 요소상대가격을 일치시켜야 한다. 또한 식 (3.17)로부터 도출 가능한 노동과 자본의 투입확장경로를 주어진 생산함수에 대입함으로써 동 기업의 요소수요$[L^{*}(w, r, Q), K^{*}(w, r, Q)]$ 함수를 찾아내고, 이를 비용방정식$(C = wL + rK)$에 대입하여 비용함수$(C = wL^{*} + rK^{*})$를 도출하게 된다.

일례로, 미국의 경제학자 찰스 위긴스 콥과 폴 하워드 더글라스에 의해 개발된 개별기업의 콥-더글라스 생산함수를 $Q = f(L, K) = AL^{\alpha}K^{\beta}$로 두고, 등량곡선의 기울기인 한계기술대체율과 등비용선의 기울기인 생산요소의 가격비율이 같다는 식 (3.17)과 식 (3.21)$(w/r = \alpha K / \beta L = MRTS_{LK})$로부터 노동과 자본의 투입확장경로인 $L = \alpha r K / \beta w$, $K = \beta w L / \alpha r$을 도출할 수 있다. 그리고 위의 노동과 자본의 투입확장경로를 주어진 콥-더글라스 생산함수$(Q = AL^{\alpha}K^{\beta})$의

L, K에 따로 대입하게 되면 식 (3.24)의 노동과 자본의 각각에 대한 생산함수를 도출할 수 있다.

$$Q = f(L, K) = AL^{\alpha}\left(\frac{\beta w}{\alpha r}\right)^{\beta}L^{\beta}, \quad Q = f(L, K) = A\left(\frac{\alpha r}{\beta w}\right)^{\alpha}K^{\alpha}K^{\beta} \tag{3.24}$$

그리고 식 (3.24)를 L, K의 식으로 변환하면 식 (3.25)와 같은 주어진 생산량(Q)과 생산요소의 가격(w, r)을 함수로 한 노동과 자본에 대한 요소수요[$L^{*}(w, r, Q)$, $K^{*}(w, r, Q)$]를 도출할 수 있다.

$$L^{*}(w, r, Q_0) = \left(\frac{Q_0}{A}\right)^{\frac{1}{\alpha+\beta}}\left(\frac{\alpha r}{\beta w}\right)^{\frac{\beta}{\alpha+\beta}}, \quad K^{*}(w, r, Q_0) = \left(\frac{Q_0}{A}\right)^{\frac{1}{\alpha+\beta}}\left(\frac{\beta w}{\alpha r}\right)^{\frac{\alpha}{\alpha+\beta}} \tag{3.25}$$

여기서 식 (3.25)의 요소수요를 비용방정식에 대입하면 식 (3.26)과 같은 콥-더글라스 비용함수를 도출할 수 있다. 그리고 이렇게 도출된 비용함수를 간접비용함수(indirect cost function)라고도 한다.

$$C^{*}(w, r, Q_0) = (\alpha + \beta)\left(\frac{w}{\alpha}\right)^{\frac{\alpha}{\alpha+\beta}}\left(\frac{r}{\beta}\right)^{\frac{\beta}{\alpha+\beta}}\left(\frac{Q_0}{A}\right)^{\frac{1}{\alpha+\beta}} \tag{3.26}$$

콥-더글라스 비용함수 C^{*}는 생산요소인 노동과 자본의 가격인 w, r과 생산량인 Q의 함수임을 알 수 있다.

노동과 자본의 조건부 요소수요곡선[$L^{*}(\alpha w, \alpha r, Q_0)$, $K^{*}(\alpha w, \alpha r, Q_0)$]은 이들 요소가격인 w, r에 관하여 0차 동차인데 이를 식으로 표현해보면 다음과 같다.

$$L^{*}(\alpha w, \alpha r, Q_0) = \alpha^{0}L^{*}(w, r, Q_0) = L^{*}(w, r, Q_0) \tag{3.27}$$

$$K^{*}(\alpha w, \alpha r, Q_0) = \alpha^{0}K^{*}(w, r, Q_0) = K^{*}(w, r, Q_0) \tag{3.28}$$

다시 말해, 생산량 Q_0를 일정하게 둔 상태에서 노동과 자본의 가격인 w, r을 같은 비율로 변화시키면 노동과 자본 투입량의 수준은 변화하지 않는다는 것이다. 이것을 달리 표현하면 요소 상대가격의 변동이 생산요소의 투입에 관한 기업의 행동에 영향을 미칠 수 있음을 의미한다.

식 (3.27)과 (3.28)의 조건부 요소수요곡선이 요소가격들에 관해 0차 동차함수임을 증명해보면 다음과 같다. 비용극소화 기업이 노동과 자본의 요소가격인 αw와 αr에 직면하고 있다면 그 기업의 문제는 다음과 같이 표현될 수 있다.

$$\min_{(L, K, \mu)}\mathcal{L} = \alpha w L + \alpha r K + \mu[Q_0 - f(L, K)] \tag{3.29}$$
$$(s.\,t.)\, f(L, K) = Q_0$$

식 (3.29)의 라그랑주 함수의 목적함수, $\alpha w L + \alpha r K = \alpha(wL + rK)$는 원래의 목적함수 $wL + rK$를 아주 간단한 형태로 단조 변환시킨 데 불과하기에, 비용극소화의 1계 조건에서 어떠한 실질적 변동이 없으리라 짐작할 수 있다. 따라서 라그랑주 함수의 1계 조건은 다음과 같다.

$$\frac{\partial \mathscr{L}}{\partial L} = \alpha w - \mu \frac{\partial f(L,\ K)}{\partial L} = 0,\ \ \alpha w = \mu \frac{\partial f(L,\ K)}{\partial L} \tag{3.29.1}$$

$$\frac{\partial \mathscr{L}}{\partial K} = \alpha r - \mu \frac{\partial f(L,\ K)}{\partial K} = 0,\ \ \alpha r = \mu \frac{\partial f(L,\ K)}{\partial K} \tag{3.29.2}$$

$$\frac{\partial \mathscr{L}}{\partial \mu} = Q_0 - f(L,\ K) = 0,\ \ Q_0 = f(L,\ K) \tag{3.29.3}$$

식 (3.29.1)과 식 (3.29.2)에서 라그랑주 승수, μ를 제거하면 아래의 식 (3.30)을 도출할 수 있다.

$$\frac{\partial w}{\partial r} = \frac{w}{r} = \frac{MP_L}{MP_K} = MRTS_{LK} \tag{3.30}$$

식 (3.30)은 앞서 비용극소화 1계 조건과 같이 α값이 어떠하든 등량곡선은 그 접점에서 기울기가 (w/r)로 동일함을 알 수 있다. 그리고 생산량은 여전히 $f(L,\ K) = Q_0$으로 제약되어 있음을 보게 된다. 그러므로 노동과 자본의 요소가격이 ($\alpha w,\ \alpha r$)인 경우에도 비용극소화의 최적해(解)는 노동과 자본의 관점에서는 요소가격이 ($w,\ r$)인 경우와 동일함을 알 수 있다.

그러므로 요소가격이 ($w,\ r$)에서 ($\alpha w,\ \alpha r$)으로 바뀌더라도 비용극소화의 최적해인 $L^*(w,\ r,\ Q_0)$와 $K^*(w,\ r,\ Q_0)$은 변하지 않으므로 노동과 자본의 요소수요함수는 생산량을 불변으로 둘 경우 노동과 자본의 요소가격에 관하여 0차 동차임을 확인할 수 있다. 하지만 노동과 자본의 요소가격들이 비례적으로 변동할 때에는 최적해는 변하지 않더라도 총비용은 변하게 된다. 이에 따라 한계비용과 평균비용도 변한다. 예컨대 노동과 자본의 요소가격이 모두 2배로 변하면, 투입물(input)의 조합은 변하지 않지만 그 투입물의 조합을 구매하는 명목비용은 2배로 증가하게 될 것이다. 이것은 총비용 $C^*(w,\ r,\ Q_0)$가 요소가격들에 관하여 1차 동차임을 의미한다.

이것을 증명해보면, 총비용 $C^*(\alpha w,\ \alpha r,\ Q_0) = wL^* + rK^*$은 L와 K에 관한 선형함수이고, 노동과 자본의 가격($w,\ r$)이 α배 되는 경우, L^*와 K^*는 변하지 않으므로 식 (3.31)과 같이 나타낼 수 있다.

$$
\begin{aligned}
C^*(\alpha w,\ \alpha r,\ Q_0) &= \alpha w L^*(\alpha w,\ \alpha r,\ Q_0) + \alpha r K^*(\alpha w,\ \alpha r,\ Q_0) \\
&= \alpha w L^*(w,\ r,\ Q_0) + \alpha r K^*(w,\ r,\ Q_0) \\
&= \alpha [w L^*(w,\ r,\ Q_0) + r K^*(w,\ r,\ Q_0)] \\
&= \alpha^1 C^*(w,\ r,\ Q_0)
\end{aligned}
\tag{3.31}
$$

여기서 노동과 자본의 성질을 n 요소로 확장하더라도 그 성질은 그대로 연장된다. 즉, 비용함수는 요소가격들에 대하여 1차 동차함수임을 알 수 있다.

앞서 언급하였듯이 노동과 자본의 요소가격들이 비례적으로 변할 때 총비용도 같은 비례로 변하기 때문에 평균비용과 한계비용도 함께 비례적으로 변함을 언급한 바 있다. 이를 수식으로 표현하면 다음과 같다.

평균비용(AC)는 총비용에 생산량을 나누어줌으로써 도출이 가능하다. 이를 식으로 나타내면 식 (3.32)와 같다.

$$AC = \frac{C^*(w,\ r,\ Q_0)}{Q_0} \tag{3.32}$$

$$AC(\alpha w,\ \alpha r,\ Q_0) = \frac{C^*(\alpha w,\ \alpha r,\ Q_0)}{Q_0} = \frac{\alpha C^*(w,\ r,\ Q_0)}{Q_0} = \alpha AC(w,\ r,\ Q_0) \tag{3.33}$$

아울러 '셰퍼드의 보조정리'에 의해 식 (3.34)가 도출될 수 있다.

$$MC = \mu^*(w,\ r,\ Q_0) \tag{3.34}$$

그리고 식 (3.34)로부터 식 (3.35)도 성립한다.

$$\mu^*(\alpha w,\ \alpha r,\ Q_0) = \frac{\alpha w}{f_L(L^*,\ K^*)},\ \mu^*(\alpha w,\ \alpha r,\ Q_0) = \frac{\alpha r}{f_K(L^*,\ K^*)} \tag{3.35}$$

여기서 노동과 자본의 요소투입량 L^*와 K^*는 요소가격 $(w,\ r)$가 α배 되더라도 변하지 않으며, 분자만이 선형형태로 영향을 받는다는 것을 알 수 있다.

$$\mu^*(\alpha w,\ \alpha r,\ Q_0) = \alpha \mu^*(w,\ r,\ Q_0) \tag{3.36}$$

따라서 식 (3.36)처럼 한계비용함수도 요소가격들에 관하여 1차 동차임을 알 수 있다.

이상의 요소수요함수와 비용함수의 동차성에 관한 모든 결과는 생산함수 자체의 동차성과는 전혀 다름을 유의해야 한다.

즉, 이상의 결과들은 비용을 극소화하는 모든 기업에 대해 성립하는 것이며, 그 도출과정에서 생산함수의 동차성에 관한 어떠한 가정도 사용된 바가 없다.

그러므로 비용을 극소화하는 점에서 만나는 최적해가 존재하는 생산함수라면 그 생산함수가 어떠한 형태이든 이상의 결과들은 항상 성립한다(Eugene Silberberg, 1993, p.329).

그림 3-14▶ 유진 실버버그

미국 워싱턴대학교 경제학과 명예교수 유진 실버버그(Eugene Silberberg, 1940~)

출처 : econ.washington.edu

3. 이윤극대화 및 비용극소화

여러분은 소비자이론에서 예산제약 하의 효용극대화와 동일한 효용을 유지하면서 지출극소화를 달성하기 위하여 라그랑주 함수를 이용한 것을 기억할 것이다. 이제 본 장에서는 기업이 가장 효율적이며 비용을 최소화하는 방향으로 생산하도록 하는 이윤극대화와 비용극소화에 관하여 살펴볼 것이다. 생산자이론의 이윤극대화 및 비용극소화 조건은 소비자이론의 효용극대화 및 지출극소화 조건과 마찬가지로 라그랑주 함수를 이용하여 도출한다.

3.1 라그랑주 함수

라그랑주 함수는 어떤 제약 하에서 목적함수를 최적화하기 위한 해를 찾는 데 사용되는 함수임을 소비자이론에서 이미 언급하였다. 라그랑주 함수는 목적함수에 라그랑주 승수 항(μ)을 더하여 제약이 없는 식으로 변형시키고, 이를 통해 어떤 문제의 최적해를 찾기 위한 필요조건을 도출한다. 따라서 소비자이론에서 언급하였듯이 라그랑주 함수의 기본형태는 생산자이론에서도 다음과 같이 표현될 수 있다.

$$\mathscr{L} = (\text{목적함수}) + \mu(\text{제약식})$$

극소화 조건

다음으로, 라그랑주 함수의 비용극소화 조건을 예로 들어보자. 라그랑주 함수의 목적함수인 비용함수 식을 $c(L, K) = wL + rK$라 가정하고, 제약식으로 $Q_0 = f(L, K)$를 생산제약이라 할 경우, 라그랑주 함수는 다음과 같이 나타낼 수 있다. 식 (3.37)의 라그랑주 함수는 극소화해야 하는 생산비용과 라그랑주 승수(μ)를 생산제약에 곱해 준 식으로써 나타낼 수 있다.

$$\min_{(L,\ K,\ \mu)} \mathscr{L} = wL + rK + \mu[Q_0 - f(L,\ K)] \tag{3.37}$$
$$(s.\ t.)\ Q_0 = f(L,\ K)$$

그리고 이 식을 조절변수인 L, K와 라그랑주 승수 μ로 편미분하여 이들을 0으로 두어 비용극소화를 위해 요구되는 필요조건을 도출하면 아래의 식 (3.37.1), 식 (3.37.2), 식 (3.37.3)으로 나타낼 수 있다.

$$\frac{\partial \mathcal{L}}{\partial L} = w - \mu MP_L(L,\ K) = 0 \tag{3.37.1}$$

$$\frac{\partial \mathcal{L}}{\partial K} = r - \mu MP_K(L,\ K) = 0 \tag{3.37.2}$$

$$\frac{\partial \mathcal{L}}{\partial \mu} = Q_0 - f(L,\ K) = 0 \tag{3.37.3}$$

여기서 $MP_L(L,\ K) = \partial f(L,\ K)/\partial L$을 의미하고, $MP_K(L,\ K) = \partial f(L,\ K)/\partial K$를 의미한다. 따라서 MP_L, MP_K는 노동(L)과 자본(K)의 한계생산을 각각 의미하며, 위 식들을 풀어서 최적화하면 L, K, μ의 값을 구할 수 있다. 아울러 식 (3.37.1)과 식(3.37.2)를 결합하여 풀면 다음과 같은 식 (3.38)을 얻을 수 있다.

$$\mu = \frac{w}{MP_L} = \frac{r}{MP_K} \tag{3.38}$$

여기서 w/MP_L는 생산량 1단위를 증가시키기 위해 노동에 추가적으로 지불해야 하는 비용을 말하고, r/MP_K은 생산량 1단위를 증가시키기 위해 자본에 추가적으로 지불해야 하는 비용을 의미한다. 그러므로 라그랑주 승수 μ는 생산량이 1단위 증가할 때 비용이 얼마나 증가하는지를 나타내며, 이를 산출물의 한계비용이라 표현할 수 있다. 또한 식 (3.38)을 변형하면 식 (3.39)로 나타낼 수 있다.

$$MRTS_{LK} = \frac{MP_L}{MP_K} = \frac{w}{r} \tag{3.39}$$

여기서 $MRTS_{LK}$는 노동과 자본의 한계기술대체율(marginal rate of technical substitution)을 의미한다. 따라서 생산요소 간의 교환 비율인 한계기술대체율은 생산요소의 가격비율과 같아야 한다. 또한 식 (3.39)를 변형하면 식 (3.40)과 같이 표현할 수 있다.

$$\frac{MP_L}{w} = \frac{MP_K}{r} \tag{3.40}$$

식 (3.40)에 따르면, 기업이 비용을 최소화하려면 각 생산요소의 한계생산물을 생산요소의 가격으로 나누어 준 값이 서로 같아지도록 해야 한다. 다시 말해, 생산요소들에 지출된 금액 1단위당 한계생산물은 모든 생산요소에서 같아야 함을 의미한다.

극대화 조건

이번에는 라그랑주 함수를 이용하여 이윤극대화 조건을 예로 들어보자. 라그랑주 함수의 목적함수인 이윤함수를 $PQ - wL - rK$로 표현할 수 있으며, 제약식의 함수는 $f(L, K) = Q$로 나타낼 수 있다. 여기서 PQ는 총수입을, $wL + rK$는 총비용을, 그리고 $f(L, K)$는 생산함수를 의미한다. 따라서 이윤극대화를 위한 라그랑주 함수는 다음과 같이 나타낼 수 있다.

$$\max_{(Q, L, K, \lambda)} \mathscr{L} = PQ - wL - rK + \lambda[f(L, K) - Q] \tag{3.41}$$

식 (3.41)을 조절변수인 Q, L, K와 라그랑주 승수 λ로 편미분하여 이들을 0으로 두어 이윤극대화를 위해 요구되는 필요조건을 도출하면 아래의 식 (3.41.1), 식 (3.41.2), 식 (3.41.3), 식 (3.41.4)로 나타낼 수 있다.

$$\frac{\partial \mathscr{L}}{\partial Q} = P - \lambda = 0 \tag{3.41.1}$$

$$\frac{\partial \mathscr{L}}{\partial L} = -w + \lambda MP_L = 0 \tag{3.41.2}$$

$$\frac{\partial \mathscr{L}}{\partial K} = -r + \lambda MP_K = 0 \tag{3.41.3}$$

$$\frac{\partial \mathscr{L}}{\partial \lambda} = f(L, K) - Q = 0 \tag{3.41.4}$$

위 식들에서 MP_L, MP_K는 노동(L)과 자본(K)의 한계생산을 각각 나타내며, 위 식들을 풀어 최적화하면 Q, L, K, λ의 값을 구할 수 있다. 또한 가격 P는 λ와 같고($P = \lambda$), 식 (3.41.2)와 식 (3.41.3)을 결합하여 풀면 이윤극대화 조건식을 얻을 수 있다.

$$\lambda = \frac{w}{MP_L} = \frac{r}{MP_K} \tag{3.42}$$

여기서 라그랑주 승수 λ는 생산이 한 단위 증가할 때 이윤이 얼마나 증가하는지를 의미한다. 이 때, 생산이 한 단위 증가하면 이윤은 λ만큼 증가하기 때문에 λ를 산출물의 **한계수입**(marginal revenue)이라 설명할 수 있다. 또한 식 (3.42)를 변형하면 앞서 도출한 식 (3.39)와 같이 식 (3.43)으로 나타낼 수 있다.

$$MRTS_{LK} = \frac{MP_L}{MP_K} = \frac{w}{r} \tag{3.43}$$

3.2 비용극소화

기업은 노동량을 줄이고 자본량을 늘리는 등 생산요소 투입의 조절을 통해 동일한 생산량 하에서 비용을 극소화할 수 있다. 비용극소화라는 최적화 문제에는 우선적으로 필요조건이 따르며, 이 필요조건을 만족시킴으로써 기업은 비용을 극소화하는 생산요소의 조합을 도출해 낼 수 있다.

일례로, [그림 3-15]에서 보듯이 최근 미국의 Summit Safety & Efficiency사는 Lean Six Sigma, 재고 관리, 창고 관리, 품질 관리, 생산 계획 및 자동화를 포함한 산업 엔지니어링 솔루션을 사용하여 제조업체, 유통업체 및 건설회사의 비효율적으로 사용되고 있는 비용을 절감하고, 제품 납기일을 단축하며, 제품의 품질을 향상시킴으로써 이들 고객 업체들에게 더 많은 가치를 제공해 주고 있다.

비용극소화 조건

기업은 생산량을 비롯한 다른 모든 조건이 일정할 때 비용극소화를 이루기 위해 노동과 자본으로 이루어진 생산요소의 최적 조합을 찾아내야 한다. 고정된 생산량 Q_0는 하나의 등량곡선으로 나타나는데, 등량곡선 상에서 생산요소들의 다양한 조합을 고려할 수 있다. 쉽게 말해 하나의 등량곡선과 수많은 등비용선이 존재할 때, 등량곡선과 만나지만 가장 비용이 적은 등비용선을 도출함으로써 비용극소화를 만족시킬 수 있다. 이때 이를 만족시키는 등비용선은 등량곡선 위의 점들 중 원점과 가장 가까운 점에서 접하게 된다.

따라서 등량곡선 상에서 총생산비용을 최소화하게 되는데, 등량곡선의 기울기인 한계기술대체율과 등비용선의 기울기인 생산요소의 상대가격비율이 같아지는 점에서 비용극소화가 이루어지게 되므로 식 (3.39)가 충족되어야 한다. 즉, 식 (3.40)에서 보듯이 임금 1원당 노동의 한계생산량과 자본의 가격 1원당 자본의 한계생산량이 같다는 조건이 만족될 때 비용극소화가 달성된다.

그러나 비용극소화의 필요조건인 1계 조건이 충족된다고 해서 반드시 비용극소화를 이루는 것은 아니며, 비용극소화의 2계 충분조건에 해당하는 유테 헤시안 행렬식이 음($-$)의 값을 가져야 비용극소화가 달성된다. 여기서 유테 헤시안 행렬식은 라그랑주 함수의 노동(L)과 자본(K), 라그랑주 승수 μ에 관한 2계 편미분 계수들로 구성되어 있는 행렬로 각주 8을 참조하기 바란다.[8]

요소수요함수

기업은 앞서 논의한 비용극소화 조건을 만족함으로써 생산비용을 극소화하는 생산요소의 조합, 즉, 생산요소의 가격과 생산량의 함수인 **조건부 요소수요함수**(output conditional input demand function)를 도출할 수 있다.

$$L^*(w, r, Q_0), \ K^*(w, r, Q_0) \tag{3.44}$$

이는 생산요소 가격이 변할 때 기업의 생산요소 수요량을 나타내므로 소비자이론의 힉스수요함수와 같이 소득효과가 반영되지 않는다. 따라서 요소수요함수는 생산요소간 대체효과만을 고려하는데, 이는 한 생산요소 가격이 상승함에 따라 상대적으로 저렴해진 다른 생산요소로 대체하고자 하는 **요소대체효과**(factor substitution effect)를 의미한다.

3.3   이윤극대화

생산자이론에서 기업의 이윤극대화란 비용이 제약되어 있을 때 생산량을 극대화시키는 것으로, 이미 우리가 앞서 논의한 비용극소화를 전제조건으로 두고 있다. 완전경쟁시장의 사례에서처럼 가격이 주어져 있을 때 기업은 비용제약 하에서 이윤을 극대화하는 생산량과 이윤극대화를 만족시키는 생산요소의 최적 조합에 대하여 고민하게 될 것이다.

일례로, 2019년 Fortune 500에 의해 발표된 2019년 미국 순이익 10대 기업은 Apple, JP Morgan Chase, Alphabet, Bank of America, Wells Fargo, Facebook, Intel, Exxon Mobil,

---

8   유테 헤시안 행렬식으로 표현한 2계 편미분 계수의 값 : $H = \begin{vmatrix} -\mu f_{LL} & -\mu f_{LK} & f_L \\ -\mu f_{KL} & -\mu f_{KK} & -f \\ -f_L & -f_K & 0 \end{vmatrix} < 0$

Largest Company by Revenue in Each State

그림 3 - 16 미국 주(state)별 수입이 가장 큰 기업

출처 : www.heraldmailmedia.com

AT&T, Citigroup 순으로 나타났다(그림 3-29 참조).

또한 이윤극대화는 아니지만 최근 Fortune 500 리스트를 보고 미국 필라델피아 출신인 Mike Simmons가 미국 주별 최고 수입 기업들을 지도 속에 도식화해보니 워싱턴 주는 COSTCO, 텍사스 주는 Exxon Mobil, 미시간 주는 GM, 아칸소 주는 Walmart 등인 것으로 조사된 바 있다.

이윤극대화 조건

개별기업이 이윤을 극대화하기 위해 생산량을 늘리면 이윤은 증가할 수 있다. 그러나 현실적으로 소비자에게 예산이 제약되어 있듯이 기업 역시 비용이 제약되어 있기에, 비용극소화 조건과 마찬가지로 하나의 등비용곡선과 이에 접하는 하나의 등량곡선을 찾음으로써 이윤극대화를 달성할 수 있다. 즉, 기업은 등량곡선의 기울기와 등비용선의 기울기가 일치하는 점에서 생산하게 되는데, 이를 **생산자 균형**(producer equilibrium)이라고도 한다. 다시 말해, 생산자 균형, 즉 이윤극대화를 달성하려면 우선적으로 식 (3.43)이 충족되어야 한다. 그러나 이윤극대화의 필요조건인 1계 조건에 해당하는 식 (3.43)이 충족된다고 해서 반드시 이윤극대화가 달성되는 것은 아니고, 이윤극대화의 충분조건인 2계 조건이 만족되어야 이윤극대화가 달성될 수 있다. 이는 각주 9를 참조하기 바란다.[9]

---

9 이윤극대화의 2계 충분조건 : $(-1)^k H_K > 0$, $k = 1, 2, \cdots, n$. 여기서 $H_K = P^k H_k$, $P > 0$을 의미한다. 즉, H_K를 $H_1 = P^1 H_1 = P^1 f_{11} < 0$, $H_2 = P^2 H_2 = \begin{vmatrix} Pf_{11} & Pf_{12} \\ Pf_{21} & Pf_{22} \end{vmatrix} = P^2 (f_{11} f_{22} - f^2_{12}) > 0$ 등으로 표현할 수 있다. 일례로, 노동과 자본이 생산요소로서 전부일 때 2계 충분조건은 $H_1 = Pf_{LL}(L, K) < 0$, $H_2 = P^2 H_2 = \begin{vmatrix} Pf_{LL} & Pf_{LK} \\ Pf_{KL} & Pf_{KK} \end{vmatrix} = P^2 (f_{LL} f_{KK} - f^2_{LK}) > 0$로 표현할 수 있다.

이처럼 이윤극대화 조건도 비용극소화 조건처럼 1, 2계 조건이 필요한데, 이윤극대화가 비용극소화를 전제하고 있기 때문에 서로 다른 두 가지 최적화 문제의 접근 방식은 유사하다는 것을 알 수 있다.

파생수요함수

파생수요함수를 이해하기 위해 자동차와 타이어의 관계를 생각해보자. 타이어는 자동차의 생산요소이며, 타이어의 수요곡선은 자동차의 수요곡선에서 파생된다. 즉, 최종생산재에 대한 직접적인 수요의 결과로 생겨나는 간접적인 수요인 생산요소의 수요를 **파생수요**(derived demand for inputs)라 할 수 있다.

그러므로 **파생수요함수**(derived demand function for inputs)는 생산요소의 가격과 재화의 가격에 대한 함수이며, 앞서 언급하였듯이 노동과 자본, 두 생산요소만을 고려한다면 파생수요함수는 아래와 같이 표현할 수 있다.

$$L^*(w, r, P), K^*(w, r, P) \tag{3.45}$$

여기서 P는 완전경쟁시장에서처럼 주어진 것으로 간주한다. 파생수요는 기업의 최종생산재 생산량과 생산요소의 사용에 따라 발생하는 비용에 영향을 받으면서 그로부터 파생된 수요라고 할 수 있다. 다시 말해, 생산요소에 대한 수요인 파생수요는 생산요소에 대한 수요가 1차적으로 그 생산요소를 통해 생산하고자 하는 최종 생산물에 대한 수요에서 파생됨을 의미한다.

일례로, 노동의 수요를 분석할 경우 노동의 가격인 임금(w)에 대한 분석뿐만 아니라 생산량의 변동도 함께 분석해야 한다. 이러한 점에서 파생수요는 소비자이론과는 다소 차이가 있다.

그림 3 - 17 자동차와 타이어 : 타이어를 교체하고 있는 정비사

출처: www.shutterstock.com

4. 생산자 선택에 따른 공급함수의 듀얼이론

공급(supply)은 한 시장의 모든 생산자들이 판매할 용의가 있는 전체 수량을 의미한다. 그리고 공급곡선은 다른 조건들이 일정할 때 재화의 가격과 공급량 간의 관계를 나타낸다. 아울러 **공급의 가격탄력성**(price elasticity of supply)은 일반적으로 공급탄력성으로 불리는데 가격 변화에 공급량이 얼마나 민감하게 반응하는지를 측정하는 것으로 공급 가격 1% 변화할 때 공급량이 변화하는 %로 표현될 수 있다(Pindyck and Rubinfeld, 2016).

공급함수의 듀얼이론에 있어 생산함수와 비용함수 사이의 듀얼 접근을 설정하는 이론은 Fenchel(1953)에 의해 발견된 convex set의 성질에 크게 영향을 받은 Shephard(1953)에 의해 소개된 듯하다. 이후 Uzawa(1964), Diewert(I974), Hanoch(1975), Lau(1976) 등에 의해 동 이론은 더욱 발전하였다(Fuss and McFadden, 1978).

4.1 공급함수의 듀얼이론

앞선 소비자이론에서 소비자의 궁극적인 목적은 주어진 예산 하에서 효용극대화를 추구하지만, 기업의 궁극적인 목적은 비용극소화로부터 이윤극대화를 추구한다. 기업은 생산의 주체로서 이윤을 극대화하고자 한다. 아울러 기업은 생산물시장에서는 생산물을 공급하는 공급자인 반면 생산요소시장에서는 노동, 자본 등의 생산요소를 구매하는 수요자이다.

이번 절에서는 비용극소화와 이윤극대화라는 두 가지 측면에서 기업이 최적화된 생산요소를 선택하고, 이로부터 도출된 수요함수로부터 비용함수와 간접이윤함수를 각각 도출하여 궁극적으로 기업의 공급함수를 이끌어내는 방법을 다룬다. 공급측면의 듀얼이론을 본격적으로 다루기 위해 기업의 생산함수로 콥-더글라스 생산함수인 $Q=F(L,\ K)=AL^{\alpha}K^{\beta}$이고, $\alpha+\beta<0,\ \alpha>0,\ \beta>0$이라고 가정하고, 공급함수의 도출 방법을 자세히 설명하고자 한다.

4.2 파생수요함수와 간접이윤함수의 관계

파생수요함수의 이윤방정식 대입

기업의 수요는 크게 요소수요(input demand)와 파생수요(derived demand for inputs)로 구분된다. 조건부 요소수요라고도 불리는 요소수요는 추후 설명하기로 하고, 여기서는 파생수요에 대해 상세히 설명하고자 한다. 파생수요는 요소수요가 존재해야만 발생하는 수요로써 기업이 생산을 위해 필요로 하는 생산요소에 대한 수요이다.

이윤극대화를 추구하는 생산자, 즉 기업은 우선 비용극소화를 달성할 수 있는 생산요소의 조합을 찾고자 한다. 그리고 이들 기업은 상품에 대한 수요를 감안하여 얼마만큼의 노동과 자본, 즉 생산요소를 구매해야 할지를 결정한다. 그러므로 생산요소에 대한 수요를 알기 위해서는 생산요소의 가격 변화와 함께 생산량(Q)의 변화도 동시에 고려해야 한다.

생산량은 이윤극대화를 이루는 지점에서 결정되는데, 이윤극대화를 이루기 위한 조건은 아래의 식 (3.46)과 같으며, 이를 라그랑주 함수로 나타내면 식 (3.47)과 같다.

$$\pi(Q) = TR(Q) - TC(Q) \tag{3.46}$$

$$(s.\,t.)\ Q = f(L,\ K) = AL^{\alpha}K^{\beta}$$

여기서 A는 기술수준, L은 노동량, K는 자본량을 의미한다. 또한 α와 β는 노동과 자본의 산출 탄력성(output elasticities of capital and labor)으로서 이 값은 생산기술에 의하여 결정되는 상수를 의미한다.

$$\max_{(Q,\ L,\ K,\ \lambda)} \mathcal{L} = PQ - wL - rK + \lambda[AL^{\alpha}K^{\beta} - Q] \tag{3.47}$$

위의 식 (3.47)은 이윤방정식(profit equation)과 라그랑주 승수인 λ를 제약조건에 곱해준 식을 조합한 것으로 λ는 산출물의 한계수입을 의미한다. 식 (3.47)을 Q, L, K, λ로 편미분하면, 이윤극대화의 필요조건인 1계 조건을 식 (3.47.1), 식(3.47.2), 식 (3.47.3), 식 (3.47.4)로 나타낼 수 있다.

$$\frac{\partial \mathcal{L}}{\partial Q} = P - \lambda = 0,\ P = \lambda \tag{3.47.1}$$

$$\frac{\partial \mathcal{L}}{\partial L} = -w + \frac{\lambda\alpha[AL^{\alpha}K^{\beta}]}{L} = 0,\ -w + \frac{\lambda\alpha Q}{L} = 0 \tag{3.47.2}$$

$$\frac{\partial \mathcal{L}}{\partial K} = -r + \frac{\lambda\beta[AL^{\alpha}K^{\beta}]}{K} = 0,\ -r + \frac{\lambda\beta Q}{K} = 0 \tag{3.47.3}$$

$$\frac{\partial \mathcal{L}}{\partial \lambda} = AL^{\alpha}K^{\beta} - Q = 0,\ AL^{\alpha}K^{\beta} = 0 \tag{3.47.4}$$

그리고 식 (3.47.1), (3.47.2), (3.47.3), (3.47.4)를 이용하여 w와 r의 식으로 정리하면 식 (3.48)과 같이 나타낼 수 있는데, 이는 $P=\lambda$이고, $AL^{\alpha}K^{\beta}=Q$이기 때문이다.

$$w=\frac{\lambda\alpha Q}{L}=\frac{P\alpha Q}{L},\ r=\frac{\lambda\beta Q}{K}=\frac{P\beta Q}{K} \tag{3.48}$$

여기서 식 (3.48)을 다시 Q에 대한 식으로 정리하면 식 (3.49)와 같이 표현할 수 있다.

$$Q=\frac{wL}{P\alpha},\ Q=\frac{rK}{P\beta} \tag{3.49}$$

식 (3.49)를 이용하여 생산요소의 가격비율인 요소상대가격(w/r)으로 풀면 식 (3.50)을 얻을 수 있다.

$$\frac{w}{r}=\frac{\alpha K}{\beta L}=MRTS_{LK} \tag{3.50}$$

그리고 식 (3.50)의 w와 r의 비율을 이용하여 **투입확장경로**(input expansion path)를 얻을 수 있는데, 이것을 식으로 표현하면 식 (3.52)와 같이 나타낼 수 있다.

$$\alpha rK=\beta wL \tag{3.51}$$

$$L=\frac{\alpha r}{\beta w}K,\ K=\frac{\beta w}{\alpha r}L \tag{3.52}$$

여기서 노동(L)과 자본(K)을 투입한 생산의 투입확장경로(IEP)란 등비용선과 등량곡선의 접점을 지나는 곡선으로 생산요소에 해당하는 투입물의 최적 결합비율이 총생산량(total product)의 변동에 따라 어떻게 달라지는지를 보여주는 곡선을 의미하며(Goolsbee 외,2016), 이를 도식화하면 [그림 3-18]과 같다.

또한 식 (3.50)을 통해 노동(L)과 자본(K)의 가격비율은 등량곡선의 기울기인 노동과 자본의 한계기술대체율과 같음을 알 수 있다($w/r=MRTS_{LK}$).

라그랑주 함수를 이용한 이윤극대화

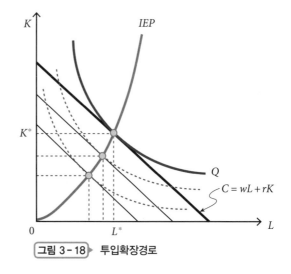

그림 3-18 투입확장경로

조건하에서 상품의 가격과 생산요소의 가격이 함수로 표현되는 파생수요함수, 즉 노동과 자본의 최적해(L^*, K^*)는 다음의 전개과정을 통해 도출 가능하다. 식 (3.47.1), (3.47.2), (3.47.3), (3.47.4)와 식 (3.52)를 통해 $w = P\alpha A[(\beta/\alpha)(w/r)]^\beta L^{\alpha+\beta-1}$과 $r = P\beta A[(\alpha/\beta)(r/w)]^\alpha K^{\alpha+\beta-1}$을 도출하고, 이를 노동($L$)과 자본($K$)의 파생수요인 L^*와 K^*에 관한 식으로 풀면 다음의 식 (3.53)과 식 (3.54)로 나타낼 수 있다.

$$L^*(w, r, P) = (PA)^{\frac{1}{1-\alpha-\beta}}\left(\frac{\alpha}{w}\right)^{\frac{1-\beta}{1-\alpha-\beta}}\left(\frac{\beta}{r}\right)^{\frac{\beta}{1-\alpha-\beta}} \tag{3.53}$$

$$K^*(w, r, P) = (PA)^{\frac{1}{1-\alpha-\beta}}\left(\frac{\alpha}{w}\right)^{\frac{\alpha}{1-\alpha-\beta}}\left(\frac{\beta}{r}\right)^{\frac{1-\alpha}{1-\alpha-\beta}} \tag{3.54}$$

위 식에서 찾아낸 $L^*(w, r, P)$와 $K^*(w, r, P)$를 식 (3.47.2) 또는 식 (3.47.3)의 $\partial\mathcal{L}/\partial L$ 또는 $\partial\mathcal{L}/\partial K$로부터 도출된 식 (3.49)의 $Q = Lw/P\alpha$ 또는 $Q = Kr/P\beta$에 대입하면 식 (3.55)와 같은 기업의 공급곡선을 도출할 수 있다.

$$Q^*(w, r, P) = P^{\frac{\alpha+\beta}{1-\alpha-\beta}}A^{\frac{1}{1-\alpha-\beta}}\left(\frac{\alpha}{w}\right)^{\frac{\alpha}{1-\alpha-\beta}}\left(\frac{\beta}{r}\right)^{\frac{\beta}{1-\alpha-\beta}} \tag{3.55}$$

이때 기업의 공급함수인 Q^*는 w, r, P의 함수이다.

또한 식 (3.55)를 가격(P)으로 미분하면 기업의 공급곡선에 대한 기울기도 도출 가능하다. 즉, 생산함수의 승수를 $\alpha + \beta < 1$, $\alpha > 0$, $\beta > 0$으로 가정함에 따라 기업의 생산함수($Q = AL^\alpha K^\beta$)는 규모수익체감의 법칙이 성립함을 알 수 있다. 따라서 이때의 기업의 공급곡선의 기울기는 양(+)의 값을 가지게 된다. 이에 대한 논의는 추후 공급함수 결정 및 생산자 잉여(producer surplus)를 다루는 절에서 좀 더 상세히 살펴보고자 한다.

우리는 기업의 이윤을 극대화하고자 라그랑주 함수를 이용하여 노동(L)과 자본(K)의 파생수요[$L^*(w, r, P)$, $K^*(w, r, P)$]를 도출하고, 도출된 파생수요를 식 (3.49)의 $Q = Lw/P\alpha$ 또는 $Q = Kr/P\beta$에 대입함으로써 기업의 공급곡선[$Q^*(w, r, P)$]을 도출하였다. 이제 이렇게 도출된 노동과 자본의 파생수요[$L^*(w, r, P)$, $K^*(w, r, P)$]를 이윤방정식[$\pi = Pf(L, K) - wL - rK$]에 대입함으로써 간접이윤함수[$\pi^*(w, r, P)$]를 도출해보고자 한다.

앞서 우리는 이윤극대화 식을 $_{max}\pi = TR(Q) - TC(Q) = PQ - TC(Q)$로 가정한 바 있다. 기업의 이윤이 극대화되기 위해서는 총수입과 총비용 사이의 차이가 가장 커야 한다. 이때 총수입은 $TR(Q) = PQ = Pf(L, K)$로서, 상품의 시장가격 P에 해당기업이 생산한 생산량 Q를 곱하여 도출한다. 또한 총비용은 $TC(Q) = wL + rK$로서, 해당 기업이 최소의 비용으로 생산량 Q를 생산하기 위한 특정 생산요소의 결합을 선택하는 것을 의미한다.

일례로, 완전경쟁시장의 경우 기업은 가격수용자(price taker)이므로 자신이 생산하기로 결정한 생산량이 시장가격에 영향을 미치지 못한다. 따라서 해당 기업은 상품의 시장가격, P가 개별기업에게 주어진 것으로 받아들인다. 그러므로 개별기업은 이윤을 극대화하고자 생산량 $Q=f(L,\ K)$를 선택하는 파생수요를 도출해야 되는데, 이를 식으로 나타내면 식 (3.56)과 같은 이윤방정식으로 나타낼 수 있다.

$$\pi = Pf(L,\ K) - wL - rK = PQ - wL - rK \tag{3.56}$$

앞서 우리는 식 (3.56)의 이윤방정식을 제약조건을 포함한 라그랑주 함수를 이용하여 이윤을 극대화시키는 식을 유도한 바 있다. 그리고 이로부터 식 (3.53), (3.54), (3.55)의 최적해[$L^*(w,\ r,\ P)$, $K^*(w,\ r,\ P)$, $Q^*(w,\ r,\ P)$]를 도출하였다.

그리고 이렇게 도출된 최적해를 식 (3.56)의 이윤방정식에 대입하면 식 (3.57)과 같은 간접이윤함수를 도출할 수 있다.

$$\pi^* = Pf(L^*,\ K^*) - wL^* - rK^* \tag{3.57}$$
$$= PQ^*(w,\ r,\ P) - wL^*(w,\ r,\ P) - rK^*(w,\ r,\ P)$$

식 (3.57)을 식 (3.53), (3.54), (3.55)를 이용하여 풀면 식 (3.58)과 같은 $w,\ r,\ P$의 함수인 간접이윤함수[$\pi^*(w,\ r,\ P)$]를 도출할 수 있다. 간접이윤함수 역시 기업의 공급함수와 같이 $w,\ r,\ P$의 함수임을 알 수 있다.

$$\pi^*(w,\ r,\ P) = P\left(P^{\frac{\alpha+\beta}{1-\alpha-\beta}}A^{\frac{1}{1-\alpha-\beta}}\left(\frac{\alpha}{w}\right)^{\frac{\alpha}{1-\alpha-\beta}}\left(\frac{\beta}{r}\right)^{\frac{\beta}{1-\alpha-\beta}}\right) \tag{3.58}$$
$$- w\left((PA)^{\frac{1}{1-\alpha-\beta}}\left(\frac{\alpha}{w}\right)^{\frac{1-\beta}{1-\alpha-\beta}}\left(\frac{\beta}{r}\right)^{\frac{\beta}{1-\alpha-\beta}}\right)$$
$$- r\left((PA)^{\frac{1}{1-\alpha-\beta}}\left(\frac{\alpha}{w}\right)^{\frac{\alpha}{1-\alpha-\beta}}\left(\frac{\beta}{r}\right)^{\frac{1-\alpha}{1-\alpha-\beta}}\right)$$

여기서, $A,\ \alpha,\ \beta$는 상수이다.

호텔링의 보조정리

'호텔링의 보조정리'에 앞서 생산요소의 특성으로 인해 야기되는 요소대체효과(factor substitution effect)와 산출효과(output effect)를 먼저 설명해보고자 한다.

우선, 요소대체효과를 설명해 보면, 노동(L)과 자본(K)이 가변투입요소이면 노동뿐만 아니라 자본 투입량도 변화시킬 수 있다. 일례로, 자본의 가격, 즉 이자율이 변화하였을 때, 이자율이 하락함에 따라 기업은 이전에 사용하고 있던 노동을 상대적으로 더욱 저렴해진 자본으로 대체하려고 할 것이다[$w/r(\uparrow)=L(\downarrow),\ K(\uparrow)$]. 이처럼 상대적으로 가격이 하락한 생산요소를 늘리고, 가격이 상승한 생산요소는 줄이는 효과를 요소대체효과라고 부른다. 그러나 소비자이론의 소득효과와 비슷한 효과가 생산자이론에서는 발생하지 않는다.

소비자의 경우에는 소득이 일정하게 주어져 있다고 가정하기 때문에 상품 가격이 하락할 때 실질소득이 증가하는 효과가 나타나는 것이지만 기업의 경우에는 생산요소를 구입하는 데 지출하는 금액이 일정해야 한다는 제약이 없다. 일례로, 자본집약적 산업에서 이자율이 하락하면 노동보다 자본을 더 투입함에 따라 생산량이 증가해 주어진 요소구입 비용 이상으로 자본을 구입하여 이윤을 극대화시키려 할 수도 있으므로 소비자이론의 주어진 예산과 같은 제약을 염두에 두지 않는 것이다.

다음으로, 생산요소의 특성 중에 하나인 산출효과를 설명해보자. 시장에서 임금률의 변화가 생산량의 변화를 가져오는 이유는 노동의 한계비용에 변화가 발생하기 때문이다. 다시 말해, 임금률의 하락은 노동의 한계비용 하락으로 이어져 한계비용곡선이 이동하고, 이로 인해 이윤을 극대화시키는 생산량 수준이 증가하게 된다. 이처럼 비용 하락에 의한 생산량 증가로 인해 총요소 투입량이 증가하는 효과를 산출효과라고 부른다. 이 산출효과는 소비자이론의 소득효과와 본질적으로 다르다는 점을 유의해야 한다.

이제 우리는 생산요소가격의 변화가 이윤에 어떠한 영향을 미치는지를 알아보기 위해 '호텔링의 보조정리'를 설명해보고자 한다. '호텔링의 보조정리'는 간접이윤함수로부터 파생수요함수를 도출하거나, 간접이윤함수로부터 공급함수를 도출할 때 이용된다.

우선, '호텔링의 보조정리'에 의해 간접이윤함수($\pi^* = PQ^* - wL^* - rK^*$)를 노동의 가격인 임금률($w$)에 대해 미분을 하면, 노동에 대한 파생수요함수[$L^*(w, r, P)$]를 얻을 수 있다.

$$\frac{\partial \pi^*}{\partial w} = -L^*(w, r, P) \tag{3.59}$$

식 (3.59)는 노동(L)의 가격을 1단위 증가시킬 때 이로 인해 발생하는 이윤의 변화를 의미한다. 또한 노동의 가격인 임금률(w)이 w^0에서 w^1로 상승할 경우, 노동의 파생수요의 이윤 변화는 '호텔링의 보조정리'에 의해 다음과 같이 표현할 수도 있다.

$$\Delta PS = \int_{w^0}^{w^1} -L^*(w, r, P)dw = \int_{w^0}^{w^1} \frac{\partial \pi(w, r, P)}{\partial w}dw \tag{3.60}$$
$$= \pi(w^1, r, P) - \pi(w^0, r, P)$$

또한 '호텔링의 보조정리'에 의해 간접이윤함수($\pi^* = PQ^* - wL^* - rK^*$)를 자본의 가격인 이자율($r$)에 대해 미분을 하면, 자본에 대한 파생수요함수[$K^*(w, r, P)$]도 얻을 수 있다.

$$\frac{\partial \pi^*}{\partial r} = -K^*(w, r, P) \tag{3.61}$$

식 (3.61)은 자본(K)의 가격을 1단위 증가시킬 때 이로 인해 발생하는 이윤의 변화를 의미한

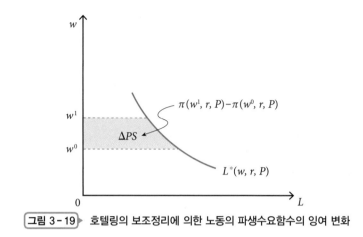

그림 3-19 호텔링의 보조정리에 의한 노동의 파생수요함수의 잉여 변화

다. 여기서 자본의 가격인 이자율이 r^0에서 r^1로 상승할 경우, 자본의 파생수요의 이윤 변화는 '호텔링의 보조정리'에 의해 식 (3.62)와 같이 표현할 수 있다.

$$\Delta PS = \int_{r^0}^{r^1} - K^*(w,\ r,\ P)dr = \int_{r^0}^{r^1} \frac{\partial \pi(w,\ r,\ P)}{\partial r} dr \qquad (3.62)$$

$$= \pi(w,\ r^1,\ P) - \pi(w,\ r^0,\ P)$$

다음으로, '호텔링의 보조정리'에 의해 간접이윤함수($\pi^* = PQ^* - wL^* - rK^*$)를 상품의 주어진 가격($P$)에 대해 미분하면 기업의 공급함수[$Q^*(w,\ r,\ P)$]도 도출할 수 있는데, 이것은 추후 간접 이윤함수와 공급함수의 관계에서 자세히 설명하고자 한다.

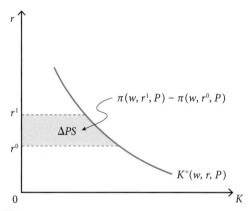

그림 3-20 호텔링의 보조정리에 의한 자본의 파생수요함수의 잉여 변화

요소수요함수와 비용함수의 관계

요소수요함수의 비용방정식 대입

비용극소화를 위해 비용함수를 이용한 요소수요 추정은 이윤극대화를 위해 이윤함수를 이용한 요소수요 추정과 같은 결과를 도출할 수 있다. 소비자이론에서와 같이, 기업의 생산요소 투입량에 대한 의사결정도 듀얼의 성격을 가진다. 즉, 최적해인 노동(L^*)과 자본(K^*)의 양을 선택하는 문제는 주어진 등량곡선에 접하는 가장 낮은 등비용선을 구하는 문제일 뿐만 아니라 주어진 등비용선에 접하는 가장 높은 등량곡선을 구하는 문제이기도 하다. 그러므로 주어진 생산량을 가장 낮은 비용(C)으로 생산하는 요소수요를 도출하는 것은 주어진 비용(C) 하에서 가장 많은 산출물을 생산하기 위하여 요소수요를 도출하는 것과 같다. 특히, 강 쌍대성이 성립하는 경우에는 원본문제의 접근이나 쌍대문제의 접근에 의해 도출된 생산요소의 최적해가 일치하게 된다.

그러나 일반적으로 비용함수를 이용하는 것이 생산함수를 이용하는 것보다 요소수요 추정이 용이하다. 일례로, 생산함수 이용 시 주어진 투입가격에 대해 최적의 요소수요가 하나의 값이 아닐 때 '호텔링의 보조정리'를 이용할 수 없다. 다시 말해, 생산함수를 생산요소가격에 대해 미분함으로써 바로 요소수요함수를 얻을 수 없다는 것이다. 그러나 이러한 경우에도 '셰퍼드의 보조정리'를 이용하여 비용함수를 생산요소의 가격으로 미분하면 쉽게 조건부 요소수요함수를 구할 수 있다.[10]

우리는 앞에서 공급함수를 구하기 위해 이윤을 극대화하는 방법을 이용하였다. 그러나 이번에는 공급함수를 구하기 위해 비용을 극소화시키는 방법을 사용해보고자 한다.

우선, 비용극소화의 원리에 따라 기업이 최적화된 생산요소를 결정한다. 비용방정식은 $C = wL + rK$이고, 제약조건은 $Q_0 = f(L, K)$이다.

라그랑주 함수에 의해 기업의 생산량 목표가 Q^0로 주어졌을 때 이를 최소비용으로 생산할 수 있는 최적의 노동투입량과 자본투입량이 도출 가능하다. 라그랑주 함수는 비용방정식에 μ라는 라그랑주 승수와 제약조건(생산자의 기술제약)을 곱한 것을 더한 함수이며, 이를 표현하면 다음 식 (3.63)과 같다.

$$\min_{(L,\, K,\, \mu)} \mathcal{L} = wL + rK + \mu[Q_0 - f(L,\, K)] \tag{3.63}$$
$$(s.\, t.)\ Q_0 - f(L,\, K) = 0$$

---

10 비용함수를 요소수요 추정에 사용할 경우 생산함수를 이용할 때보다 요소수요 추정식 유도가 용이하며, 자료 획득에 있어서도 용이한 경우가 많아 요소수요 추정 시 생산함수보다 비용함수가 더 많이 사용된다.

여기서 μ는 생산함수를 조정하는 계수로서 투입된 생산요소에 의한 산출물의 한계비용을 의미한다. 즉, 생산량과 생산함수를 동일하게 만들기 위해 각 투입물을 조정하고, 그 투입물에 대한 산출물의 한계비용이 μ로 표현된 것이다. 비용극소화를 위해 식 (3.63)을 L, K, μ로 편미분하면 다음과 같이 나타낼 수 있다.

$$\frac{\partial \mathcal{L}}{\partial L} = w - \mu \frac{\partial f(L,\ K)}{\partial L} = 0,\ w = \mu \frac{\partial f(L,\ K)}{\partial L} \tag{3.63.1}$$

$$\frac{\partial \mathcal{L}}{\partial K} = r - \mu \frac{\partial f(L,\ K)}{\partial K} = 0,\ r = \mu \frac{\partial f(L,\ K)}{\partial K} \tag{3.63.2}$$

$$\frac{\partial \mathcal{L}}{\partial \mu} = Q_0 - f(L,\ K) = 0,\ Q_0 = f(L,\ K) \tag{3.63.3}$$

위의 식 (3.63.1), (3.63.2), (3.63.3)을 이용하여 w와 r의 식으로 정리하면 식 (3.39)에서처럼 아래와 같이 나타낼 수 있다.

$$\frac{w}{r} = \frac{MP_L}{MP_K} = MRTS_{LK} \tag{3.64}$$

여기서 $MP_L = \partial f(L,\ K)/\partial L = \partial(AL^\alpha K^\beta)/\partial L$, $MP_K = \partial f(L,\ K)/\partial K = \partial(AL^\alpha K^\beta)/\partial K$이다. 즉, 식 (3.64)는 노동과 자본의 한계기술대체율은 생산요소의 가격비율인 요소상대가격(w/r)과 같다는 것을 의미한다. 그리고 식 (3.63.1), (3.63.2), (3.63.3)을 이용하면 투입확장경로인 $L = (\alpha r/\beta w)K$, $K = (\beta w/\alpha r)L$이 도출되고, 여기서 도출된 L, K 각각을 $Q_0 = AL^\alpha K^\beta$에 대입하면 노동과 자본의 조건부 요소수요함수를 식 (3.65)와 식 (3.66)과 같이 도출할 수 있다.

$$L^*(w,\ r,\ Q_0) = \left(\frac{Q_0}{A}\right)^{\frac{1}{\alpha+\beta}} \left(\frac{\alpha r}{\beta w}\right)^{\frac{\beta}{\alpha+\beta}} \tag{3.65}$$

$$K^*(w,\ r,\ Q_0) = \left(\frac{Q_0}{A}\right)^{\frac{1}{\alpha+\beta}} \left(\frac{\beta w}{\alpha r}\right)^{\frac{\alpha}{\alpha+\beta}} \tag{3.66}$$

식 (3.65)와 (3.66)에서 조건부 요소수요함수의 생산요소 가격이 변화할 때의 잉여 변화를 살펴보면, 소비자이론의 힉스 수요함수 도출과 유사하게 조건부 요소수요함수를 [그림 3-21]과 같이 나타낼 수 있다.

이렇게 도출된 조건부 요소수요함수인 L^*, K^*를 비용방정식 $C = wL + rK$의 L과 K에 대입하면 식 (3.67)과 같은 비용함수를 구할 수 있다.

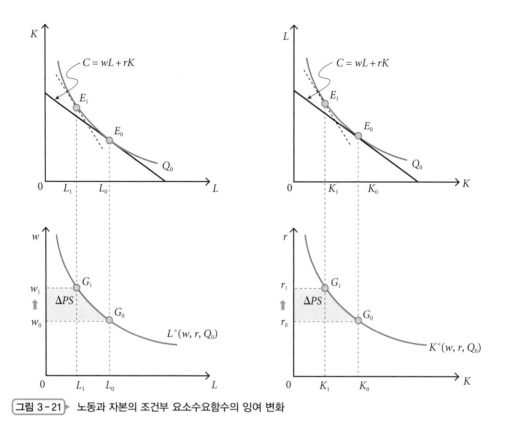

그림 3 - 21 노동과 자본의 조건부 요소수요함수의 잉여 변화

$$C^*(w,\ r,\ Q_0) = wL^*(w,\ r,\ Q_0) + rK^*(w,\ r,\ Q_0) \tag{3.67}$$

$$= w\left[\left(\frac{Q_0}{A}\right)^{\frac{1}{\alpha+\beta}}\left(\frac{\alpha r}{\beta w}\right)^{\frac{\beta}{\alpha+\beta}}\right] + r\left[\left(\frac{Q_0}{A}\right)^{\frac{1}{\alpha+\beta}}\left(\frac{\beta w}{\alpha r}\right)^{\frac{\alpha}{\alpha+\beta}}\right]$$

$$= \left[\frac{(\alpha r)^{\frac{\beta}{\alpha+\beta}} w^{\frac{\alpha}{\alpha+\beta}} \alpha^{\frac{\alpha}{\alpha+\beta}} + (\beta w)^{\frac{\alpha}{\alpha+\beta}} r^{\frac{\beta}{\alpha+\beta}} \beta^{\frac{\beta}{\alpha+\beta}}}{\beta^{\frac{\beta}{\alpha+\beta}} \alpha^{\frac{\alpha}{\alpha+\beta}}}\right]\left(\frac{Q_0}{A}\right)^{\frac{1}{\alpha+\beta}}$$

$$= \left[\frac{\alpha w^{\frac{\alpha}{\alpha+\beta}} r^{\frac{\beta}{\alpha+\beta}} + \beta w^{\frac{\alpha}{\alpha+\beta}} r^{\frac{\beta}{\alpha+\beta}}}{\beta^{\frac{\beta}{\alpha+\beta}} \alpha^{\frac{\alpha}{\alpha+\beta}}}\right]\left(\frac{Q_0}{A}\right)^{\frac{1}{\alpha+\beta}}$$

$$= (\alpha+\beta)\left[\frac{w^{\frac{\alpha}{\alpha+\beta}} r^{\frac{\beta}{\alpha+\beta}}}{\alpha^{\frac{\alpha}{\alpha+\beta}} \beta^{\frac{\beta}{\alpha+\beta}}}\right]\left(\frac{Q_0}{A}\right)^{\frac{1}{\alpha+\beta}}$$

$$= (\alpha+\beta)\left(\frac{w}{\alpha}\right)^{\frac{\alpha}{\alpha+\beta}}\left(\frac{r}{\beta}\right)^{\frac{\beta}{\alpha+\beta}}\left(\frac{Q_0}{A}\right)^{\frac{1}{\alpha+\beta}}$$

여기서 식 (3.67)은 개별기업이 주어진 생산량 하에서 생산요소의 투입으로부터 비용을 극소화시키는 것을 의미한다. 비용극소화와 이윤극대화에 대해 우리가 한번 짚어보고 넘어가야 할 사항으로, 개별기업의 비용극소화는 개별기업의 이윤극대화에 대한 필요조건이라는 것이다. 이윤극대화는 다음의 식과 같이 $_{max}\pi = PQ - C(wL + rK)$로 나타낼 수 있는데, 이윤이 극대화되려면 비용함수 C가 먼저 결정된 다음 이윤의 극대화를 도출해야 한다는 것이다. 다시 말해, 이윤극대화를 위해서는 주어진 생산량 하에서 비용극소화가 반드시 필요하나, 비용극소화를 위해 이윤극대화가 반드시 필요한 것은 아니다.

셰퍼드의 보조정리

앞서 소비자이론에서 설명하였던 '셰퍼드의 보조정리'는 생산자이론에서도 적용할 수 있다. 소비자이론에서 지출함수로부터 힉스수요곡선을 도출해 내는 과정에서 '셰퍼드의 보조정리'를 사용하였듯이, 생산자이론에서는 비용함수로부터 요소수요함수를 도출해내는 과정에서 '셰퍼드의 보조정리'가 사용된다. 즉, '셰퍼드의 보조정리'에 의해 생산요소의 가격 변화에 따른 비용의 변화를 파악하고자 비용함수 $C^*(w, r, Q_0) = wL^*(w, r, Q_0) + rK^*(w, r, Q_0)$를 w 또는 r로 미분하면, 아래의 식 (3.68), (3.69)와 같이 조건부 요소수요함수를 도출할 수 있다.

$$\frac{\partial C^*(w, r, Q_0)}{\partial w} = L^*(w, r, Q_0) = \left(\frac{Q_0}{A}\right)^{\frac{1}{\alpha+\beta}} \left(\frac{\alpha r}{\beta w}\right)^{\frac{\beta}{\alpha+\beta}} \tag{3.68}$$

$$\frac{\partial C^*(w, r, Q_0)}{\partial r} = K^*(w, r, Q_0) = \left(\frac{Q_0}{A}\right)^{\frac{1}{\alpha+\beta}} \left(\frac{\beta w}{\alpha r}\right)^{\frac{\alpha}{\alpha+\beta}} \tag{3.69}$$

식 (3.68), (3.69)는 노동(L)과 자본(K) 가격을 1단위 증가시킬 때 이로 인해 발생하는 비용의 변화를 나타낸다. 여기서 만일 노동의 가격인 임금률 또는 자본의 가격인 이자율이 상승할 경우, 노동(L)과 자본(K)의 조건부 요소수요의 비용 변화는 '셰퍼드의 보조정리[$\partial C^*(w, r, Q_0)/\partial w = L^*(w, r, Q_0)$, $\partial C^*(w, r, Q_0)/\partial r = K^*(w, r, Q_0)$]'에 의해 식 (3.70), (3.71)과 같이 나타낼 수 있다.

$$\int_{w^0}^{w^1} L^*(w, r, Q_0)dw = \int_{w^0}^{w^1} \frac{\partial C^*(w, r, Q_0)}{\partial w}dw = C^*(w^1, r, Q_0) - C^*(w^0, r, Q_0) \tag{3.70}$$

$$\int_{r^0}^{r^1} K^*(w, r, Q_0)dw = \int_{r^0}^{r^1} \frac{\partial C^*(w, r, Q_0)}{\partial r}dr = C^*(w, r^1, Q_0) - C^*(w, r^0, Q_0) \tag{3.71}$$

식 (3.70)과 식 (3.71)에서 노동(L)과 자본(K)의 가격 상승에 따른 비용의 변화는 조건부 요소수요의 잉여 변화를 나타내는 [그림 3-21]을 참조하기 바란다.

4.4 파생수요함수와 공급함수의 관계

파생수요함수의 생산방정식 대입

이제는 이윤극대화의 원리에 따라 기업이 최적화된 생산요소를 결정하는 과정을 살펴보자. 라그랑주 함수를 이용하여 기업의 최종재 가격이 P로 주어졌을 때 상품의 생산량과 생산요소의 사용에 따른 비용에 영향을 받으면서 그로부터 파생되는 생산요소인 노동과 자본 투입량을 찾는다. 이때의 생산요소를 파생수요라고 한다. 라그랑주 함수는 이윤함수(π)에 λ라는 변수와 (적절한 조건 아래에 생산자의 기술과 생산량을 동시에 만족시켜야하는) 제약을 곱한 것을 더한 함수이며 이는 앞서 보았듯이 식 (3.47)과 같이 표현할 수 있다. 앞서 우리는 도출된 노동과 자본의 파생수요, $L^*(w, r, P)$와 $K^*(w, r, P)$를 생산방정식(production equation)인 식 (3.49)의 $Q = Lw/P\alpha$ 또는 $Q = Kr/P\beta$에 대입함으로써 공급함수를 도출할 수 있게 된다. 이를 살펴보면 다음과 같다.

파생수요함수로부터 공급함수 도출

파생수요함수를 생산방정식에 대입하여 공급함수를 도출하는 것은 간접이윤함수 도출을 위해 앞 절에서 언급한 바 있다. 따라서 여기서는 간략하게만 언급하고자 한다.[11]

이윤극대화 조건하에서 상품 가격과 생산요소 가격의 함수로 표현되는 파생수요함수인 노동과 자본의 최적해(L^*, K^*)는 앞서 식 (3.48), (3.52)를 통해 노동과 자본의 파생수요인 L^*와 K^*에 관한 식 (3.53), (3.54)에서 도출한 바 있다.

$$L^*(w, r, P) = (PA)^{\frac{1}{1-\alpha-\beta}}\left(\frac{\alpha}{w}\right)^{\frac{1-\beta}{1-\alpha-\beta}}\left(\frac{\beta}{r}\right)^{\frac{\beta}{1-\alpha-\beta}} \tag{3.72}$$

$$K^*(w, r, P) = (PA)^{\frac{1}{1-\alpha-\beta}}\left(\frac{\alpha}{w}\right)^{\frac{\alpha}{1-\alpha-\beta}}\left(\frac{\beta}{r}\right)^{\frac{1-\alpha}{1-\alpha-\beta}} \tag{3.73}$$

식 (3.72), (3.73)도 식 (3.53), (3.54)에서 찾아낸 $L^*(w, r, P)$와 $K^*(w, r, P)$를 식 (3.47.2) 또는 식 (3.47.3)의 $\partial\mathcal{L}/\partial L$ 또는 $\partial\mathcal{L}/\partial K$로부터 도출된 노동 또는 자본과 생산량과의 관계를 나타내는 생산방정식인 식 (3.49)의 $Q = Lw/P\alpha$ 또는 $Q = Kr/P\beta$에 대입함으로써 식 (3.55)에서처럼 식 (3.74)의 기업의 공급곡선을 도출할 수 있다는 점도 확인한 바 있다.

$$Q^*(w, r, P) = P^{\frac{\alpha+\beta}{1-\alpha-\beta}}A^{\frac{1}{1-\alpha-\beta}}\left(\frac{\alpha}{w}\right)^{\frac{\alpha}{1-\alpha-\beta}}\left(\frac{\beta}{r}\right)^{\frac{\beta}{1-\alpha-\beta}} \tag{3.74}$$

---

11 파생수요함수를 생산방정식에 대입함으로써 얻게 되는 개별기업의 공급함수는 '4.2 파생수요함수와 간접이윤함수의 관계'의 '파생수요함수의 이윤방정식 대입'을 참조하기 바란다.

즉, 이윤극대화의 원리에 따라 최적화된 생산요소인 파생수요가 도출되면, '호텔링의 보조정리'에 의해 간접이윤함수를 최종재의 가격 P로 미분하지 않고도 생산방정식에 대입하여 바로 기업의 공급함수가 도출될 수 있음을 확인하였다.

4.5 간접이윤함수와 공급함수의 관계

호텔링의 보조정리

미시경제학의 생산자이론에서 일반적으로 이용되는 이론인 '호텔링의 보조정리'는 어떤 상품을 생산하는 기업의 이윤을 그 상품의 공급과 연관시킨 결과를 보여준다. 앞서 보았듯이 기업의 이윤극대화 원리에 따라 도출된 파생수요함수를 생산방정식에 대입하여 바로 공급함수를 구할 수 있지만, 간접이윤함수로부터 '호텔링의 보조정리'를 이용하여서도 공급함수를 도출할 수 있다.

앞서 우리는 노동과 자본의 파생수요를 개별기업 이윤방정식의 L과 K에 대입함으로써 간접이윤함수[$\pi^*(w,\ r,\ P) = PQ^* - wL^* - rK^*$]를 도출할 수 있음도 식 (3.57)을 통해 확인한 바 있다. 이렇게 도출된 간접이윤함수를 상품의 주어진 가격(P)으로 미분하면 기업의 공급함수[$Q^*(w,\ r,\ P)$]가 도출된다.

$$\frac{\partial \pi^*(w,\ r,\ P)}{\partial P} = Q^*(w,\ r,\ P) \tag{3.75}$$

식 (3.75)는 상품의 가격(P)을 1단위 증가시킬 때 이로 인해 발생하는 이윤의 변화를 의미한다. 여기서 상품의 시장 가격이 변화한다면, 이때 기업 이윤의 변화도 '호텔링의 보조정리'에 의해 도출 가능하고, 이를 표현하면 식 (3.76)과 같다.

$$\Delta PS = \int_{P^0}^{P^1} Q^*(w,\ r,\ P)dP = \int_{P^0}^{P^1} \frac{\partial \pi(w,\ r,\ P)}{\partial P}dP \tag{3.76}$$

$$= \pi(w,\ r,\ P^1) - \pi(w,\ r,\ P^0)$$

이를 그림으로 표현하면 [그림 3-22]와 같이 나타낼 수 있다.

이상과 같이 '호텔링의 보조정리'를 이용하여 간접이윤함수를 생산요소가격($w,\ r$)으로 미분하면 파생수요함수를 도출할 수 있으며, 상품의 가격(P)으로 미분하면 기업의 공급함수를 도출할 수 있다는 것을 확인하였다.

지금까지 한 기업의 생산량이 일정한 상태에서 비용을 최소화하며 기업의 공급함수를 도출하는 접근방식과 완전경쟁시장에서 주어진 가격 하에서 한 기업이 적정한 생산량을 결정하고 이에 따른 비용을 고려하여 이윤을 극대화하는 기업의 공급함수를 도출하는 접근 방식을 살펴보았다.

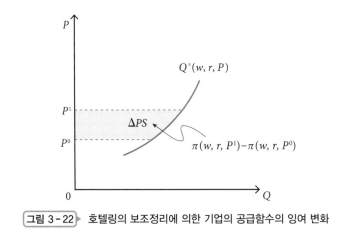

그림 3-22 ▶ 호텔링의 보조정리에 의한 기업의 공급함수의 잉여 변화

4.6 비용함수와 공급함수의 관계

이제는 조건부 요소가격을 지출방정식에 대입함으로써 도출될 수 있는 비용함수로부터 어떻게 공급함수를 도출할 수 있는지에 대해 살펴보고자 한다. 여기에는 몇 가지 가정이 요구되는데, 완전경쟁시장 하에서의 $P = MC$의 가정과 한계비용과 생산량의 역관계 등을 고려하여 공급함수를 도출해보고자 한다.

한계비용 도출

우리는 식 (3.67)에서 요소수요함수 $L^*(w, r, Q_0)$과 $K^*(w, r, Q_0)$를 비용방정식에 대입하면 비용함수[$C^*(w, r, Q_0)$]를 도출할 수 있음을 확인하였다.

$$C^*(w, r, Q_0) = wL^* + rK^* \tag{3.77}$$

이렇게 도출된 식 (3.77)의 비용함수를 이용하여 아래와 같은 몇 차례 과정을 거치면서 기업의 공급함수[$Q^*(w, r, P)$]를 도출할 수 있다.

우선, '셰퍼드의 보조정리'를 이용하여 기업의 한계비용[$MC(w, r, Q_0)$]을 도출한다. 여기서 $MC(w, r, Q_0)$는 생산량 변화에 대한 총비용 변화의 비율로서 '셰퍼드의 보조정리'에 의해 비용함수(C^*)를 생산량(Q_0)으로 미분하여 구할 수 있다. 그리고 그 값은 앞서 언급한 산출물의 한계비용인 $\mu(w, r, Q_0)$로 나타낼 수 있다.

$$\frac{\partial C^*(w, r, Q_0)}{\partial Q} = MC(w, r, Q_0) = \mu(w, r, Q_0) \tag{3.78}$$

식 (3.78)을 이용하여 앞서 언급한 비용함수 식 (3.71)을 생산량(Q_0)으로 미분하여 풀면 다음과 같이 나타낼 수 있다.

$$\frac{\partial C^*(w,\,r,\,Q_0)}{\partial Q^0}=\frac{\alpha\left\{(\alpha+\beta)\left(\frac{w}{\alpha}\right)^{\frac{\alpha}{\alpha+\beta}}\left(\frac{r}{\beta}\right)^{\frac{\beta}{\alpha+\beta}}\left(\frac{Q_0}{A}\right)^{\frac{1}{\alpha+\beta}}\right\}}{\partial Q_0}=\frac{1}{\alpha+\beta}\left(\frac{C^*(w,\,r,\,Q_0)}{Q_0}\right) \tag{3.79}$$

$$=\frac{\alpha+\beta}{\alpha+\beta}\left(\frac{1}{A}\right)^{\frac{1}{\alpha+\beta}}Q_0^{\frac{1}{\alpha+\beta}-1}\left(\frac{w}{\alpha}\right)^{\frac{\alpha}{\alpha+\beta}}\left(\frac{r}{\beta}\right)^{\frac{\beta}{\alpha+\beta}}$$

$$=\left(\frac{1}{A}\right)^{\frac{1}{\alpha+\beta}}Q_0^{\frac{1-\alpha-\beta}{\alpha+\beta}}\left(\frac{w}{\alpha}\right)^{\frac{\alpha}{\alpha+\beta}}\left(\frac{r}{\beta}\right)^{\frac{\beta}{\alpha+\beta}}$$

$$=\mu(w,\,r,\,Q_0)$$

여기서 식 (3.79)는 생산량이 1단위 증가할 때 비용이 얼마나 증가하는지를 나타낸다. 산출물의 한계비용[$MC(w,\,r,\,Q_0)$]으로 생산량과 생산함수를 동일하게 만들기 위해 각 투입물을 조정하고, 그 투입물에 대한 산출물의 한계비용을 $\mu(w,\,r,\,Q_0)$로 표현하였다. 따라서 $MC(w,\,r,\,Q_0)$ $=\mu(w,\,r,\,Q_0)$라는 등식이 성립한다.

여기서 $MC(w,\,r,\,Q_0)=\mu(w,\,r,\,Q_0)$를 증명해 보면, 식 (3.47.1)에서 $P=\lambda$이고, 식 (3.49)에서 $Q=wL/P\alpha=wL^*/P\alpha$와 $Q=rK/P\beta=rK^*/P\beta$이므로, $\lambda=wL^*/\alpha Q_0$, $\lambda=rK^*/\beta Q_0$임을 확인하였다. 그러므로 $\lambda=wL^*/\alpha Q_0$과 $\lambda=rK^*/\beta Q_0$에 식 (3.65)와 (3.66)의 노동과 자본의 요소수요함수인 $L^*(w,\,r,\,Q_0)=(Q_0/A)^{1/\alpha+\beta}(\alpha r/\beta w)^{\beta/\alpha+\beta}$와 $K^*(w,\,r,\,Q_0)=(Q_0/A)^{1/\alpha+\beta}(\beta w/\alpha r)^{\alpha/\alpha+\beta}$를 각각 대입한 후 산출물의 한계비용 $\mu^*(w,\,r,\,Q_0)$로 나타내면, 아래의 식 (3.80), 식 (3.81)과 같이 나타낼 수 있다.

$$\mu^*(w,\,r,\,Q_0)=\frac{wL^*}{\alpha Q_0}=\frac{w}{\alpha}\left(\frac{Q_0}{A}\right)^{\frac{1}{\alpha+\beta}}\left(\frac{\alpha}{\beta}\,\frac{r}{w}\right)^{\frac{\beta}{\alpha+\beta}}\frac{1}{Q_0} \tag{3.80}$$

$$=\left(\frac{1}{A}\right)^{\frac{1}{\alpha+\beta}}Q_0^{\frac{1-\alpha-\beta}{\alpha+\beta}}\left(\frac{w}{\alpha}\right)^{\frac{\alpha}{\alpha+\beta}}\left(\frac{r}{\beta}\right)^{\frac{\beta}{\alpha+\beta}}$$

$$=\frac{\partial C^*(w,\,r,\,Q_0)}{\partial Q_0}$$

$$=MC(w,\,r,\,Q_0)$$

$$\mu^*(w,\,r,\,Q_0)=\frac{rK^*}{\beta Q_0}=\frac{r}{\beta}\left(\frac{Q_0}{A}\right)^{\frac{1}{\alpha+\beta}}\left(\frac{\beta}{\alpha}\,\frac{w}{r}\right)^{\frac{\alpha}{\alpha+\beta}}\frac{1}{Q_0} \tag{3.81}$$

$$=\left(\frac{1}{A}\right)^{\frac{1}{\alpha+\beta}}Q_0^{\frac{1-\alpha-\beta}{\alpha+\beta}}\left(\frac{w}{\alpha}\right)^{\frac{\alpha}{\alpha+\beta}}\left(\frac{r}{\beta}\right)^{\frac{\beta}{\alpha+\beta}}$$

$$=\frac{\partial C^*(w,\,r,\,Q_0)}{\partial Q_0}$$

$$=MC(w,\,r,\,Q_0)$$

여기서 우리는 노동의 요소수요함수인 $L^*(w, r, Q_0)$를 $\lambda = wL^*/\alpha Q_0$에 대입하든 자본의 요소수요함수인 $K^*(w, r, Q_0)$를 $\lambda = rK^*/\beta Q_0$에 대입하든 상관없이 산출물의 한계비용이 서로 같음을 식 (3.80)과 식 (3.81)을 통해 알 수 있다. 이를 통해 μ^*와 한계비용이 동일함을 알 수 있다. 즉, $\mu^*(w, r, Q_0) = \partial C^*(w, r, Q_0)/\alpha Q_0 = MC(w, r, Q_0)$이다.

한계비용과 생산량과의 역관계

다음으로, 완전경쟁시장의 가정 하에서 $P = MC$가 성립한다. 여기서 **완전경쟁시장**(perfect competition market)이란 특정한 상품을 생산하는 소비자와 생산자가 무수히 많고, 자원의 이동이 완전히 자유로우며, 상품 간의 차별성이 존재하지 않는 동질적인 상품으로 거래에 있어 완전한 정보(complete information)를 서로 공유하고 있는 시장을 의미한다. 따라서 개별기업은 가격에 영향력을 행사할 수 없는 가격수용자이므로 완전경쟁시장의 특징에 의해 $P = MC$가 성립하게 되는 것이다. 그리고 산출물의 한계비용인 $\mu^*(w, r, Q_0) = MC(w, r, Q_0)$이므로 다음의 식 (3.82)와 같이 표현할 수 있다.

$$MC(w, r, Q_0) = \mu^*(w, r, Q_0) = P(w, r, Q_0) \tag{3.82}$$

식 (3.82)가 성립하면 완전경쟁시장 하에서 개별기업은 이윤을 극대화하기 위하여 $P = MC$인 지점에서 생산량$[Q_0(w, r, P)]$을 결정한다.

여기서 한계비용$[MC(w, r, Q_0)]$과 공급함수$[Q^*(w, r, P)]$가 서로 역의 관계(inverse relationship)에 있으므로 가격$[P(w, r, Q_0)]$과 공급함수$[Q^*(w, r, P)]$도 서로 역의 관계에 있다고 나타낼 수 있다.

$$MC(w, r, Q_0) = P(w, r, Q_0) \Leftrightarrow Q_0(w, r, P) \tag{3.83}$$

여기서 완전경쟁시장 하에서 가격 P와 한계비용 MC가 서로 같음은 식 (3.55)에서 도출된 기업의 공급함수인 $Q_0(w, r, P)$를 산출물의 한계비용인 식 (3.80)의 $\mu^*(w, r, Q_0)$에 대입해봄으로써 확인할 수 있다.

$$\mu^{**}(w, r, P) = \left(\frac{1}{A}\right)^{\frac{1}{\alpha+\beta}} \left(P^{\frac{1}{1-\alpha-\beta}} A^{\frac{1}{1-\alpha-\beta}} \left(\frac{\alpha}{w}\right)^{\frac{\alpha}{1-\alpha-\beta}} \left(\frac{\beta}{r}\right)^{\frac{\beta}{1-\alpha-\beta}}\right)^{\frac{1-\alpha-\beta}{\alpha+\beta}} \left(\frac{w}{\alpha}\right)^{\frac{\alpha}{\alpha+\beta}} \left(\frac{r}{\beta}\right)^{\frac{\beta}{\alpha+\beta}} \tag{3.84}$$

$$= PA^{\frac{1}{\alpha+\beta}} \left(\frac{\alpha}{w}\right)^{\frac{\alpha}{\alpha+\beta}} \left(\frac{\beta}{r}\right)^{\frac{\beta}{\alpha+\beta}} \left(\frac{w}{\alpha}\right)^{\frac{\alpha}{\alpha+\beta}} \left(\frac{r}{\beta}\right)^{\frac{\beta}{\alpha+\beta}} \left(\frac{1}{A}\right)^{\frac{1}{\alpha+\beta}}$$

$$= PA^{\frac{1}{\alpha+\beta}} \left(\frac{1}{A}\right)^{\frac{1}{\alpha+\beta}}$$

$$= P$$

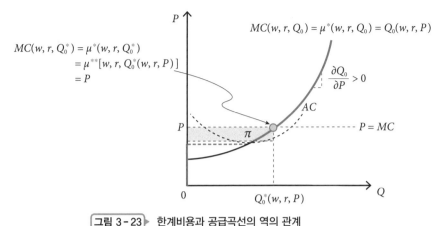

그림 3 - 23 한계비용과 공급곡선의 역의 관계

여기서 $\mu^*[w,\ r,\ Q_0(w,\ r,\ P)]=\mu^{**}(w,\ r,\ P)=P$로서 결국 한계비용($MC$)과 가격($P$)이 일치함을 확인할 수 있다. 따라서 완전경쟁시장 하에서 $MC=P$와 $MC(w,\ r,\ Q_0)=P(w,\ r,\ Q_0)\Leftrightarrow Q_0(w,\ r,\ P)$가 역의 관계를 가진 기업의 공급곡선을 도식화하면 [그림 3-23]과 같이 나타낼 수 있다.

[그림 3-23]에서 도출된 개별기업의 공급곡선 기울기는 양(+)의 값을 나타내고 있다. 이는 추후 공급함수 결정 및 생산자 잉여에서 좀 더 구체적으로 다루어보고자 한다. 장기(long run)의 개별기업은 이윤을 극대화시키기 위해 가격이 평균비용(AC)의 최저점 이하로 내려간다면 더 이상 공급을 할 필요성을 느끼지 못한다. 이 때문에 실질적인 개별기업의 공급곡선은 그림 상에서 주황색 선으로 표시된 부분이 된다. 이는 평균비용(AC)의 최저점을 통과하고 있는 윗부분의 한계비용(MC)곡선이 개별기업의 공급곡선이 된다는 것을 의미한다. 또한 개별기업의 이윤은 총수입과 총비용의 차로 결정되는데, [그림 3-23]에서 보듯이 사각형 π 영역으로 나타낼 수 있다. 여기서 개별기업의 이윤 또는 잉여 부분은 추후 좀 더 자세히 다루어보고자 한다.

이상을 통해 개별기업의 공급함수 도출이 가지는 함의를 듀얼이론을 통해 설명하면 다음과 같다. 소비자이론에서는 경제 주체인 소비자가 예산제약 하에서 지출을 고려하여 효용을 극대화하기 위한 소비자 선택(수요함수)을 결정한 것과 같이, 생산자이론에서는 경제 주체인 기업이 상품을 생산하기 위한 비용과 생산된 상품이 판매됨으로써 얻는 수익의 상호작용을 통해 비용과 수익의 차이인 이윤을 극대화하는 생산자 선택(공급함수)을 결정한다는 것이다.

또한 파생수요함수, 간접이윤함수, 비용함수 등으로부터 도출 가능한 개별기업의 공급함수 도출은 단지 공급함수를 도출하는 것에 목적이 있는 것이 아니라, 이러한 다양한 방법을 통해 도출된 공급함수를 이용하여 궁극적으로 개별기업의 생산자 잉여를 도출해보기 위함이다. 즉, 요소시장의 가격 변화와 상품시장의 가격 변화가 개별기업의 공급곡선의 이동 및 공급곡선의 자체에 어떠한 영향을 주며, 이로부터 개별기업의 이윤 또는 생산자 잉여가 이들의 변화로부터 어떻게 바뀌는지 등을 추정해볼 수 있게 된다.

이러한 일련의 과정으로부터 일반 기업의 생산자 잉여를 추정해본다는 것은 미시경제학을 이론적 학문에서 실용적 학문으로 적용·활용함으로써 경제학의 가치를 제고한다는 측면에서 의미있는 접근이라 할 수 있다.

4.7 파생수요함수와 요소수요함수의 관계

다음으로, 우리는 소비자이론에서 힉스수요함수로부터 마셜수요함수를, 그리고 마셜수요함수로부터 힉스수요함수를 살펴보았듯이, 생산자이론에서도 요소수요함수로부터 파생수요함수를, 그리고 파생수요함수로부터 요소수요함수를 도출하는 과정을 살펴보고자 한다.

앞서 언급하였듯이 파생수요함수[$L^*(w, r, P)$]는 이윤극대화를 추구하는 라그랑주 함수로부터 도출되며, 요소수요함수[$L^*(w, r, Q_0)$]는 비용극소화를 추구하는 라그랑주 함수로부터 도출됨을 확인한 바 있다.

또한 이렇게 도출된 파생수요함수와 요소수요함수 간에는 가격(=한계비용)과 생산량 간에 역의 관계(inverse relationship)를 맺고 있는데 이것을 도식화해보면 [그림 3-24]와 같다.

[그림 3-24]를 좀 더 자세히 살펴보면, '호텔링의 보조정리'에 의해 간접이윤함수를 노동과 자본의 요소가격으로 미분하면 노동과 자본의 파생수요함수[$L^*(w, r, P)$]가 도출되고, '셰퍼드의 보조정리'에 의해 비용함수를 노동과 자본의 요소가격으로 미분하면 노동과 자본의 요

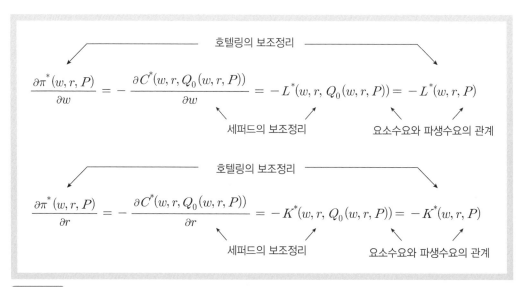

그림 3-24 파생수요함수와 요소수요함수의 관계

소수요함수[$L^*(w, r, Q_0)$]가 도출된다. 즉, '호텔링의 보조정리'와 '셰퍼드의 보조정리'에 의해 $\partial\pi^*(w, r, P)/\partial w = -\partial C^*[w, r, Q_0(w, r, P)]/\partial w$과 $\partial\pi^*(w, r, P)/\partial r = -\partial C^*[w, r, Q_0(w, r, P)]/\partial r$이 성립됨을 알 수 있다.

또한 요소수요함수와 파생수요함수의 관계가 $-L^*[w, r, Q_0(w, r, P)] = -L^*(w, r, P)$와 $-K^*[w, r, Q_0(w, r, P)] = -K^*(w, r, P)$으로 서로 등식이 성립하는데, 이는 한계비용[$MC(w, r, Q_0)$]과 공급함수[$Q^*(w, r, P)$]가 서로 역의 관계에 있으므로, 가격(P)과 공급함수[$Q^*(w, r, P)$] 간에도 역의 관계(inverse relationship)에 있음을 활용함으로써 이러한 결과를 도출할 수 있다.

이를 수식으로 표현하면 식 (3.85)와 식 (3.86)과 같다.

$$\Delta PS = \int_{w^0}^{w^1} L^*(w, r, Q_0)dw \tag{3.85}$$

$$= \int_{w^0}^{w^1} L^*(w, r, Q_0(w, r, P))dw$$

$$= \int_{w^0}^{w^1} \frac{\partial C^*(w, r, Q_0(w, r, P))}{\partial w}dw$$

$$= C^*(w^1, r, Q_0(w, r, P)) - C^*(w^0, r, Q_0(w, r, P))$$

$$\updownarrow (P와\ Q_0의\ 역\ 관계\ 이용)$$

$$= \int_{w^0}^{w^1} \frac{\partial \pi^*(w, r, P)}{\partial w}dw$$

$$= \pi^*(w^1, r, P) - \pi^*(w^0, r, P)$$

$$= -L^*(w, r, P)$$

$$\Delta PS = \int_{r^0}^{r^1} K^*(w, r, Q_0)dr \tag{3.86}$$

$$= \int_{r^0}^{r^1} K^*(w, r, Q_0(w, r, P))dr$$

$$= \int_{r^0}^{r^1} \frac{\partial C^*(w, r, Q_0(w, r, P))}{\partial r}dr$$

$$= C^*(w, r^1, Q_0(w, r, P)) - C^*(w, r^0, Q_0(w, r, P))$$

$$\updownarrow (P와\ Q_0의\ 역\ 관계\ 이용)$$

$$= \int_{r^0}^{r^1} \frac{\partial \pi^*(w, r, P)}{\partial r}dr$$

$$= \pi^*(w, r^1, P) - \pi^*(w, r^0, P)$$

$$= -K^*(w, r, P)$$

또한 식 (3.85)와 식 (3.86)의 노동과 자본의 요소가격 변화에 따른 요소수요함수의 생산자 잉

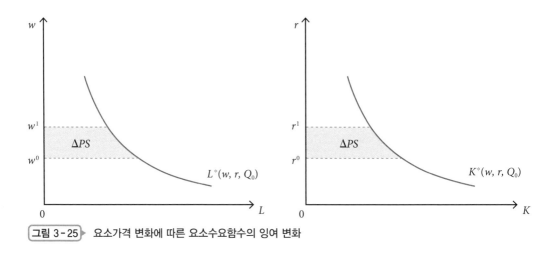

그림 3-25 요소가격 변화에 따른 요소수요함수의 잉여 변화

여 변화를 도식화하면 [그림 3-25]와 같이 나타낼 수 있다.

또한 노동과 자본의 요소가격 변화에 따른 파생수요함수의 생산자 잉여 변화를 도식화하면 [그림 3-26]과 같이 표현할 수 있다. 여기서 [그림 3-25]와 [그림 3-26]의 차이는 수요함수의 차이로 동일한 요소가격의 변화에 따른 생산자 잉여가 요소수요함수 또는 파생수요함수에 의해 달리 표현될 수 있음을 의미한다.

그 외에도 노동과 자본의 요소가격 변화에 따른 파생수요함수의 생산자 잉여 변화를 이윤의 변화로도 수식화할 수 있는데, 이를 도식화해보면 [그림 3-27]과 같이 표현할 수 있다.

위의 [그림 3-25], [그림 3-26], [그림 3-27] 등을 보면서 우리는 요소가격의 변화로부터 요소수요함수의 생산자 잉여와 파생수요함수의 생산자 잉여뿐만 아니라 요소가격 변화로 인한 노

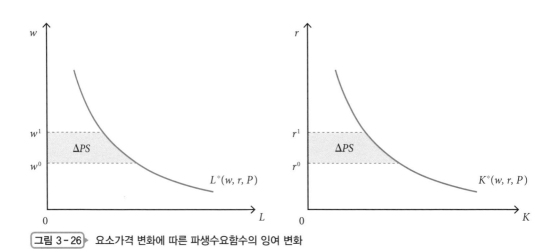

그림 3-26 요소가격 변화에 따른 파생수요함수의 잉여 변화

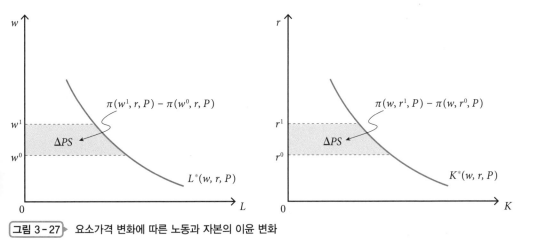

그림 3-27 ▶ 요소가격 변화에 따른 노동과 자본의 이윤 변화

동과 자본의 이윤 변화 등을 도출할 수 있음을 확인하였다.

　이렇듯 위의 그림들로부터 표현 가능한 주황색 영역의 잉여나 이윤은 우리가 파생수요함수, 요소수요함수, 간접이윤함수의 함수식만 알 수 있다면 요소가격 변화로 인해 야기된 이들의 생산자 잉여 또는 이윤 변화 등은 시중에 나와 있는 Microsoft mathematics, Maple, Geogebra 등의 다양한 수학 프로그램들을 이용하여 쉽게 추정이 가능하다.

4.8　생산자이론의 수학적 듀얼 접근

생산자이론의 듀얼 접근은 생산량이 일정한 상태에서 비용을 극소화하는 접근과 가격이 주어진 상태에서 얼마나 상품을 생산해야 이윤이 극대화되는지에 대한 접근을 함께 고려함을 의미한다.

　생산자이론의 듀얼 접근을 하나의 도표로 도식화하면 [그림 3-28]과 같다. 생산자이론의 듀얼 접근은 비용함수를 극소화하기 위한 생산자의 선택과 이윤함수를 극대화하기 위한 생산자의 선택으로 구분된다. 여기서 주의해야 할 점은 비용극소화의 경우 주어진 생산량에서 비용을 극소화하기 위해 생산요소를 어떻게 조합해야 하는가에 관심이 있다면, 이윤극대화는 가격이 정해진 상태에서 주어진 비용을 가지고 상품을 가장 많이 생산할 때의 이윤극대화를 위해 생산요소를 어떻게 조합해야 하는가에 관심이 있다는 것이다. 즉, 개별기업의 비용극소화는 개별기업의 이윤극대화에 대한 필요조건이나 개별기업의 비용극소화는 이윤극대화가 반드시 필요한 것은 아니라는 점이다.

　이상의 생산자이론의 듀얼 접근을 정리하는 차원에서 종합해보자. 우선, 주어진 비용 하에서 이윤함수를 극대화하기 위한 생산자의 선택을 먼저 살펴보면 다음과 같다.

첫째, 개별기업의 이윤함수($\pi = PQ^* - wL^* - rK^*$)를 극대화하기 위한 기업 또는 생산자의 최적 선택의 결과로 노동(L)과 자본(K)으로 대표되는 생산요소에 최적 조합을 의미하는 파생수요함수 $[L^*(w,\ r,\ P) = (PA)^{1/(1-\alpha-\beta)}(\alpha/w)^{1-\beta/(1-\alpha-\beta)}(\beta/r)^{\beta/(1-\alpha-\beta)}$, $K^*(w,\ r,\ P) = (PA)^{1/(1-\alpha-\beta)}(\alpha/w)^{\alpha/(1-\alpha-\beta)}(\beta/r)^{1-\alpha/(1-\alpha-\beta)}]$를 도출할 수 있다. 이때, 파생수요함수$[L^*(w,\ r,\ P),\ K^*(w,\ r,\ P)]$가 도출되는 필요조건으로 이윤을 극대화하는 라그랑주 함수를 조절변수 $Q,\ L,\ K$와 라그랑주 승수 λ로 편미분하여 0으로 만들어야 하며, 이를 통해 등량곡선의 기울기인 한계기술대체율($MRTS_{LK}$)과 등비용선의 기울기인 생산요소의 가격비율(w/r)을 일치시키는 조건이 만족되어야 한다. 또한 앞서 언급한 이윤극대화의 2계 조건인 충분조건도 당연히 만족되어야 한다.

둘째, 이렇게 도출된 개별기업의 생산요소에 대한 파생수요함수$[L^*(w,\ r,\ P),\ K^*(w,\ r,\ P)]$를 생산방정식($Q = wL/P\alpha$, $Q = rK/P\beta$)에 대입하여 각각 풀게 되면 바로 기업의 공급함수$[Q^*(w,\ r,\ P) = P^{(\alpha+\beta)/(1-\alpha-\beta)}A^{1/(1-\alpha-\beta)}(\alpha/w)^{\alpha/(1-\alpha-\beta)}(\beta/r)^{\beta/(1-\alpha-\beta)}]$가 도출된다. 여기서 개별기업의 공급함수는 노동과 자본의 가격($w,\ r$)과 상품 가격(P)의 함수로써 생산요소에 대한 파생수요함수와 동일한 $w,\ r,\ P$를 포함하고 있음을 알 수 있다.

셋째, 앞서 도출된 파생수요함수$[L^*(w,\ r,\ P),\ K^*(w,\ r,\ P)]$를 이윤방정식$[\pi = Pf(L,\ K) - wL - rK]$의 L과 K에 대입하여 풀게 되면 개별기업의 간접이윤함수인 $\pi^*(w,\ r,\ P) = P\left(P^{\frac{\alpha+\beta}{1-\alpha-\beta}}A^{\frac{1}{1-\alpha-\beta}}\left(\frac{\alpha}{w}\right)^{\frac{\alpha}{1-\alpha-\beta}}\left(\frac{\beta}{r}\right)^{\frac{\beta}{1-\alpha-\beta}}\right) - w\left((PA)^{\frac{1}{1-\alpha-\beta}}\left(\frac{\alpha}{w}\right)^{\frac{1-\beta}{1-\alpha-\beta}}\left(\frac{\beta}{r}\right)^{\frac{\beta}{1-\alpha-\beta}}\right) - r\left((PA)^{\frac{1}{1-\alpha-\beta}}\left(\frac{\alpha}{w}\right)^{\frac{\alpha}{1-\alpha-\beta}}\left(\frac{\beta}{r}\right)^{\frac{1-\alpha}{1-\alpha-\beta}}\right)$이 도출된다. 여기서 간접이윤함수도 노동과 자본의 가격($w,\ r$)과 상품 가격(P)의 함수로써 파생수요함수와 동일한 $w,\ r,\ P$를 포함한다.

넷째, 이렇게 도출된 개별기업의 간접이윤함수($\pi^* = PQ^* - wL^* - rK^*$)로부터 '호텔링의 보조정리$[\partial\pi^*/\partial w = -L^*(w,\ r,\ P),\ \partial\pi^*/\partial r = -K^*(w,\ r,\ P)]$'를 이용하여 풀면 앞서 도출된 기업의 파생수요함수$[L^*(w,\ r,\ P) = (PA)^{1/(1-\alpha-\beta)}(\alpha/w)^{1-\beta/(1-\alpha-\beta)}(\beta/r)^{\beta/(1-\alpha-\beta)}$, $K^*(w,\ r,\ P) = (PA)^{1/(1-\alpha-\beta)}(\alpha/w)^{\alpha/(1-\alpha-\beta)}(\beta/r)^{1-\alpha/(1-\alpha-\beta)}]$가 다시 도출된다. 여기서 '호텔링의 보조정리'를 통해 우리는 도출된 이윤함수를 생산요소의 가격 변화로 인한 영향만을 고려함으로써 기업의 생산요소에 대한 파생수요함수가 도출될 수 있음을 확인할 수 있다.

다섯째, 앞서 기업의 파생수요함수를 이윤방정식에 대입함으로써 도출된 간접이윤함수 ($\pi^* = PQ^* - wL^* - rK^*$)를 '호텔링의 보조정리$[\partial\pi^*/\partial P = -Q^*(w,\ r,\ P)]$'를 이용하여 풀면 기업의 공급함수$[Q^*(w,\ r,\ P) = P^{(\alpha+\beta)/(1-\alpha-\beta)}A^{1/(1-\alpha-\beta)}(\alpha/w)^{\alpha/(1-\alpha-\beta)}(\beta/r)^{\beta/(1-\alpha-\beta)}]$를 다시 도출할 수 있다.

여섯째, 생산자이론의 듀얼 접근 중 가장 핵심은 기업의 생산요소에 대한 파생수요가 어떻게 조건부 요소수요로 바뀔 수 있는가인데, 이는 요소수요함수와 파생수요함수의 관계가 한계비용(MC) 및 가격(P)이 생산량(Q_0)과 역의 관계(inverse relationship)에 있음을 이용하여 도출 가능하다. 즉, '호텔링의 보조정리'에 의해 간접이윤함수($\pi^* = PQ^* - wL^* - rK^*$)를 노동과 자본의 요소가격$(w, r)$으로 미분하면 노동과 자본의 파생수요함수$[L^*(w, r, P), K^*(w, r, P)]$가 도출되고, '셰퍼드의 보조정리'에 의해 비용함수를 노동과 자본의 요소가격(w, r)으로 미분하면 노동과 자본의 요소수요함수$[L^*(w, r, Q_0), K^*(w, r, Q_0)]$가 도출된다. 그 결과, 요소수요함수와 파생수요함수의 관계는 $-L^*[w, r, Q_0(w, r, P)] = -L^*(w, r, P)$와 $-K^*[w, r, Q_0(w, r, P)] = -K^*(w, r, P)$가 성립하는데, 이를 '호텔링의 보조정리'와 '셰퍼드의 보조정리'에 의해 풀게 되면 $\partial\pi^*(w, r, P)/\partial w = -\partial C^*[w, r, Q_0(w, r, P)]/\partial w$과 $\partial\pi^*(w, r, P)/\partial r = -\partial C^*[w, r, Q_0(w, r, P)]/\partial r$도 성립됨에 따라 두 수요함수 간에 쌍방향적 관계가 있음을 확인할 수 있다.

다음으로, 주어진 생산량 하에서 비용극소화를 위한 생산자의 선택을 정리해보자.

첫째, 비용함수, $C = wL^* + rK^*$를 극소화하기 위한 생산자의 생산요소의 최적선택의 결과로 조건부 요소수요함수$[L^*(w, r, Q_0) = (Q_0/A)^{1/(\alpha+\beta)}(\alpha r/\beta w)^{\beta/(\alpha+\beta)}, K^*(w, r, Q_0) = (Q_0/A)^{1/(\alpha+\beta)}(\beta w/\alpha r)^{\alpha/(\alpha+\beta)}]$가 도출된다. 이때 개별기업의 조건부 요소수요함수$[L^*(w, r, Q_0), K^*(w, r, Q_0)]$가 도출되는 필요조건으로 비용을 극소화하는 라그랑주 함수를 조절변수 L, K와 라그랑주 승수 μ로 편미분하여 0으로 만들면, 이를 통해 등량곡선의 기울기인 한계기술대체율과 등비용선의 기울기인 생산요소의 가격 비율(w/r)이 일치하게 되는 필요조건이 만족된다. 그리고 앞서 언급한 충분조건인 2계 조건도 만족되어야 한다.

둘째, 이렇게 도출된 조건부 요소수요함수$[L^*(w, r, Q_0), K^*(w, r, Q_0)]$를 비용방정식$(C = wL + rK)$의 L과 K에 대입하여 풀게 되면 개별기업의 비용함수인 $C^*(w, r, Q_0) = (\alpha+\beta)(w/\alpha)^{\alpha/(\alpha+\beta)}(r/\beta)^{\beta/(\alpha+\beta)}(Q_0/A)^{1/(\alpha+\beta)}$이 도출된다. 여기서 비용함수는 노동과 자본의 가격(w, r)과 생산량(Q_0)의 함수로써 조건부 요소수요함수와 동일한 w, r, Q_0을 포함하게 됨을 알 수 있다.

셋째, 조건부 요소수요함수를 비용방정식$(C = wL + rK)$에 대입하여 도출된 비용함수$[C^*(w, r, Q_0) = (\alpha+\beta)(w/\alpha)^{\alpha/(\alpha+\beta)}(r/\beta)^{\beta/(\alpha+\beta)}(Q_0/A)^{1/(\alpha+\beta)}]$를 '셰퍼드의 보조정리$[\partial C^*(w, r, Q_0)/\partial w, \partial C^*(w, r, Q_0)/\partial r]$'를 이용하여 풀면, 앞서 도출한 조건부 요소수요함수$[L^*(w, r, Q_0) = (Q_0/A)^{1/(\alpha+\beta)}(\alpha r/\beta w)^{\beta/(\alpha+\beta)}, K^*(w, r, Q_0) = (Q_0/A)^{1/(\alpha+\beta)}(\beta w/\alpha r)^{\alpha/(\alpha+\beta)}]$를 다시 도출할 수 있다.

넷째, 조건부 요소수요함수로부터 도출된 비용함수$[C^*(w, r, Q_0)]$를 '셰퍼드의 보조정리$[\partial C^*(w, r, Q_0)/\partial Q_0]$'를 이용하여 산출물의 한계비용$[MC = \mu^*(w, r, Q_0)]$을 찾고, 완전경쟁시장 하에서 이윤을 극대화하는 조건인 $MC = P$를 만족시키면서 도출된 한계비용(MC)과 생산량(Q_0)의 역의 관계를 이용하면 개별기업의 공급함수$[Q^*(w, r, P) = P^{(\alpha+\beta)/(1-\alpha-\beta)}A^{1/(1-\alpha-\beta)}(\alpha/w)^{\alpha/(1-\alpha-\beta)}(\beta/r)^{\beta/(1-\alpha-\beta)}]$를 도출할 수 있다. 이때의 공급함수는 생산요소의 가격(w, r)과 상품 가격(P)의 함수로 표현할 수 있다.

다섯째, 생산자이론의 듀얼 접근 중 가장 핵심이 되는 조건부 요소수요함수가 어떻게 파생수요로 바뀔 수 있는가인데, 요소수요함수와 파생수요함수의 관계가 다음과 같이 한계비용(MC) 또는 가격(P)이 생산량(Q_0)과 역의 관계에 있으므로 $-L^*[w, r, Q_0(w, r, P)] = -L^*(w, r, P)$과

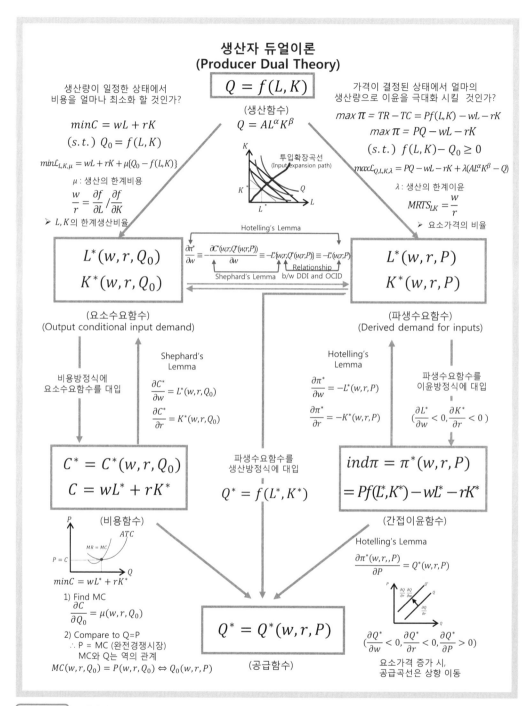

생산자 듀얼이론
(Producer Dual Theory)

$$Q = f(L, K)$$

(생산함수)
$$Q = AL^{\alpha}K^{\beta}$$

생산량이 일정한 상태에서
비용을 얼마나 최소화 할 것인가?

$$minC = wL + rK$$
$$(s.t.) \quad Q_0 = f(L, K)$$

$$min\mathcal{L}_{L,K,\mu} = wL + rK + \mu\{Q_0 - f(L,K)\}$$

μ : 생산의 한계비용
$$\frac{w}{r} = \frac{\partial f}{\partial L} / \frac{\partial f}{\partial K}$$

➤ L, K의 한계생산비율

가격이 결정된 상태에서 얼마의
생산량으로 이윤을 극대화 시킬 것인가?

$$max\,\pi = TR - TC = Pf(L,K) - wL - rK$$
$$max\,\pi = PQ - wL - rK$$
$$(s.t.) \quad f(L,K) - Q_0 \geq 0$$

$$max\mathcal{L}_{Q,L,K,\lambda} = PQ - wL - rK + \lambda(AL^{\alpha}K^{\beta} - Q)$$

λ : 생산의 한계이윤
$$MRTS_{LK} = \frac{w}{r}$$

➤ 요소가격의 비율

투입확장곡선
(Input expansion path)

Hotelling's Lemma

$$L^*(w, r, Q_0)$$
$$K^*(w, r, Q_0)$$

$$\frac{\partial \pi^*}{\partial w} \equiv -\frac{\partial C^*(w,r,Q^*(w,r,P))}{\partial w} \equiv -L^*(w,r,Q^*(w,r,P)) \equiv -L^*(w,r,P)$$

Shephard's Lemma   Relationship
b/w DDI and OCID

$$L^*(w, r, P)$$
$$K^*(w, r, P)$$

(요소수요함수)
(Output conditional input demand)

(파생수요함수)
(Derived demand for inputs)

비용방정식에
요소수요함수를 대입

Shephard's
Lemma

$$\frac{\partial C^*}{\partial w} = L^*(w, r, Q_0)$$

$$\frac{\partial C^*}{\partial r} = K^*(w, r, Q_0)$$

Hotelling's
Lemma

$$\frac{\partial \pi^*}{\partial w} = -L^*(w, r, P)$$

$$\frac{\partial \pi^*}{\partial r} = -K^*(w, r, P)$$

파생수요함수를
이윤방정식에 대입

$$(\frac{\partial L^*}{\partial w} < 0, \frac{\partial K^*}{\partial r} < 0)$$

$$C^* = C^*(w, r, Q_0)$$
$$C = wL^* + rK^*$$

파생수요함수를
생산방정식에 대입

$$Q^* = f(L^*, K^*)$$

$$ind\pi = \pi^*(w, r, P)$$
$$= Pf(L^*, K^*) - wL^* - rK^*$$

(비용함수)

$P = C$

$MR = MC$

ATC

$minC = wL^* + rK^*$

1) Find MC
$$\frac{\partial C}{\partial Q_0} = \mu(w, r, Q_0)$$

2) Compare to Q=P
∴ P = MC (완전경쟁시장)
MC와 Q는 역의 관계
$$MC(w, r, Q_0) = P(w, r, Q_0) \Leftrightarrow Q_0(w, r, P)$$

(간접이윤함수)

Hotelling's Lemma

$$\frac{\partial \pi^*(w, r, P)}{\partial P} = Q^*(w, r, P)$$

$$Q^* = Q^*(w, r, P)$$

(공급함수)

$$(\frac{\partial Q^*}{\partial w} < 0, \frac{\partial Q^*}{\partial r} < 0, \frac{\partial Q^*}{\partial P} > 0)$$

요소가격 증가 시,
공급곡선은 상향 이동

그림 3 - 28 ➤ 생산자 듀얼이론의 종합

$-K^*[w,\ r,\ Q_0(w,\ r,\ P)] = -K^*(w,\ r,\ P)$가 성립하게 되면, 앞서 언급한 '호텔링의 보조정리'와 '셰퍼드의 보조정리'에 의해 $\partial\pi^*(w,\ r,\ P)/\partial w = -\partial C^*[w,\ r,\ Q_0(w,\ r,\ P)]/\partial w$과 $\partial\pi^*(w,\ r,\ P)/\partial r = -\partial C^*[w,\ r,\ Q_0(w,\ r,\ P)]/\partial r$도 성립하여 쌍방향적 관계가 있음을 알 수 있다.

결론적으로 우리는 생산자의 선택이 주어진 생산량 하에서 비용극소화를 추구하거나 주어진 그 비용 하에서 이윤극대화를 추구하더라도 서로 쌍방향적 접근이 가능함을 보여주는 것이 듀얼이론의 핵심이라는 것을 확인할 수 있었다.

5. 공급함수 결정 및 생산자 잉여

제2부에서 소비자 잉여는 소비자가 구입하고자 하는 재화의 시장가격과 그 재화에 대하여 소비자가 최대한 지불하고자 하는 가격(maximum willingness to pay)의 차이로 얻어지며, 수요곡선과 시장가격 사이의 면적이 소비자 잉여(consumer surplus)라는 것을 언급하였다. 이와 유사하게 한 기업이 얻는 생산자 잉여(producer surplus)는 기업이 생산하는 재화의 시장가격과 재화에 대하여 기업이 최소한으로 받고자 하는 가격(minimum willingness to accept)의 차이로 얻을 수

MOST PROFITABLE					THE TOP 10 SALES	
기업	이익 순위	매출 순위	이익 ($million)		기업	매출 ($million)
Apple	1	3	$59,531.0		1 월마트(Walmart)	$514,405
JPMorgan Chase	2	18	$32,474.0		2 엑손 모빌(Exxon Mobil)	$290,212
Alphabet	3	15	$30,736.0		3 애플(Apple)	$265,595
Bank of Amereica	4	25	$28,147.0		4 버크셔헤서웨이(Berkshire Hathaway)	$247,837
Wells Fargo	5	29	$22,393.0		5 아마존(Amazon.com)	$232,887
Facebook	6	57	$22,112.0		6 유나이티드헬스(UnitedHealth Group)	$226,247
Intel	7	43	$21,053.0		7 맥케슨(McKesson)	$208,357
Exxon Mobil	8	2	$20,840.0		8 CVS헬스(CVS YHealth)	$194,579
AT&T	9	9	$19,370.0		9 에이티 앤 티(AT&T)	$170,756
Citigroup	10	30	$18,045.0		10 아메리소스 버건(AmerisourceBergen)	$167,939.6

그림 3-29 ▶ FORTUNE 500에 의해 발표된 2019년 미국 순이익 10대 기업과 매출액 10대 기업

출처 : www.fortune.com

있다. 이 또한 공급곡선과 시장가격 사이의 면적이 생산자 잉여라는 것을 알 수 있다.

완전경쟁시장에서 생산자는 가격수용자이고, $MC = P$이므로 앞서 제시한 [그림 3-23]에서 π의 영역이 생산자 잉여라고 볼 수 있다. 따라서 기업의 이윤이 $\pi = PQ - C(Q)$이므로 생산자 잉여의 변화는 상품가격이나 비용(요소가격)의 변화로부터 변하게 됨을 알 수 있다. 이러한 잉여 변화의 크기를 도출하기 위해서 우선 공급곡선과 투입요소의 수요에 대한 기울기가 어떻게 형성되는지 확인해보고자 한다.

5.1 공급곡선의 기울기

앞서 도출한 완전경쟁시장 하에서 개별기업의 공급함수인 식 (3.55)를 최종재인 상품의 가격 P로 미분하면 기업의 공급곡선에 대한 기울기가 어떤 형태를 보이는지를 알 수 있다.

우선, 식 (3.55)에서 개별기업의 공급함수를 P로 미분하여 개별기업의 공급곡선 기울기가 도출되는 과정은 다음과 같다. 만일 생산함수($Q = AL^{\alpha}K^{\beta}$)가 $\alpha + \beta < 1$이고, $\alpha > 0$과 $\beta > 0$인 '규모수익체감의 법칙'이 성립하는 생산함수라면, 이때 기업의 공급곡선의 기울기는 양(+)의 값을 지니게 된다는 것을 아래의 식 (3.87)을 통해 알 수 있다.

$$\frac{\partial Q^*(w, r, P)}{\partial P} = \left(\frac{\alpha + \beta}{1 - \alpha - \beta}\right) P^{\left(\frac{\alpha + \beta}{1 - \alpha - \beta} - 1\right)} A^{\frac{1}{1 - \alpha - \beta}} \left(\frac{\alpha}{w}\right)^{\frac{\alpha}{1 - \alpha - \beta}} \left(\frac{\beta}{r}\right)^{\frac{\beta}{1 - \alpha - \beta}} > 0 \qquad (3.87)$$

여기서 개별기업의 공급곡선의 기울기가 양(+)인 이유는 $\alpha + \beta < 1$이고, $\alpha > 0$, $\beta > 0$, 생산기술 수준인 $A > 0$, 제품의 가격 $P > 0$, 노동의 가격 $w > 0$, 자본의 가격 $r > 0$이기 때문이다. 이를 그림으로 표현하면 [그림 3-30]과 같이 나타낼 수 있다. 여기서 가격을 수평으로 둔 이유는 완전경쟁시장 하에서 개별기업의 가격은 주어진 것으로 가정하고 있기 때문이다. 또한 완전경쟁

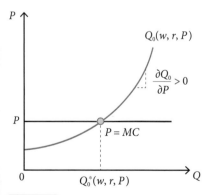
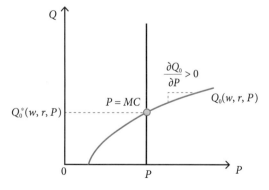

그림 3-30 ▶ 가격 변화에 따른 공급함수의 기울기

시장의 균형조건이 $P=MC$이므로 균형생산량은 $Q^*(w, r, P)$임을 알 수 있다. 따라서 제품의 가격이 상승하면 기업의 제품 공급량에 양($+$)의 영향을 미치게 됨을 알 수 있으며, 제품의 가격 변화는 기업의 공급량에 영향을 미쳐 공급곡선 위의 이동이 발생함을 알 수 있다.

다음으로, 식 (3.55)의 개별기업의 공급함수가 $\alpha+\beta<1$이고, $\alpha>0$과 $\beta>0$인 '규모수익체감의 법칙'이 성립할 때, 이를 생산요소의 가격인 w, r로 미분할 때 개별기업의 공급곡선의 기울기가 어떠한 형태를 가지며, 또한 생산요소의 가격 상승으로 인해 개별기업의 공급함수는 어떠한 변화를 보이는지를 살펴보자.

첫째로, 노동과 자본의 가격이 상승하면 이때 개별 공급함수의 기울기는 식 (3.88)과 식 (3.89)와 같이 음($-$)의 값을 가지게 된다.

$$\frac{\partial Q^*(w, r, P)}{\partial w} = -\left(\frac{\alpha}{1-\alpha-\beta}\right)\left(\frac{Q^*}{w}\right)<0 \tag{3.88}$$

$$\frac{\partial Q^*(w, r, P)}{\partial r} = -\left(\frac{\beta}{1-\alpha-\beta}\right)\left(\frac{Q^*}{r}\right)<0 \tag{3.89}$$

식 (3.88)과 식 (3.89)를 그림으로 표현하면 [그림 3-31]과 같이 나타낼 수 있다. 즉, 노동과 자본의 요소 가격이 상승하면 기업의 제품 공급에 음($-$)의 영향을 미칠 수 있음을 알 수 있다.

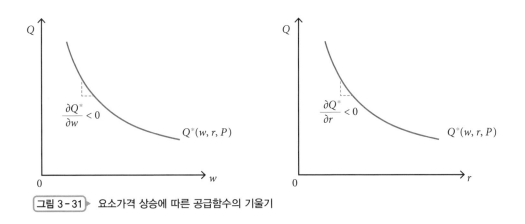

그림 3-31 ▶ 요소가격 상승에 따른 공급함수의 기울기

아울러 생산요소 가격이 상승하면 공급함수에 어떠한 영향을 미치는지를 그림으로 살펴보면 [그림 3-32]와 같이 공급곡선 자체가 상향 이동함을 알 수 있다. 즉, 노동과 자본 등 생산요소의 가격이 상승하면 기업은 비용 상승으로 인해 제품의 공급에 부담을 가지게 된다.

그 외에도 기업의 공급곡선의 이동(movement of supply curve)을 유인하는 요인들로는 생산기술의 변화, 새로운 발견, 기후 변화, 산업 내 기업수의 변화, 미래에 대한 기대의 변화 등을 들

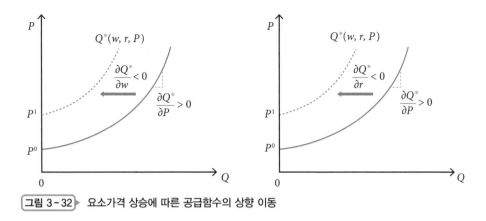

그림 3-32 요소가격 상승에 따른 공급함수의 상향 이동

수 있다.

한편, 기업의 노동과 자본에 대한 파생수요를 이들의 생산요소 가격으로 미분하여 개별기업의 파생수요곡선의 기울기가 도출되는 과정을 살펴보면 다음과 같다. 즉, 앞서 도출한 식 (3.72)와 식 (3.73)을 노동과 자본의 가격으로 미분하면 식 (3.90)과 식(3.91)과 같이 음(−)의 기울기를 가진다는 것을 확인할 수 있다.

$$\frac{\partial L^*}{\partial w} = -\left(\frac{1-\beta}{1-\alpha-\beta}\right)\frac{L^*}{w} < 0 \tag{3.90}$$

$$\frac{\partial L^*}{\partial r} = -\left(\frac{\beta}{1-\alpha-\beta}\right)\frac{L^*}{r} < 0 \tag{3.91}$$

이는 생산요소의 가격이 상승하면 기업의 파생수요는 감소하기 때문이다. 즉, 노동의 가격이 하락하면 노동의 투입이 증가하고, 노동의 가격이 상승하면 노동의 투입이 감소하는 경향을 보이게 된다. 이는 식 (3.92), (3.93)과 같이 자본에서도 마찬가지의 현상이 나타난다.

$$\frac{\partial K^*}{\partial w} = -\left(\frac{\alpha}{1-\alpha-\beta}\right)\frac{K^*}{w} < 0 \tag{3.92}$$

$$\frac{\partial K^*}{\partial r} = -\left(\frac{1-\alpha}{1-\alpha-\beta}\right)\frac{K^*}{r} < 0 \tag{3.93}$$

이상에서 보듯이 생산요소의 가격이 상승하면 기업의 파생수요가 감소하는 음(−)의 영향을 받는 관계임을 확인할 수 있다. 이를 도식화하여 설명하면 [그림 3-33]과 같이 표현할 수 있다.

또한 노동의 가격 상승으로 인해 자본의 파생수요의 영향을 살펴보면 [그림 3-34]에서 보듯이 자본의 파생수요곡선이 왼쪽으로 이동함을 볼 수 있다. 이는 $\partial K^*/\partial w < 0$의 영향에 기인한 것이다. 역으로, 자본의 가격 상승으로 인한 노동의 파생수요의 영향도 $\partial L^*/\partial r < 0$으로 인해 노동

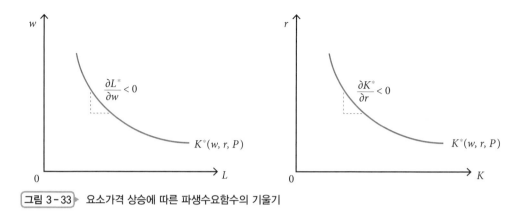

그림 3 - 33 요소가격 상승에 따른 파생수요함수의 기울기

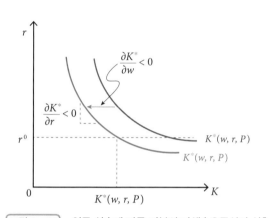

그림 3 - 34 임금 상승에 따른 자본의 파생수요곡선의 상향 이동

의 파생수요곡선이 왼쪽으로 이동하게 될 것이다.

이와 같이 노동의 파생수요곡선이나 자본의 파생수요곡선은 다른 요소가격의 상승으로 인해 자체 파생수요곡선이 왼쪽으로 이동하는 음($-$)의 영향을 받게 됨을 확인해보았다.

5.2 시장가격과 생산자 잉여의 변화

완전경쟁시장 하에서 개별기업의 제품 가격은 시장에서 결정되므로 생산자는 시장에서 주어진 가격을 따를 수밖에 없다. 만일 제품 가격이 상승하면 생산자는 그 제품을 더 많이 생산하고자 할 것이고, 또한 제품 생산으로부터 얻은 이득으로부터 더 많은 생산요소를 구매하여 제품 생산량을 증대시키려 할 것이다.

우리는 이러한 현상을 간접이윤함수를 이용하여 생산자 잉여의 변화분을 도출할 수 있는데 이를 식으로 나타내면 다음과 같다.

앞서 식 (3.57)과 (3.58)에서 살펴보았듯이 간접이윤함수는 $\pi^* = PQ^* - C(L^*,\ K^*)$인데, 이를 풀어서 나타내면 $\pi^*(w,\ r,\ P) = PQ^* - wL^* - rK^*$와 같다. 만일 제품 가격이 P^0에서 P^1로 바뀔 때 생산자 잉여의 증가분을 식으로 표현하면 식 (3.94)와 같이 나타낼 수 있다.

$$\Delta PS = \int_{P^0}^{P^1} Q^*(w,\ r,\ P)dP \tag{3.94}$$

그리고 식 (3.94)를 '호텔링의 보조정리$[\partial\pi^*(w,\ r,\ P)/\partial P = Q^*(w,\ r,\ P)]$'를 이용하여 풀게 되면 식 (3.95)와 같이도 표현할 수 있다.

$$\Delta PS = \int_{P^0}^{P^1} Q^*(w,\ r,\ P)dP = \int_{P^0}^{P^1} \frac{\partial\pi^*(w,\ r,\ P)}{\partial P}dP \tag{3.95}$$
$$= \pi^*(w,\ r,\ P^1) - \pi^*(w,\ r,\ P^0)$$

식 (3.95)를 그림으로 나타내면 [그림 3-35]와 같이 표현할 수 있다. 즉, 제품의 시장가격이 P^0에서 P^1으로 상승함에 따라 기업은 제품의 공급량을 증가시키려는 유인이 발생하여 기존 공급량 $Q_0^*(w,\ r,\ P^0)$에서 새로운 공급량 $Q_1^*(w,\ r,\ P^1)$으로 이동하게 된다. 여기서 가격 변화에 따른 공급량의 변화(change in quantity supplied)는 호텔링의 보조정리를 이용해 간접이윤함수의 이윤 변화로 전환이 가능하므로 이를 통해 기업의 생산자 잉여 변화를 도출할 수 있다. 아울러 [그림 3-35] 내의 $Q^*(w,\ r,\ P) = MC(w,\ r,\ P)$은 '셰퍼드의 보조정리'와 완전경쟁시장 하에서 Q^*와 MC의 역의 관계를 이용하여 도출할 수 있음을 생산자이론의 듀얼이론에서 언급한 바 있다.

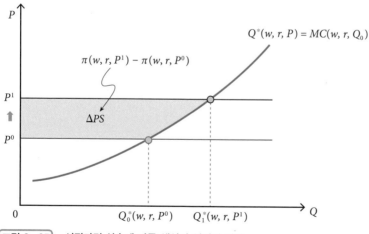

그림 3-35 ▶ 시장가격 상승에 따른 생산자 잉여의 변화

5.3　생산비용과 생산자 잉여의 변화

완전경쟁시장 하에서 기업의 제품에 대한 최소한으로 받고자 하는 가격은 기업의 한계비용에 의해 결정된다. 따라서 평균비용의 최저점을 통과하는 한계비용이 기업의 공급곡선이 된다.

우선, 기업의 한계비용과 생산요소가격과의 관계를 생각해보자. [그림 3-36]은 한 기업이 주어진 가격 하에서 생산량을 Q_0만큼만 공급하고자 하였으나 임금이 w^0에서 w^1으로 상승함에 따라 공급곡선의 변화(change in supply curve)를 가져와 생산자 잉여가 변화하고 있음을 보여준다. 앞 절에서 살펴보았듯이 요소가격인 임금이 상승함에 따라 기업의 공급곡선은 좌측으로 이동하게 되어 기업의 생산자 잉여를 감소시킴을 볼 수 있다. 즉, 주어진 가격 P_0하에서 최초 임금이 w^0이라면 이 기업의 생산자 잉여는 $P^0AP_{min}(w^0)$이었다. 그러나 임금 상승으로 인해 요소가격이 w^1로 상승하면서 기업의 공급곡선은 좌측으로 상향 이동하여 생산자 잉여를 $P^0BP_{min}(w^1)$으로 감소시킴을 알 수 있다.

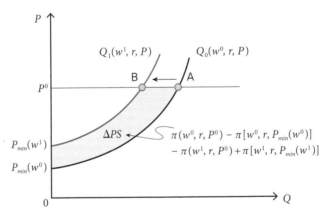

$$\boxed{\text{그림 3-36}}\ \ \text{요소가격 상승에 따른 생산자 잉여 감소 : 호텔링의 보조정리 이용}$$

[그림 3-36]의 ΔPS는 요소가격 상승에 따른 기업의 생산자 잉여의 감소분을 의미하며, 이를 식으로 표현하면 식 (3.96)과 같이 표현할 수 있다.

$$\Delta PS = P^0AP_{min}(w^0) - P^0BP_{min}(w^1) \tag{3.96}$$

$$= \int_{P_{min(w^0)}}^{P^0} Q_0(w^0,\ r,\ P)dP - \int_{P_{min(w^1)}}^{P^0} Q_1(w^1,\ r,\ P)dP$$

또한 식 (3.96)을 '호텔링의 보조정리'를 이용하여 간접이윤함수의 변화로 표현하면 다음과 같이 정리할 수 있다.

$$\Delta PS = \int_{P_{\min(w^0)}}^{P^0} Q_0(w^0,\ r,\ P)dP - \int_{P_{\min(w^1)}}^{P^0} Q_1(w^1,\ r,\ P)dP \tag{3.97}$$

$$= \int_{P_{\min(w^0)}}^{P^0} \frac{\partial \pi^*(w^0,\ r,\ P)}{\partial P}dP - \int_{P_{\min(w^1)}}^{P^0} \frac{\partial \pi^*(w^1,\ r,\ P)}{\partial P}dP$$

$$= \pi^*(w^0,\ r,\ P^0) - \pi^*[w^0,\ r,\ P_{\min}(w^0)] - \pi^*(w^1,\ r,\ P^0) + \pi^*[w^1,\ r,\ P_{\min}(w^1)]$$

끝으로 [그림 3-37]은 한 기업이 생산량 Q^0만큼 공급하고자 할 때 요소가격인 임금이 w^0에서 w^1로 상승한다고 하면, 주어진 시장가격 하에서 생산자 잉여가 감소함을 보여준다. 즉, 최초의 임금이 w^0에서 w^1로 상승하면 기업의 생산자 잉여는 ΔPS 면적만큼 감소함을 보여준다.

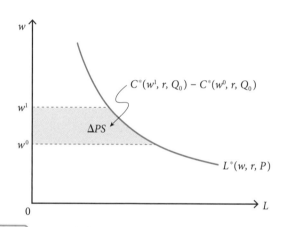

그림 3-37 요소가격 상승에 따른 생산자 잉여 감소 : 셰퍼드의 보조정리 이용

그리고 [그림 3-37]에서 보듯이 임금의 상승에 대한 노동의 파생수요를 '셰퍼드의 보조정리'를 이용하여 풀면 식 (3.98)과 같이 표현할 수 있다.

$$\Delta PS = \int_{w^0}^{w^1} L^*(w,\ r,\ Q_0)dw \tag{3.98}$$

$$= \int_{w^0}^{w^1} \frac{\partial C^*(w,\ r,\ Q_0)}{\partial w}dw$$

$$= C^*(w^1,\ r,\ Q_0) - C^*(w^0,\ r,\ Q_0)$$

또한 식 (3.98)을 '호텔링의 보조정리'를 통해 다르게 표현할 수 있는데 이는 앞 절의 식 (3.85)와 같다. 식 (3.85)에서 생산요소에 대한 파생수요와 요소시장(factor market)에서의 조건부 요소수요함수의 관계는 가격(P)과 생산량(Q^*) 사이에 역의 관계임으로 $L^*(w,\ r,\ P) \equiv L^*[w,\ r,\ Q^*(w,\ r,\ P)]$로 표현할 수 있다.

이상으로 제3부의 생산자 이론에서도 소비자 이론에서처럼 듀얼이론을 바탕으로 생산자의 잉여가 어떻게 도출될 수 있는지를 살펴보았다. 이처럼 듀얼이론은 단지 기업의 이윤극대화나 비용극소화의 관점에서 공급함수를 도출할 수 있는 다양한 방법을 제공해줄 뿐만 아니라 도출된 공급함수로부터 요소가격이나 상품가격 등의 변화에 대한 생산자의 잉여 또한 제공해주고 있다는 점에서 우리가 한 번쯤 이해하고 넘어가야 할 중요한 미시경제학의 영역임을 확인할 수 있었다.

다음으로 우리는 완전경쟁시장이 아닌 독점시장에서의 사회적 잉여 및 독과점시장에서의 이윤극대화, 즉 생산자 최대 잉여 도출에 대해 「더 생각해보기」에서 간략히 언급해보고자 한다.

더 생각해보기　**독점시장의 사회적 잉여 및 독(과)점시장의 이윤극대화**

■ 독점시장에서의 사회적 잉여

독점시장은 공급자가 하나인 시장으로 직접적인 경쟁자가 존재하지 않는 시장을 의미한다. 현실 경제에서 완전한 독점기업을 찾기는 어려우나 독점(monopoly)에 가까운 기업들은 [그림 3-38]과 같이 종종 찾아볼 수 있다. 이 그림은 2015년 1월 TOPTENZ에 의해 발표된 독점에 가까운 10대 기업들이다.

독점이 사회 전체에 미치는 영향을 알아내기 위해서는 완전경쟁시장에서 나타나는 사회적 잉여(social surplus)와 독점시장에서 나타나는 사회적 잉여를 비교해볼 필요가 있다. 따라서 현실과는 괴리가 있지만 수요곡선이 우하향하고 기업의 한계비용곡선(MC)이 수평이라고 가정해보자.

한계비용곡선은 추가로 한 단위를 더 생산할 경우 변화하는 비용을 나타내는 곡선으로 완전경쟁시장 기업의 공급곡선과 같다. 독점기업은 시장 지배력이 있어 스스로 시장가격을 수요곡

(a) AB InBev : 1

(b) Microsoft : 2

(c) Facebook : 3

(d) Simmons pet Food : 4

(e) Google : 5

(f) Monsanto : 6

(g) YKK : 7　　(h) Unilever : 8

(i) NETFLIX : 9

(j) Luxottica : 10

그림 3-38　TOPTENZ에 의해 발표된 독점에 가까운 10대 기업들

선 상에서 선택할 수 있기 때문에 독점시장의 공급곡선은 존재하지 않는다. 독점기업은 한계비용보다 높은 가격을 받을 수 있어 독점이윤을 얻을 수 있고, 완전경쟁시장에선 0이었던 생산자 잉여가 한계비용선 위의 사각형 면적인 B 영역만큼 생겨나게 된다.

완전경쟁에서의 소비자 잉여 중 사각형 면적인 B 영역만큼이 독점기업의 생산자에게로 귀속된 것이다. 그러나 어떤 기업이 독점하게 되면 소비자와 생산자 그 어떤 쪽에도 귀속되지 않고 사라지는 부분이 존재한다. 이런 사회적 잉여의 손실분을 경제학에서 독점의 자중손실(deadweight loss)이라고 한다. 독점으로 인한 자중손실의 크기가 삼각형 C 영역과 같음을 확인할 수 있을 것이다.

다음의 예를 통해, 기업이 가격을 주어진 것으로 받아들이는 완전경쟁시장의 가정하에서의 $P = MR(Q) = MC(Q)$과 독점시장의 가정하에서의 $P > MR(Q) = MC(Q)$의 이윤과 사회적 후생 손실의 크기를 구할 수 있다.

[그림 3-39]에서 독점시장에서의 소비자 잉여는 A 영역이며, 독점이윤, 즉 독점 기업의 생산자 잉여는 B 영역임을 알 수 있다. 또한 독점시장에서의 사회적 잉여는 A+B의 영역이며, 독점시장으로 인한 사회적 손실, 즉 자중손실은 C 영역이 됨을 알 수 있다.

이렇게 독점력을 갖는 기업들은 모든 소비자 잉여를 생산자 잉여로 귀속시키려는 노력을 한다. 하지만 생산자들이 가격을 단일가격으로 판매할 경우, $MR(Q) = MC(Q)$이 되는 점에서 가격과 생산량을 결정하여 이윤을 극대화화 하고자 한다. 아울러 독점기업들은 더 많은 이윤을 추구할 수 있는 방법을 계속 강구하려고 할 것이다. 일례로, 현실에서의 이러한 방법은 가격차별(price discrimination)을 통해 실현되곤 한다. 즉, 독점기업은 지불의사가 상이한 소비자

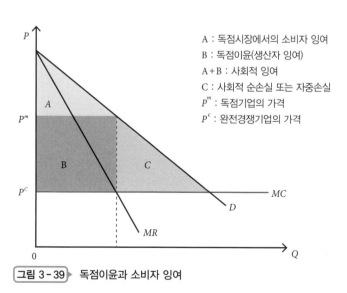

A : 독점시장에서의 소비자 잉여
B : 독점이윤(생산자 잉여)
A+B : 사회적 잉여
C : 사회적 순손실 또는 자중손실
P^m : 독점기업의 가격
P^c : 완전경쟁기업의 가격

그림 3-39 독점이윤과 소비자 잉여

들에게 서로 다른 가격을 책정하는 것이다. 이런 가격차별에는 1차, 2차, 3차 가격차별(price discrimination) 등으로 여러 개 존재하지만 이 책에서는 이러한 가격차별에 대한 구체적인 설명은 생략하고 단지 이들의 개념만 간략히 언급하고자 한다.

가격차별이란 완전경쟁시장에서는 한 상품에 대해 단 하나의 가격만이 성립하는 '일물일가의 법칙'이 존재하지만 독점기업의 경우에는 동일한 상품에 대해 생산비용이 같은데도 불구하고 상이한 시장에 상이한 가격을 매길 수 있음을 의미한다.

우선, 1차 가격차별(first-degree price discrimination)은 기업 등의 생산자가 개별 상품에 대하여 소비자들이 지불할 용의가 있는 최대금액을 설정하여 판매하는 것을 의미한다.

다음으로, 2차 가격차별(second-degree price discrimination)은 1차 가격차별과 유사한데 개별 상품이 모두 다른 가격에 판매되는 것이 아니라 상품들을 몇 개의 묶음으로 나누어 개별 묶음이 각기 다른 가격으로 판매되는 것을 의미한다.

끝으로, 3차 가격차별(third-degree price discrimination)은 생산자가 소비자를 세분화하여 분리된 시장에서 서로 다른 가격을 부과하는 것을 의미한다. 즉, 3차 가격차별은 2차 가격차별과는 달리 기업 등의 생산자가 소비자들을 어떤 세분화 변수에 의해 집단으로 구분할 수 있을 때 가능함을 알아 둘 필요가 있다.

■ 독점시장의 이윤극대화

독점시장은 한 기업이 동질의 상품을 생산, 공급하고 있는 시장이다. 독점시장에서 이윤극대화의 필요조건인 1계 조건은 $MR(Q) = MC(Q)$를 만족시켜야 하며, 2계 조건인 충분조건은 생산량이 증가할 때 $MR(Q)$의 증가율보다 $MC(Q)$의 증가율이 더 커야 한다.

우선, 독점시장에서 독점기업의 이윤극대화 수식을 나타내면 식 (3.99)와 같다.

$$\max_{(Q)} \pi(Q) = P(Q)Q - C(Q) \tag{3.99}$$

여기서 가격과 비용은 독점기업의 생산량에 따라 일정하지 않고 변화함을 알 수 있다.

다음으로, 독점기업의 필요조건인 1계 조건과 충분조건인 2계 조건을 수식으로 나타내면 식 (3.99.1), (3.99.2)와 같다.

$$\frac{\partial \pi(Q)}{\partial Q} = P'(Q)Q + P(Q) - C'(Q) = 0 \tag{3.99.1}$$

$$= MR(Q) - MC(Q) = 0$$

독점기업의 1계 조건은 가격이 완전경쟁기업처럼 주어진 것으로 간주되지 않은 가운데 $MR(Q) = MC(Q)$가 같은 점에서 이루어진다. 왜냐하면 $MR(Q)$과 $MC(Q)$가 일치하지 않으면 생산량을 늘리거나 줄임으로써 이윤을 증가시킬 수 있기 때문이다. 즉, 현재의 생산량에서 한 단위를 더 생산하면, 총수입은 한계수입만큼, 총비용은 한계비용만큼 증가하는데, 만일 $MR(Q)>MC(Q)$이거나 $MC(Q)>MR(Q)$일 경우 독점기업의 이윤은 생산량 한 단위 증가에 따라 증가 또는 감소할 수 있기 때문이다. 앞서 우리는 완전경쟁기업의 이윤극대화의 필요조건인 1계 조건도 $MR(Q)=MC(Q)$이었음을 유의하기 바란다. 단, 완전경쟁기업의 경우 $P=MR(Q)$이기 때문에 $P=MC(Q)$가 성립하였다. 그러나 독점기업의 경우에는 $P>MR(Q)$이므로 $P>MR(Q)=MC(Q)$가 성립함이 완전경쟁기업과 차이가 있음을 알아두자.

$$\frac{\partial^2 \pi(Q)}{\partial Q^2} = P''(Q)Q + 2P'(Q) - C''(Q) < 0 \tag{3.99.2}$$

$$= \frac{\partial MR(Q)}{\partial Q} - \frac{\partial MC(Q)}{\partial Q} < 0$$

또한 독점기업의 이윤극대화의 2계 조건인 충분조건은 생산량이 증가할 때 $MR(Q)$의 증가율보다 $MC(Q)$의 증가율이 더 커야 한다고 하였다. 이는 식 (3.99.2)에서 처럼 한계수입의 기울기 $(\partial MR/\partial Q)$보다 한계비용의 기울기$(\partial MC/\partial Q)$가 크기 때문이다. 그러므로 독점기업의 이윤극대화의 2계 조건은 한계수입곡선(marginal revenue curve of monopoly)이 우하향하고, 한계비용곡선이 수평이거나 우상향할 때 항상 충족된다.

[그림 3-40]은 한계수입곡선과 한계비용곡선이 만나는 점에서 독점기업의 생산량 Q^m이 결정되고, 독점기업의 가격 P^m은 Q^m에서 수요곡선(demand curve of monopoly) D의 높이로 결정됨을 알 수 있다. 또한 독점기업의 이윤인 π^m은 독점기업의 생산량 Q^m에서 결정된 수요곡선인 D와 평균비용곡선인 $AC(Q^m)$의 차이에 Q^m을 곱하여 도출된다. 그러므로 독점기업의 이윤은

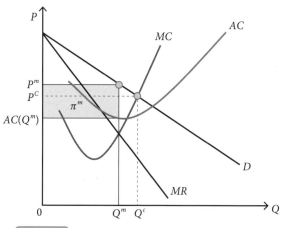

그림 3-40 독점기업의 생산량 및 가격 결정

$\pi^m = [P^m - AC(Q^m)] \times Q^m$으로 표현할 수 있다.

■ 과점시장의 이윤극대화

과점시장(oligopoly market)은 소수의 기업이 상품을 생산, 공급하고 있는 시장이다. 사실 현실에서 가장 자주 볼 수 있는 시장형태가 바로 과점시장이다. 일례로, 자동차, 석유제품, 가전제품, 금융서비스 등이 과점시장에서 주로 거래되어지고 있다. 일반적으로 과점시장은 상당히 높은 진입장벽(barriers to entry)이 존재하며, 기업들이 제품 차별화(product differentiation)를 시도하는 경우가 많다. 또한 과점시장은 개별기업의 의사결정과정에서 상호 의존성이 큰데 상대기업의 반응을 고려하여 자기기업의 의사결정을 전략적으로 선택할 가능성이 높다.

일반적으로 과점시장의 유형에는 동질적 상품을 공급하는 동질적 과점, 독점적 영향력을 행사할 수 있는 차별화된 상품(differentiated products)을 공급하는 차별적 과점, 과점기업들이 서로 경쟁하는 비협조적 과점, 과점기업들이 서로 협조하는 협조적 과점으로 분류될 수 있다. 일례로, 비협조적 과점 모형으로는 쿠르노 모형(Cournot model)과 베르트랑 모형(Bertrand model) 등을 들 수 있으며, 협조적 과점 모형으로는 가격선도모형(price leadership model), 담합(collusion)과 카르텔(cartel) 모형 등을 들 수 있다.

쿠르노 모형   프랑스 수학자 앙투안 오귀스탱 쿠르노(Antoine Augustin Cournot, 1801~1877)에 의해 소개된 과점시장의 한 시장형태인 **쿠르노 모형**(Cournot model, 1838)은 과점시장 안의 개별기업이 상대기업의 현재 생산량을 주어진 것으로 간주하고 자기기업의 이윤을 극대화하고자 생산량을 선택하는 방식이다. 일례로, 기업 1과 2가 생산하는 상품이 동질적이며, 두 기업의 생산비가 0인 상태에서 이 중 기업 1이 먼저 어떤 생산량을 선택한다고 하자. 그리고 기업 2는 기업 1의 생산수준을 그대로 유지할 것으로 기대하고 이윤을 극대화하는 생산량을 선택하게 된다. 이렇게 되면 이번에는 기업 1이 기업 2가 그 생산량을 그대로 유지할 것으로 기대하고 이윤을 극대화하는 새로운 생산량을 선택할 것이다.

이와 같이 쿠르노 모형(Cournot model)에서의 시장균형(market equilibrium)은 한 기업이 어떤 생산량을 선택하게 되면 상대 기업이 이에 대해 반응하고, 이를 지켜본 그 기업은 다시 자신의 선택을 수정하고, 상대기업은 이를 보고 다시 새로운 반응을 보이는 식으로 반복하는 과정에서 더 이상 반응하지 않는 어떤 상태에서 시장이 안정을 찾을 때 이루어진다(김상훈, 2009). 여기서 **반응곡선**(reaction curve)이란 한 기업의 이윤극대화 생산량과 경쟁기업의 예상되는 생산량 간의 관계를 나타내는 선으로 쿠르노 경쟁에서는 경쟁기업의 가능한 수량 선택들에 대한 해당 기업의 최적 대응 생산량을 의미한다.

[그림 3-41]의 반응곡선인 RC_1과 RC_2는 상대방의 행동에 대해 자신의 최적대응을 나타내

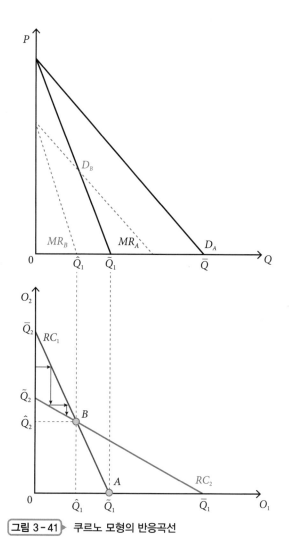

그림 3 - 41 ▶ 쿠르노 모형의 반응곡선

는 곡선으로 쿠르노 모형에서는 상대방의 생산량이 주어졌다는 가정하에, 자신의 이윤이 극대화되는 대응점들을 이은 곡선을 의미한다(위키백과, 2019). 즉, 어떤 시장의 전체 수요곡선이 D_A라고 할 때 만일 기업 2가 어떠한 것도 생산하지 않는다면 기업 1은 이 시장의 독점기업의 위치에서 생산량을 결정하게 된다.

따라서 D_A곡선에 상응하는 한계수입곡선인 MR_A를 찾아 이것이 수평축($Q_2 = 0$)과 교차하는 A점에서 이윤극대화가 이루어진다(위키백과, 2019). 그런데 만일 기업 2가 0이 아니고 $\hat{Q}_2$만큼 생산량을 선택한다면 기업 1은 전체 시장수요에서 $\hat{Q}_2$를 뺀 만큼 시장수요곡선을 D_B로 이동시켜야 할 것이다(위키백과, 2019). 그리고 기업 1은 이제 D_B에 상응하는 한계수입곡선인 MR_B를 도출하여 새로운 이윤극대화 생산량을 선택하게 된다. 즉, 기업 2에 대한 기업 1의 최적 대응점은 A, B로 나타낼 수 있는데, 이를 이어 만든 곡선이 반응곡선이 된다. 또한 기업 2의 반응 곡선도 같은 방법으로 나타낼 수 있는데, 이 두 반응곡선은 축만 바뀌고 같은 모양을 가지게 됨을 알 수 있다.

따라서 두 기업의 반응곡선은 B점에서 교차하게 되는데 파랑색 화살표는 균형이 아닌 상태에서 이러한 조정을 거쳐 쿠르노-내쉬 균형(Cournot-Nash equilibrium)에 도달하는 과정을 나타낸 것이다. 여기서 쿠르노-내쉬 균형은 생산량의 추측된 변화(conjectural variation)가 '0'일 때를 의미하는데, 이를 식으로 나타내면 다음과 같다.

$$\forall_{ij} CV_q = \frac{\Delta Q_j}{\Delta Q_i} = 0, \ i \neq j \tag{3.100}$$

CV_q는 추측되는 생산량의 변화를 의미한다. 이상의 쿠르노 모형의 정의로부터 이들 기업의 이윤극대화를 살펴보면 다음과 같다.

시장에서 두 기업의 수요함수는 $Q = D(P)$이며, 두 기업의 상품은 동질적이라고 가정한다. 또한 두기업이 각각의 수량을 동시에 선택한다고 가정한다. 쿠르노 모형에서처럼 수량경쟁의 경우 수요함수보다 가격을 수량으로 표시한 역수요함수(inverse demand function)가 더 설명에 용이하므로 수요곡선을 $P = f(Q) = a - Q = a - (Q_1 + Q_2)$로 표현한다. 그리고 두 기업의 비용함수를 $C_1(Q)$와 $C_2(Q)$로 두고, 두 기업의 한계비용(c)은 동일하면서 일정하다고 가정한다. 이것을 식으로 표현하면 $C_1(Q) = C_2(Q) = cQ$와 $MC_1(Q) = MC_2(Q) = c$로 나타낼 수 있다. 그리고 쿠르노-내쉬 균형에서 두 기업이 양(＋)의 수량을 생산하기 위해 a가 c보다 크다($a > c$)고 가정한다.

우선, 이상의 가정 하에서 과점시장에서의 쿠르노 경쟁에 직면한 기업들의 이윤극대화 수식을 나타내면 식 (3.101)과 같다.

$$\max_{(Q_1)} \pi_1(Q_1, Q_2) = [a - (Q_1 + Q_2)]Q_1 - cQ_1 \tag{3.101}$$

$$= R_1(Q_1 + Q_2) - C_1(Q)$$

$$\max_{(Q_2)} \pi_2(Q_1, Q_2) = [a - (Q_1 + Q_2)]Q_2 - cQ_2$$

$$= R_2(Q_1 + Q_2) - C_2(Q)$$

식 (3.101)의 수식은 설명을 용이하게 하고자 $[a - (Q_1 + Q_2)]Q_1$과 $[a - (Q_1 + Q_2)]Q_2$를 각각

$R_1(Q_1 + Q_2)$와 $R_2(Q_1 + Q_2)$로 대체한 것에 불과하다.

다음으로, 쿠르노 모형에서는 개별기업이 상대기업의 생산량이 주어진 것으로 두고 자기의 생산량 수준을 정하기 때문에 개별기업의 이윤극대화 생산량은 식 (3.101.1)로 표현할 수 있다.

$$\frac{\partial \pi_1}{\partial Q_1} = \frac{\partial R_1(Q_1 + Q_2)}{\partial Q_1} - \frac{\partial C_1(Q)}{\partial Q_1} = 0 \tag{3.101.1}$$

$$\frac{\partial \pi_2}{\partial Q_2} = \frac{\partial R_2(Q_1 + Q_2)}{\partial Q_2} - \frac{\partial C_1(Q)}{\partial Q_2} = 0$$

여기서 과점시장의 쿠르노 경쟁에 직면한 기업들의 이윤극대화에 대한 필요조건인 1계 조건은 $MR = MC$이므로 $Q_1 = r_1(Q_2) = (a - c - Q_2)/2$, $Q_2 = r_2(Q_1) = (a - c - Q_1)/2$인 개별기업의 반응함수를 도출할 수 있다. 그리고 위의 Q_1과 Q_2 식을 연립방정식으로 풀면 개별기업의 쿠르노-내쉬 균형 생산량은 $Q_1^* = Q_2^* = (a - c)/3 > 0$이며, 이때의 시장가격과 개별기업이 얻는 이윤은 $P^* = (a - 2c)/3$과 $\pi_1^* = \pi_2^* = (a - c)^2/9$이 된다.

또한 과점시장의 쿠르노 경쟁에 직면한 기업들의 이윤극대화를 위한 충분조건인 2계 조건을 수식으로 나타내면 식 (3.101.2)와 같이 표현할 수 있다.

$$\frac{\partial^2 \pi}{\partial Q_1^2} = \frac{\partial^2 R_1(Q_1 + Q_2)}{\partial Q_1^2} - \frac{\partial^2 C(Q_1)}{\partial Q_1^2} < 0 \tag{3.101.2}$$

$$\frac{\partial^2 \pi}{\partial Q_2^2} = \frac{\partial^2 R_2(Q_1 + Q_2)}{\partial Q_2^2} - \frac{\partial^2 C(Q_2)}{\partial Q_2^2} < 0$$

또한 쿠르노 모형에서 충분조건인 2계 조건은 생산량 증가 시 MR의 증가율보다 MC의 증가율이 더 커야 함에 따라, 2계 조건이 $H_2 > 0$이어야 하는데, 이는 충격에 비해 반응의 정도가 상대적으로 적을 때 안정적 균형이 존재하기 때문이다.[12]

베르트랑 모형 실제로 과점시장에서의 기업들이 생산량을 경쟁 수단으로 삼는 경우는 흔하지 않다. 왜냐하면 일단 생산시설을 갖추어 두면 새로운 생산규모로 변경하는 것이 쉽지 않기 때문이다. 그래서 베르트랑은 쿠르노 모형을 비판하며 생산량의 변화는 생산용량(capacity)의 변화가 수반되어야 하므로 수량경쟁은 장기에서의 경쟁수단이라고 주장하였다. 그러나 만일 시설규모를 쉽게 변경할 수 있는 산업적 특성을 가진 기업들이 있다면 이들 기업은 시설규모를 쉽게 변화시킬 수 있으므로 생산량 조절을 통해 단기에서도 가격 을 조정하고자 할 것이다.

---

12 유테 헤시안 행렬식으로 표현한 2계 편미분 계수의 값 : $H_2 = \begin{vmatrix} \dfrac{\partial^2 \pi_1}{\partial Q_1^2} & \dfrac{\partial^2 \pi_1}{\partial Q_2 \partial Q_1} \\ \dfrac{\partial^2 \pi_2}{\partial Q_1 \partial Q_2} & \dfrac{\partial^2 \pi_2}{\partial Q_2^2} \end{vmatrix} > 0$

그림 3 - 43 조젭 루이스 프랑수아
베르트랑

프랑스 수학자 베르트랑(Joseph Louis
François Bertrand, 1822~1900)

그러므로 프랑스 수학자 조젭 루이스 프랑수아 베르트랑에 의해 소개된 **베르트랑 모형**(Bertrand model, 1883)은 가격을 경쟁 수단으로 삼고자 하는데, 과점시장에서 개별기업이 상대기업의 현재 가격을 주어진 것으로 간주하고 자기기업의 가격을 결정하는 방식으로 경쟁을 하게 된다. 일례로, 기업 1과 2가 생산하는 상품이 동질적이며, 두 기업의 한계비용이 일정한 상태($c = MC_1 = MC_2$)에서 개별기업이 현재의 가격을 그대로 유지할 것으로 가정하고, 자신의 가격을 올리거나 내려도 경쟁기업은 가격을 변화시키지 않는다는 가정에서 출발한다(진보영, 2009). 이와 같이 베르트랑 모형에서의 균형은 한 기업이 어떤 가격을 선택하면 상대기업이 이에 대해 반응하고, 이를 본 그 기업은 다시 자신의 가격을 수정하고, 상대방

은 이를 보고 다시 새로운 반응을 보이는 식으로 반복하는 과정에서 더 이상 반응하지 않는 어떤 상태에서 시장이 안정을 찾을 때 이루어진다(김상훈, 2009).

[그림 3-44]는 베르트랑 모형의 반응곡선을 나타내는데, 기업 1이 한계비용보다 높은 가격 $\hat{P}_1$의 가격을 선택하면 기업 2는 이 가격보다 약간 낮은 가격을 불러 소비자들을 자기에게로 끌어들이려 한다(백진현, 2005). 다시 말해, 상대방이 한계비용(MC)보다 더 높은 수준의 가격을 유지하고자 할 때 기업 2가 취할 수 있는 최적 대응(best response)은 상대방보다 가격을 조금 낮추어 부르는 것이다. 이러한 반복을 통해 베르트랑 균형점은 두 반응곡선이 교차하는 B점에서

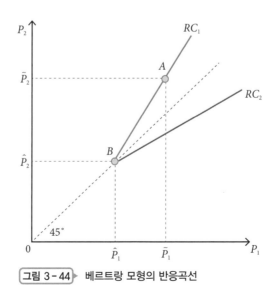

그림 3 - 44 베르트랑 모형의 반응곡선

달성되며, 이때의 **베르트랑-내쉬 균형**(Bertrand-Nash equilibrium)은 두 기업의 한계비용(MC_1, MC_2)과 두 기업의 가격($\hat{P}_1$, $\hat{P}_2$)이 같은 $c = MC_1 = MC_2 = \hat{P}_1 = \hat{P}_2$인 상태를 의미한다.

베르트랑 모형의 반응곡선은 경쟁기업의 행동에 대응해 이윤극대화를 위한 최적 대응의 가격수준을 선택하는 것인데, 이는 개별기업이 경쟁기업보다 낮은 가격전략을 선택하여 시장전체의 수요를 흡수하고자 하므로 두 기업이 모두 베르트랑 경쟁을 취할 경우, 두 기업의 가격은 한계비용과 동일하게 되어 이윤이 0에 도달하는 완전경쟁시장과 거의 비슷한 결과를 가져올 것이다. 여기서 베르트랑-내쉬 균형은 가격의 추측된 변화(conjectural variation)가 '0'일 때를 의미하는데, 이를 식으로 나타내면 다음과 같다.

$$\forall_{ij}\, CV_P = \frac{\Delta P_j}{\Delta P_i} = 0,\ i \neq j \tag{3.102}$$

CV_P는 추측되는 가격의 변화를 의미한다. 여기서는 앞서 제시한 베르트랑 모형의 정의를 더 확장하여 차별화된 재화시장에서 이들 기업의 이윤극대화 과정을 살펴보고자 한다.

시장에서 개별 기업의 수요함수는 선형인 $Q_1 = D_1(P_1,\ P_2)$과 $Q_2 = D_2(P_1,\ P_2)$이고, 비용함수는 $C_1(Q)$, $C_2(Q)$로 가정하자. 이때의 두 재화의 수요함수는 $D_1(P_1,\ P_2) = a - P_1 + bP_2$와 $D_2(P_1,\ P_2) = a - P_2 + bP_1$이며, b는 0보다 크다($b > 0$)고 가정하자. 그리고 두 기업의 한계비용은 동일하면서 일정하다고 가정한다. 즉, $C_1(Q) = C_2(Q) = cQ$와 $MC_1(Q) = MC_2(Q) = c$이라고 하자. 수요함수를 바탕으로 우리는 두 재화 모두 상대방 기업의 재화 가격이 상승하면 수요가 증가한다는 것을 예상할 수 있으며, 이 경우 두 재화는 대체재 관계에 있는 전략적 보완재(strategic complement)에 해당한다.

우선, 이상의 가정하에서 과점시장에서의 베르트랑 경쟁에 직면한 기업들의 이윤극대화 수식을 표현하면 식 (3.103)과 같다.

$$\max_{(P_1)} \pi_1(P_1, P_2) = (a - P_1 + bP_2)P_1 - C_1(a - P_1 + bP_2) \tag{3.103}$$
$$= (a - P_1 + bP_2)P_1 - c(a - P_1 + bP_2)$$
$$= R_1(P_1 + P_2)$$

$$\max_{(P_2)} \pi_2(P_1, P_2) = (a - P_2 + bP_1)P_2 - C_2(a - P_2 + bP_1)$$
$$= (a - P_2 + bP_1)P_2 - c(a - P_2 + bP_1)$$
$$= R_2(P_1 + P_2)$$

식 (3.103)의 수식은 설명을 용이하게 하고자 $(a - P_1 + bP_2)P_1 - c(a - P_1 + bP_2)$와 $(a - P_2 + bP_1)P_2 - c(a - P_2 + bP_1)$을 각각 $R_1(P_1 + P_2)$와 $R_2(P_1 + P_2)$로 대체한 것에 불과하다.

다음으로, 과점시장의 베르트랑 경쟁에 직면한 기업들의 필요조건인 1계 조건을 수식으로 나타내면 식 (3.103.1)과 같다.

$$\frac{\partial \pi_1}{\partial P_1} = \frac{\partial R(P_1 + P_2)}{\partial P_1} = 0 \tag{3.103.1}$$

$$\frac{\partial \pi_2}{\partial P_2} = \frac{\partial R(P_1 + P_2)}{\partial P_2} = 0$$

여기서 과점시장의 베르트랑 경쟁에 직면한 기업들의 이윤극대화에 대한 필요조건인 1계 조건은 $P = MR = MC$이다. 이는 어떤 기업이든 자기가 정한 가격이 한계비용보다 클 때는 가격을 낮추는 것이 유리하므로 최종적으로 가격 인하를 더 이상 진행할 수 없는 상황인 $P = MC$에서 베르트랑-내쉬 균형이 이루어지기 때문이다. 즉, 두 기업의 한계비용은 동일하므로 두 기업은 공통된 한계비용과 같은 수준의 가격에서 경쟁균형을 이루게 될 것이다.

여기서 $P_1 = r_1(P_2) = (a + c + bP_2)/2$와 $P_2 = r_2(P_1) = (a + c + bP_1)/2$는 개별기업의 반응함수를 나타낸다. 개별기업의 반응함수를 연립방정식으로 풀면 P_1과 P_2가 같음을 알 수 있고, P_2의 반응곡선을 P_1의 반응곡선에 대입하여 P_1의 균형가격을 구하면 개별기업의 베르트랑-내쉬 균형 가격은 $P_1^* = P_2^* = (a + c)/(2 - b)$임을 알 수 있다. 그리고 이때의 개별기업의 베르트랑-내쉬 균형 생산량은 $Q_1^* = Q_2^* = a - \{(a + c)/(2 - b)\} + b\{(a + c)/(2 - b)\}$이며, 개별기업의 베르트랑-내쉬 균형 가격을 개별기업의 이윤극대화 수식에 대입함으로써 개별기업의 이윤인 $\pi_1^* = \pi_2^* = [a - \{(a + c)/(2 - b)\} + b\{(a + c)/(2 - b)\}]\{(a + c)/(2 - b)\} - ac + c\{(a + c)/(2 - b)\} - bc\{(a + c)/(2 - b)\}$를 도출할 수 있다.

또한 과점시장의 베르트랑 경쟁에 직면한 기업들의 충분조건인 2계 조건을 수식으로 나타내면 식 (3.103.2)와 같다.

$$\frac{\partial^2 \pi}{\partial P_1^2} = \frac{\partial^2 R(P_1 + P_2)}{\partial P_1^2} < 0 \tag{3.103.2}$$

$$\frac{\partial^2 \pi}{\partial P_2^2} = \frac{\partial^2 R(P_1 + P_2)}{\partial P_2^2} < 0$$

또한 과점시장의 베르트랑 모형에서 충분조건인 2계 조건은 가격 증가 시 한계수입(MR)곡선의 증가율보다 한계비용(MC)곡선의 증가율이 더 커야 하므로, 2계 조건이 $H_2 > 0$이어야 하는데, 이는 충격에 비해 반응의 정도가 상대적으로 적을 때 안정적 균형이 존재하기 때문이다.[13]

---

13 유테 헤시안 행렬식으로 표현한 2계 편미분 계수의 값 : $H_2 = \begin{vmatrix} \dfrac{\partial^2 \pi_1}{\partial P_1^2} & \dfrac{\partial^2 \pi_1}{\partial P_2 \partial P_1} \\ \dfrac{\partial^2 \pi_2}{\partial P_1 \partial P_2} & \dfrac{\partial^2 \pi_2}{\partial P_2^2} \end{vmatrix} > 0$

그러나 앞서 언급한 한계비용과 개별 기업의 가격이 일치($c = MC_1 = MC_2 = \hat{P}_1 = \hat{P}_2$)하는 이 조건 외에는 베르트랑-내쉬 균형이 달성되지 않음도 확인해둘 필요가 있다. 이것을 간단히 언급하면 다음과 같다.

우선, 기업 1이 $P_1 < c$일 때 상품을 판매할 경우, 기업 1은 손해를 보게 되므로 한계비용인 c 미만으로 가격을 책정하지 않으려 할 것이므로 베르트랑-내쉬 균형이 되지 못한다. 다음으로, $P_1 > c$, $P_2 > c$이면서 $P_1 \neq P_2$인 경우에 $P_1 > P_2 > c$라면 재화의 가격이 높은 기업 1이 시장을 이탈할 유인이 생기며, $P_2 > P_1 > c$라면 기업 2가 시장을 이탈할 유인이 생기므로 베르트랑-내쉬 균형에 도달하지 못한다. 끝으로, $P_1 = P_2 > c$인 경우에는 기업 1, 2 모두 시장을 이탈할 유인이 발생하므로 베르트랑-내쉬 균형이 될 수 없다.

챔벌린 모형　기업들은 이윤추구가 목적이기에 기업 간에 결합이윤(joint profits)을 극대화할 수 있도록 그 산업 전체와 개별 기업의 생산량을 결정할 수 있다. 즉, 기업들이 결합이윤을 극대화시킨 후 극대화된 결합이윤을 서로 나누어 가질 수 있도록 산업 전체의 생산량과 개별 기업의 생산량을 정하는 것이 유리할 수 있다. 이렇듯 기업들이 서로 담합하는 것을 카르텔이라 하며, 이러한 과점시장이 독점기업과 유사하게 균형에 도달할 것으로 보는 모형이 미국 경제학자 에드워드 하스팅스 챔벌린에 의해 소개된 **챔벌린 모형**(Chamberlin model)이다.

즉, 과점시장에서의 챔벌린 모형은 하나의 독점기업과 거의 비슷한 이윤극대화를 시도한다. 만일 똑같은 상품을 생산

그림 3 - 45 에드워드 하스팅스 챔벌린

미국 경제학자 챔벌린(Edward Hastings Chamberlin, 1899~1967)

하는 과점기업들이 카르텔을 구성해 공동으로 받게 될 가격과 전체 생산량을 결정한다고 가정하자. 즉, 이들 기업은 카르텔 전체에 대한 한계비용곡선을 도출한 후 이 곡선과 한계수입곡선이 교차하는 점에서 이윤을 극대화시키고자 할 것이다. 결국 이들 기업이 카르텔을 구성하여 공동으로 받게 될 가격을 결정하게 되면 개별 기업들은 주어진 가격 하에서 자신에게 할당된 생산량을 생산함에 따라 이윤을 극대화시키게 된다.

이를 그림으로 표현하면 [그림 3-46]과 같이 나타낼 수 있는데, 그림처럼 카르텔을 형성한 기업 전체의 한계비용곡선을 먼저 도출한 후 그 산업의 시장수요곡선(D)이 주어진다면, 카르텔 기업들은 이것에 상응하는 한계수입곡선(MR)을 도출할 수 있다. 그리고 이들 기업들은 한계수입곡선과 한계비용곡선이 교차하는 산업 전체의 생산량 Q^0을 생산 목표량으로 결정한 다음 산업 전체의 이윤을 극대화할 것이다.

이로 인해 카르텔은 전체 생산량을 Q^0 수준으로 결정하고 단위당 P^0의 가격을 유지하려 할 것이다. 하지만 이 생산량을 개별 가맹기업들에게 어떻게 할당할 것인지에 대한 문제가 남아있다. 즉, 개별 기업의 입장에서 볼 때 카르텔 전체의 이윤이 극대화된다고 해서 개별 기업의 이윤도 반드시 극대화되는 것은 아니기 때문이다.

그러므로 어떤 기업이 얼마만큼씩 생산하도록 할당할 것인지에 대해 합의를 보아야 하는데, 이 문제를 둘러싸고 가맹기업들 사이에서 갈등이 발생할 수 있다. 즉, 서로 많은 생산량을 할당받기를 원하기 때문에 쉽사리 합의에 이르지 못할 가능성이 높은데, 만일 특정 기업이 카르텔 협정을 무시하고 할당량 이상으로 상품을 판매한다면 카르텔 협정을 충실히 지킬 때보다 더 많은 이윤을 얻을 수 있다.

[그림 3-46]에서 보듯이 특정 기업이 자신에게 할당된 생산량 이상인 Q^0에서 Q'으로 생산하였을 경우 이로 인한 추가적인 이윤이 ABC 영역과 같이 발생함을 볼 수 있다. 결국 이러한 협정 위반이 잦아지면, 카르텔은 그 자체에 가맹기업들의 이기적인 행위에 의해 쉽게 와해될 수 있다.

그러므로 카르텔이 제대로 유지되기 위해서는 가맹기업들의 이기적인 행동을 효율적으로 통제할 수 있어야 한다. 협정을 위반하는 행위를 쉽게 적발할 수 있고 적발된 경우 강력한 제재를 가할 수 있으면 이기적 행동은 상당한 정도로 억제될 수 있다.

이상의 설명에서 보았듯이 챔벌린 모형은 과점시장의 기업들이 결합하여 하나의 독점기업처럼 행동하므로 이윤극대화 모형도 독점기업의 이윤극대화 모형과 매우 흡사하다.

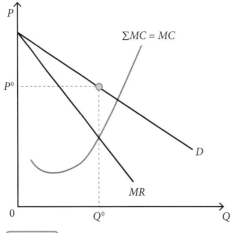
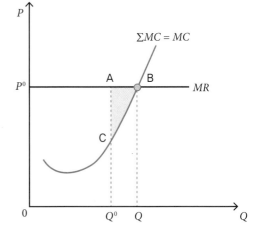

그림 3-46 ▶ 챔벌린 모형의 이윤극대화

우선, 과점시장에서의 카르텔 기업들의 이윤극대화 수식을 나타내면 식 (3.104)와 같다.

$$\max_{(Q_1)} \pi_1(Q_1) = P(Q_1)Q_1 - C(Q_1) \tag{3.104}$$

$$\max_{(Q_2)} \pi_2(Q_2) = P(Q_2)Q_2 - C(Q_2)$$

$$\max_{(Q_1+Q_2)} [\pi_1 + \pi_2] = P(Q_1 + Q_2)[Q_1 + Q_2] - C(Q_1) - C(Q_2)$$

식 (3.104)에서 보듯이, 두 기업이 카르텔을 형성하여 결합이윤이 극대화되는 방향으로 생산량을 결정하고자 함을 알 수 있다.

다음으로, 카르텔 기업의 필요조건인 1계 조건과 충분조건인 2계 조건을 수식으로 나타내면 식 (3.104.1), (3.104.2)와 같다.

$$\frac{\partial[\pi_1 + \pi_2]}{\partial Q_1} = P'(Q_1)Q_1 + P(Q_1) - C'(Q_1) = 0 \tag{3.104.1}$$

$$= MR(Q_1) - MC(Q_1) = 0$$

$$\frac{\partial[\pi_1 + \pi_2]}{\partial Q_2} = P'(Q_2)Q_2 + P(Q_2) - C'(Q_2) = 0$$

$$= MR(Q_2) - MC(Q_2) = 0$$

카르텔 기업의 1계 조건은 가격이 주어지지 않은 가운데 $MR_1 = MC_1$, $MR_2 = MC_2$가 같은 점에서 이루어진다.

$$\frac{\partial^2[\pi_1 + \pi_2]}{\partial Q_1^2} = P''(Q_1)Q_1 + 2P'(Q_1) - C''(Q_1) < 0 \tag{3.104.2}$$

$$= \frac{\partial MR(Q_1)}{\partial Q_1} - \frac{\partial MC(Q_1)}{\partial Q_1} < 0$$

$$\frac{\partial^2[\pi_1 + \pi_2]}{\partial Q_2^2} = P''(Q_2)Q_2 + 2P'(Q_2) - C''(Q_2) < 0$$

$$= \frac{\partial MR(Q_2)}{\partial Q_2} - \frac{\partial MC(Q_2)}{\partial Q_2} < 0$$

카르텔 기업의 이윤극대화의 2계 조건인 충분조건은 생산량이 증가할 때 $MR(Q)$의 증가율보다 $MC(Q)$의 증가율이 더 커야 하는 조건을 독점시장과 같이 만족시켜야 한다. 그러므로 카르텔 기업의 이윤극대화의 2계 조건도 산업전체의 한계수입곡선이 우하향하고, 한계비용곡선이 수평이거나 우상향할 때 항상 충족된다.

스타켈버그 모형 과점기업들은 시장 내에서 이들 기업들이 점유하는 비중이 서로 다르기 때문에 그 시장을 주도하는 기업과 그렇지 못한 기업이 있을 수 있다. 독일 경제학자 하인리히 폰

그림 3 - 47 하인리히 폰 스타켈버그

독일 경제학자 스타켈버그
(Heinrich Freiherr von Stackelberg,
1905~1946)

스타켈버그는 이 점을 착안하여 과점시장일 경우 주도기업이 먼저 의사결정을 하면 추종기업은 이에 기초하여 의사결정을 할 수 있다고 보았다.

따라서 **스타켈버그 모형**(Stackelberg model)에서는 주도기업은 추종기업의 반응곡선을 예상하고 자신에게 유리한 생산량을 결정하며, 추종기업은 주도기업이 결정한 생산량을 주어진 것으로 간주하고 자신의 이윤을 극대화할 수 있는 생산량을 결정하는 과정을 거치게 된다.

앞서 언급한 쿠르노 모형과 베르트랑 모형은 동시결정모형으로 상대기업이 두 기업 간의 상호의존성(mutual inter-dependence)을 인식하지 못하는 것으로 판단하고 기업이 의사결정을 한다는 측면에서 현실과 다소 괴리가 있었으나 스타켈버그 모형은 순차결정모형으로 대체재를 생산하는 두 기업이

상호의존성을 인식하고 있다는 가정하에 개별 기업의 행동을 분석하고 있다는 점에서 다른 모형들에 비해 현실적 접근이라 할 수 있다.

스타켈버그 모형은 만일 두 기업이 존재할 때 생산하는 재화는 동질적이며, 기업 1이 주도기업으로 우선 생산하고 기업 2는 추종기업으로 기업 1의 생산량을 보고 자신의 생산량을 결정한다고 가정한다. 따라서 기업 2의 반응함수는 $Q_2 = f_2(Q_1)$으로 표현할 수 있다. 또한 스타켈버그 모형에서의 가격(P)은 총 공급량(Q)에 의해 결정[$P = f(Q)$]되고, 두 기업의 시장수요량과 시장수요함수는 각각 $Q = Q_1 + Q_2$, $P = a - (Q_1 + Q_2)$, $a > 0$이며, 두 기업의 한계비용은 동일하면서 일정하다고 가정한다. 즉, $C_1(Q) = C_2(Q) = cQ$와 $MC_1(Q) = MC_2(Q) = c$를 의미한다.

우선, 과점시장에서의 스타켈버그 모형의 균형 하에서 기업들의 이윤극대화 수식을 나타내면 모형 자체는 쿠르노 모형의 이윤극대화 수식과 동일함을 식 (3.105)를 통해 알 수 있다.

$$\max_{(Q_1)} \pi_1(Q_1, Q_2) = [a - (Q_1 + Q_2)]Q_1 - cQ_1 \qquad (3.105)$$

$$= [a - c - (Q_1 + Q_2)]Q_1 \quad such\ that \quad Q_2 = f_2(Q_1)$$

$$\max_{(Q_2)} \pi_2(Q_1, Q_2) = [a - (Q_1 + Q_2)]Q_2 - cQ_2$$

$$= [a - c - (Q_1 + Q_2)]Q_2$$

그러나 기업 2는 Q_1을 선택한 것을 보고 자신의 생산량을 결정해야 하므로 동시결정모형인 쿠르노 모형과는 다소 차이가 있다.

따라서 기업 2의 이윤극대화를 위한 필요조건인 1계 조건은 식 (3.105.1)과 같다.

$$\frac{\partial[\pi_2]}{\partial Q_2} = [a - c - (Q_1 + Q_2)] - Q_2 = 0 \tag{3.105.1}$$

여기서 기업 1의 이윤극대화를 위한 선택은 기업 2의 최적 대응을 이용하여 도출할 수 있음을 유의할 필요가 있다. 즉, 기업 2의 이윤극대화 조건으로부터 기업 2의 반응함수식 $[Q_2 = (a - c - Q_1)/2]$을 도출한 후 이를 기업 1의 이윤함수식에 대입하여 기업 1의 이윤극대화를 위한 최적 생산량을 도출할 수 있다.

$$_{\max}\pi_1(Q_1) = [a - c - (Q_1 + \frac{a - c - Q_1}{2})]Q_1 \tag{3.105.2}$$

$$= \frac{(a - c - Q_1)Q_1}{2}$$

위 식 (3.105.2)의 분자인 $(a - c - Q_1)Q_1$은 다름 아닌 독점기업이 Q_1을 선택했을 경우의 독점이윤에 해당하며, 식 (3.105.2)는 기업 1이 Q_1을 선택할 때, 기업 2의 선택까지 고려한 기업 1의 이윤으로 독점이윤의 절반임을 알 수 있다. 다시 말해, 식 (3.106)의 1계 조건으로부터 기업 1의 $\pi_1(Q_1)$을 극대화하는 균형 생산량(Q_1^*)은 $(a - c)/2$이므로 위의 도출된 기업 1의 균형 생산량 $[(a - c)/2]$을 기업 1의 이윤인 식 (3.105.2)의 Q_1에 대입하면 기업 1의 이윤은 독점이윤의 절반인 $\pi_1 = (a - c)^2/8$임을 알 수 있다.

여기서, 기업 1의 이윤극대화를 위한 필요조건인 1계 조건은 식 (3.106)과 같다.

$$\frac{\partial[\pi_1]}{\partial Q_1} = \frac{a - c - 2Q_1}{2} = 0 \tag{3.106}$$

다음과 같은 방법으로 기업 1은 기업 2의 반응함수식을 고려하여 $Q_1 = (a - c)/2$를 선택함에 따라 기업 2는 식 (3.105.1)을 이용하여 균형 생산량(Q_2^*), $Q_2^* = (a - c)/4$를 선택하게 된다. 이를 기업 2의 이윤인 식 (3.105)의 Q_2^*에 대입하여 풀게 되면 기업 2의 이윤은 $\pi_2 = (a - c)^2/16$이며, 이때의 시장가격은 식 $P = a - (Q_1 + Q_2)$로부터 $P^* = (a - 3c)/4$를 도출하게 된다.

다음으로, 스타켈버그 모형에서의 주도기업인 기업 1의 균형 가격(P^*)과 균형 생산량(Q_1^*)을 도식화해보면 [그림 3-48]과 같다(Varian, 1993).

주도기업인 기업 1이 직면한 수요곡선은 시장의 수요곡선에서 추종기업인 기업 2의 공급곡선을 제한 굵은 선분 $\overline{AC}$를 의미한다. 기업 1은 주도기업의 균형 생산량(Q_1^*)을 공급하기 위한 최적량을 도출하기 위해 자신의 한계비용과 한계수입이 같아지도록 만들게 된다. 여기서 기업 1의 생산자 잉여(producer surplus)는 $\Delta P^* AB$로 표현할 수 있으며, 시장에 공급된 총 생산량은 Q^*이고, 이때의 시장의 균형가격은 P^*가 됨을 알 수 있다.

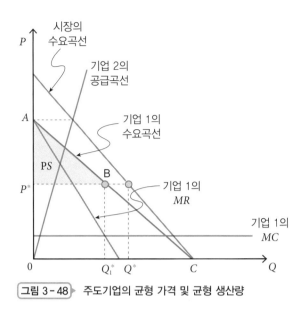

주도기업의 균형 가격 및 균형 생산량

　이상으로 독점기업 및 과점기업에서의 이윤극대화의 방법과 그로부터 야기되는 생산자 잉여 또한 살펴보았다. 물론, 독점기업이나 과점기업을 예로 한 듀얼이론을 제시하지는 않았지만, 이들 독점 및 과점기업의 이윤극대화 방법 등을 검토해봄으로써 미시경제학에서 중요하다고 여겨지는 잉여 추정에 대해 간략하게나마 제공해보았다는 점에서 의미가 있는 접근으로 여겨진다.

6. 비용변화에 따른 최적선택

6.1 투입확장경로

기업이 생산량을 점차 늘려가는 상황에서, 생산요소의 가격이 일정하다고 가정할 때 비용을 극소화시키는 생산요소의 조합은 어떻게 변화할 것인가? 앞서 등비용곡선과 등량곡선의 접점에서 비용최소화 조건이 만족된다고 하였다. 따라서 이 질문에 대한 해답은 기업 생산량이 변화할 때, 등비용곡선과 등량곡선의 접점들을 이어줌으로써 구할 수 있다. 이때, 접점들을 이은 곡선을 투입확장경로(input expansion path)라고 하는데, 이는 [그림 3-18]에서 이미 제시한 바 있다.

[그림 3-18]의 투입확장경로는 소비자이론에서의 소득확장경로와 매우 유사하다. 소득확장경로를 잠시 떠올려보자. 소득확장경로란 소득의 변화가 두 재화의 소비에 어떠한 영향을 미치는지 나타내주는 곡선이기 때문에, 소득이 0이면 두 재화의 소비량 모두 0이 되므로 항상 원점에서부터 출발한다는 사실을 배운 바 있다. 이처럼 투입확장경로 또한 일반적인 상황에서, 생산이 0이면 생산요소도 0이기 때문에 원점으로부터 출발하며, 바깥으로 뻗어나가는 형태의 곡선을 그린다.

6.2 비용곡선의 이동

경제학의 기본적 전제 중 하나는 고려된 변수 이외의 다른 변수는 고정되어 있다는 것이다. 그러나 이러한 가정은 현실을 제대로 반영하지 못하는 문제를 발생시킬 수 있다. 우리가 경제학을 공부할 때 고정되어 있다고 가정하는 많은 변수들이 현실에서는 기업의 선택에 영향을 미치고 있다. 이 때문에 불변이라고 가정한 지금까지의 여건들에 대해 변화를 준다면 그 결과 역시 변할 것이라고 기대할 수 있다. 이 중 비용곡선(cost curve)의 이동을 야기하는 기술진보(technological progress), 투입요소 가격의 변화(change in price of input factors), 학습효과(learning by doing) 등에 대해 살펴보자.

기술진보

일반적인 경우, 기술이 진보하면 같은 양의 생산요소를 투입하여도 보다 많은 생산이 가능해지며 보다 적은 생산요소 투입으로 동일한 생산량만큼의 산출이 가능해진다. 다시 말해, 기술진보는 기업으로 하여금 전과 같은 비용을 들여도 더 많이 생산할 수 있게 하며, 또는 전보다 적은 비용으로 동일한 생산량만큼의 산출하거나 그 이상을 가능하게 한다. 이는 현실에서도 쉽게 확인이 가능하다. 기술진보는 같은 크기의 메모리 칩에 더 많은 정보를 저장할 수 있게 하였으며 이는 자연스럽게 생산비용의 절감을 가져왔다.

이러한 기술진보는 [그림 3-49]와 같이, 그래프에서도 쉽게 확인이 가능하다. 단기에서 다른 조건들이 일정할 때 생산함수가 상향 이동하여 생산요소의 한계생산성이 증가한 경우, 또는 장기에서 등량곡선이 원점을 향해 이동하는 경우, 기술진보가 일어났다고 해석이 가능하다. 장기에서 기술진보의 발생은 동일한 생산량을 보다 적은 생산요소의 투입으로 생산이 가능하므로 등량곡선은 원점을 향해 이동한다.

투입요소 가격의 변화

노동자의 임금이 상승할 때, 기업의 비용곡선이 어디로 이동하는지는 앞서 제시한 바 있다. 단면적으로 생각해보면, 임금이 하락하면 기업은 동일한 생산량을 산출하기 위하여 상대적으로 가격이 하락한 노동을 더 많이 투입하고자 비용곡선은 아래로 이동하게 된다. 그러나 이는 모두 '노동'이라는 투입요소가 정상투입요소라고 가정했을 경우이다. 여러분이 신발공장의 공장장

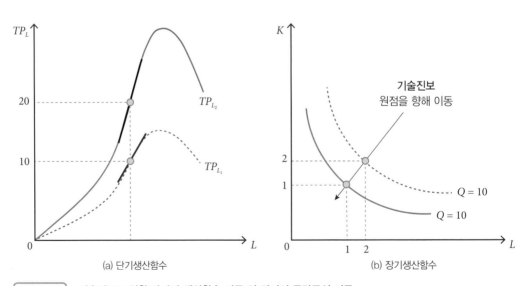

(a) 단기생산함수

(b) 장기생산함수

그림 3-49 기술진보로 인한 단기의 생산함수 이동 및 장기의 등량곡선 이동

이 되었다고 생각해보자. 신발을 만드는 기계는 한 시간에 신발을 10켤레 생산하나, 노동자는 한 시간에 신발을 1켤레 생산한다. 단, 생산된 신발의 질과 상품가격은 동일하며, 노동자는 비숙련 노동자라고 가정하자. 이 경우 임금이 하락하면 비용곡선은 어디로 이동하게 되는가? 노동을 정상투입요소로 가정하였을 경우에는 임금이 하락하면 비용곡선은 하방 이동을 할 것이다. 그러나 노동이 열등투입요소일 경우 임금이 하락하면 한계생산비용이 상승하게 되어 비용곡선은 상방 이동을 하게 될 것이다. 열등투입요소라 하더라도 요소대체효과는 여전히 양(+)의 값을 가지게 되며, 노동으로 자본을 대체함에 따라 생산량은 감소할 수밖에 없다. 본래의 생산량을 Q_0, 줄어든 생산량을 Q_1이라고 할 때, 여러분은 상대적으로 가격이 저렴해진 노동으로 자본을 대체하였음에도 불구하고 이전과 동일한 수준의 생산량, Q_0와 Q_1 간의 차이를 극복하기 위하여 더 많은 생산요소를 투입해야 할 것이다.

이처럼 우리가 소비자이론에서 논의한 정상재와 열등재처럼 생산요소에도 역시 정상투입요소와 열등투입요소가 존재하며, 기업이 사용하는 투입요소가 어떤 투입요소에 속하느냐에 따라 생산요소 가격의 변화에 따른 비용 변화 효과 또한 다른 양상을 보이게 된다.

학습효과

현실에서는 기술진보, 투입요소의 가격 변화가 일어나지 않더라도 비용곡선이 하향 이동하는 경우가 있다. 예를 들어, 스마트폰을 처음 만들 때는 스마트폰 회사의 경영진이나 근로자 모두가 업무상 시행착오를 겪을 수 있다. 하지만 생산 경험이 축적되면서 숙련된 기술을 통해 초기에 발생하는 문제들을 해결해 나갈 수 있다. 이로 인해 생산 비용이 하락하고, 결국 비용곡선의 하향이동을 가져온다. 이처럼 생산의 경험이 축적됨에 따라 생산비용이 절감되는 것을 바로 학습효과라고 한다. 그리고 이 학습효과는 근본적으로 시장점유율, 생산량과 인과관계가 있다. 기업의 생산에 있어 시장점유율이 높아지고 생산량이 많아질수록 학습효과는 더 뚜렷하게 나타날 수 있다는 것을 쉽게 유추할 수 있다. 또한 재화를 생산하는 데 있어 작업공정이 길고 투입인력이 많다면 장기적으로 큰 학습효과를 기대할 수 있다. 때문에 현실 경제에서는 기술진보나 투입요소의 가격 변화가 없더라도 시간에 따라 비용곡선이 하향 이동하는 것을 관찰하게 될 것이다.

7. 생산자 듀얼이론의 응용 : Maple 2019 활용

주어진 제약조건하에서의 이윤극대화와 비용극소화를 통한 파생수요함수, 간접이윤함수, 요소수요함수, 비용함수, 파생 및 요소 수요곡선, 공급곡선, 생산자잉여를 도출하시오.

[가정]

주어진 생산량 $[Y = f(L, K) = Q_0]$하에서 비용극소화를 위한 라그랑주 함수식 $\{C = wL + rK - \mu[f(L, K) - Q_0]\}$ 및 생산 제약 $[Y = AL^\alpha K^\beta = Q, \ \alpha + \beta < 0]$ 하에서 이윤을 극대화를 위한 라그랑주 함수식 $[\pi = PQ - wL - rK + \lambda(AL^\alpha K^\beta - Q)]$를 이용하시오.

1) 노동(L) 또는 자본(K)의 조건부 요소수요함수(*output conditional input demand*)를 도출하시오.

2) 노동(L)의 가격인 임금의 변화에 의해 유도된 조건부 요소수요곡선을 도식화하시오.

3) 노동(L) 또는 자본(K)의 가격 변화에 의해 유도된 조건부 요소수요함수의 잉여를 도출하시오.

4) 노동(L) 또는 자본(K)의 조건부 요소수요함수로부터 비용함수(cost function), $[C^*(w, r, Q_0) = wL^* + rK^*]$를 도출하시오.

5) 셰퍼드의 보조정리(Shephard's lemma)를 이용하여 비용함수로부터 노동(L) 또는 자본(K)의 조건부 요소수요함수를 도출하시오.

6) 노동(L) 또는 자본(K)의 파생수요함수(*derived demand for inputs*)를 도출하시오.

7) 노동(L) 또는 자본(K)의 가격 변화에 의해 유도된 파생수요곡선(*derived demand curve*)을 도식화하시오.

8) 노동(L) 또는 자본(K)의 가격 변화에 의해 유도된 파생수요함수의 잉여를 도출하시오.

9) 파생수요함수를 생산방정식에 대입함으로써 공급함수(supply function)를 도출하고, 산출물 Q의 공급함수를 도식화하시오.

10) 산출물 Q의 가격변화에 의해 유도된 공급함수의 생산자 잉여를 도출하시오.

11) 노동(L) 또는 자본(K)의 파생수요로부터 간접이윤함수(indirect profit function), $[\pi^*(w, r, P) = Pf(L^*, K^*) - wL^* - rK^*]$를 도출하시오.

12) 호텔링의 보조정리(*Hotelling's lemma*)를 이용하여 간접이윤함수로부터 노동(L) 또는 자본(K)의 파생수요와 공급함수를 도출하시오.

Maple Codes

1. 비용극소화 (Cost Minimization)

> *restart;C: = K*r + L*w*;

$$C := rK + wL \tag{1}$$

(Cost equation)

> *constr: = Q_o = Y*;

$$constr := Q_o = Y \tag{2}$$

(Q is given as Q_o)

> *A: = 2; alpha: = 0.1; beta: = 0.3; Y: = A*L^alpha*K^beta*;

$$A := 2 \tag{3}$$
$$\alpha := 0.1$$
$$\beta := 0.3$$
$$Y := 2L^{0.1}K^{0.3}$$

(Cobb-Douglas production function, $[Y = f(L, K) = AL^{\alpha}K^{\beta}]$. A, α and β are parameters derived from a regression of the log and log production function, $\ln Y = \ln A + \alpha \ln L + \beta \ln K$).

(Assume that $\alpha + \beta < 0$: decreasing returns to scale (diseconomies of scale))

> $minC := w*L + r*K - mu*(A*L\char`\^alpha*K\char`\^beta - Q_o);$

$$minC = wL + rK - \mu(2L^{0.1}K^{0.3} - Q_o) \tag{4}$$

(Lagrangian function: minimum expenditure)

1) 노동(L) 또는 자본(K)의 조건부 요소수요함수(output conditional input demand)를 도출하시오.

> $one := diff(minC, L) = 0;$

$$one := w - \frac{0.2\mu K^{0.3}}{L^{0.9}} = 0 \tag{5}$$

(Necessary conditions : first order condition for L)

> $two := diff(minC, K) = 0;$

$$two := r - \frac{0.6\mu L^{0.1}}{K^{0.7}} = 0 \tag{6}$$

(First order condition for K)

> $three := diff(minC, mu) = 0;$

$$three := -2L^{0.1}K^{0.3} + Q_o = 0 \tag{7}$$

(First order condition for μ)

> $LKMC := solve(\{one, three, two\}, \{K, L, mu\});$

$$\left\{ \begin{array}{l} L = \dfrac{0.0009765625000\,Q_o^{10}}{RoofOf(1024r\_\ Z^{40} - 3wQ_o^{10})^{30}}, \\[2ex] K = RoofOf(1024r\_\ Z^{40} - 3wQ_o^{10})^{10}, \\[2ex] \mu = \dfrac{0.009765625000\,wQ_o^{9}}{RoofOf(1024r\_\ Z^{40} - 3wQ_o^{10})^{30}} \end{array} \right\} \tag{8}$$

(L and K : output conditional input demands for L and K, μ: the marginal cost of production)

> $LKMC1 := convert(LKMC, \text{`radical'});$

$$\left\{ \begin{array}{l} L = \dfrac{0.0003255208333\,Q_o^{10}3^{1/4}1024^{3/4}}{\left(\dfrac{wQ_o^{10}}{r}\right)^{3/4}}, \\[4ex] K = \dfrac{3^{1/4}1024^{3/4}\left(\dfrac{wQ_o^{10}}{r}\right)^{1/4}}{1024}, \\[4ex] \mu = \dfrac{0.003255208333\,wQ_o^{9}3^{1/4}1024^{3/4}}{\left(\dfrac{wQ_o^{10}}{r}\right)^{3/4}} \end{array} \right. \tag{9}$$

(L and K: output conditional input demands for L and K, μ: the marginal cost of production, LKMC means output conditional input demands and the marginal cost of production)

> $map(simplify, LKMC1, \ 'symbolic'); \ assign(\%);$

$$
\begin{cases}
L = \dfrac{0.07755040491\,Q_o^{5/2}r^{3/4}}{w^{3/4}}, \\[4mm]
K = \dfrac{3^{1/4}\sqrt{2}\,Q_o^{5/2}w^{1/4}}{8r^{1/4}}, \\[4mm]
\mu = 0.07755040491\,w^{1/4}Q_o^{3/2}r^{3/4}
\end{cases}
\tag{10}
$$

(L and K: output conditional input demands for L and K, μ: the marginal cost of production, LKMC1 means output conditional input demands and the marginal cost of production)

2) 노동(L)의 가격인 임금의 변화에 의해 유도된 조건부 요소수요곡선을 도식화하시오.

> $Q_o := 100; \ r := 3; \ plot(L, \ w = 0..10);$

$$Q_o := 100$$

$$r := 3$$

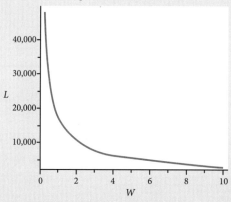

Output Conditional Labor Demand

3) 노동(L) 또는 자본(K)의 가격 변화에 의해 유도된 조건부 요소수요함수의 잉여를 도출하시오.

> $Int(L, \ w = 2..4);$

$$
\int_{2}^{4} \frac{775.5040491\sqrt{100}\,3^{3/4}}{w^{3/4}}\,dw
\tag{11}
$$

(Surplus integration of the output conditional labor demand derived by changes in the price of labor)

> $int(L, w=2..4)$;

$$15910.35847 \tag{12}$$

(Surplus of the output conditional labor demand derived by changes in the price of labor)

4) 노동(L) 또는 자본(K)의 조건부 요소수요함수로부터 비용함수(cost function), $[C^{*}(w, r, Q_0) = wL^{*} + rK^{*}]$를 도출하시오.

> $minC$;

$$775.5040491 w^{1/4}\sqrt{100}\,3^{3/4} + 3750\sqrt{2}\,\sqrt{100}\,w^{1/4} \tag{13}$$
$$- 77.55040491 w^{1/4}\sqrt{100}\,3^{3/4}\left(33.04162566\left(\frac{\sqrt{100}\,3^{3/4}}{w^{3/4}}\right)^{0.1}(\sqrt{2}\,\sqrt{100}\,w^{1/4})^{0.3} - 100\right)$$

(Lagrangian function: the minimum cost (minC))

> $CF: = simplify(minC, \,'symbolic')$;

$$CF: = 70710.67808\,w^{1/4} \tag{14}$$

(Cost function (CF) when $r=3$, $Q_o=100$)

> $subs(w=3,\%)$;

$$70710.67808\,3^{1/4} \tag{15}$$

(Cost value substituting 3 into w when $r=3$, $Q_o=100$)

> $CV: = evalf(\%)$;

$$CV: = 93060.48586 \tag{16}$$

(Cost value (CV) when $w=3$, $r=3$, $Q_o=100$)

5) 셰퍼드의 보조정리(Shephard's lemma)를 이용하여 비용함수로부터 노동(L) 또는 자본(K)의 조건부 요소수요함수를 도출하시오.

> $OutdemandL: = diff(CF, w)$;

$$OutdemandL: = \frac{17677.66952}{w^{3/4}} \tag{17}$$

(Output conditional labor demand (OutdemandL) derived by Shephard's lemma which differentiate cost function with respect to w)

> $evalf(\%)$;

$$\frac{17677.66952}{w^{3/4}} \tag{18}$$

(Output conditional labor demand (OutdemandL) derived by Shephard's lemma)

> $Q_o \colon = 100,\ r = 3,\ L \colon$

$$Q_o \colon = 100,\ r = 3,\ \frac{775.5040491\sqrt{100}\ 3^{3/4}}{w^{3/4}} \tag{19}$$

(Output conditional labor demand (OutdemandL) derived by Lagrangian approach)

> $evalf(\%)\colon$

$$Q_o \colon = 100,\ r = 3,\ \frac{17677.66953}{w^{3/4}} \tag{20}$$

(Output conditional labor demand (OutdemandL) derived by Lagrangian approach)

(Comparision with the output conditional labor demand derived by Shephard's lemma and Lagrangian approach)

2. 이윤극대화(Profit Maximization)

> $restart\colon$

> $pi \colon = -K*r - L*w + P*Q\colon$

$$\pi \colon = PQ - wL - rK \tag{21}$$

(Profit equation)

> $constr \colon = Y = Q\colon$

$$constr \colon = Y = Q \tag{22}$$

(Production function should be equal to Q)

> $Y \colon = A*L \wedge alpha*K \wedge beta\colon\ maxpi \colon = pi + lambda*(Y - Q)\colon$

$$Y \colon = AL^{\alpha}K^{\beta} \tag{23}$$

$$max\pi \colon = PQ - wL - rK + \lambda(AL^{\alpha}K^{\beta} - Q)$$

(Lagrangian function: the maximum profit function (maxpi))

6) 노동(L) 또는 자본(K)의 파생수요함수(derived demand for inputs)를 도출하시오.

> $one \colon = diff(maxpi,\ Q) = 0\colon$

$$one \colon = P - \lambda = 0 \tag{24}$$

(Necessary conditions: first order condition for Q)

> $two \colon = diff(maxpi,\ L) = 0\colon$

$$two \colon = -w + \frac{\lambda AL^{\alpha}\alpha K^{\beta}}{L} = 0 \tag{25}$$

(First order condition for L)

> $three := diff(maxpi, K) = 0$;

$$three := -r + \frac{\lambda A L^\alpha K^\beta \beta}{K} = 0 \tag{26}$$

(First order condition for K)

> $four := diff(maxpi, lambda) = 0$;

$$four := A L^\alpha K^\beta - Q = 0 \tag{27}$$

(First order condition for λ)

> $LKSMR := solve(\{four, one, three, two\}, \{K, L, Q, lambda\})$;

$$LKSMR := \left\{
\begin{aligned}
&L = e^{-\frac{\ln\left(\frac{PA\beta}{r}\right)\beta - \ln\left(\frac{PA\alpha}{w}\right)\beta + \ln\left(\frac{PA\alpha}{w}\right)}{\alpha+\beta-1}} \\
&K = e^{\frac{\ln\left(\frac{PA\beta}{r}\right)\alpha - \ln\left(\frac{PA\alpha}{w}\right)\alpha - \ln\left(\frac{PA\beta}{r}\right)}{\alpha+\beta-1}} \\
&Q = A\left[e^{-\frac{\ln\left(\frac{PA\beta}{r}\right)\beta - \ln\left(\frac{PA\alpha}{w}\right)\beta + \ln\left(\frac{PA\alpha}{w}\right)}{\alpha+\beta-1}}\right]^\alpha \left[e^{\frac{\ln\left(\frac{PA\beta}{r}\right)\alpha - \ln\left(\frac{PA\alpha}{w}\right)\alpha - \ln\left(\frac{PA\beta}{r}\right)}{\alpha+\beta-1}}\right]^\beta \\
&\lambda = P
\end{aligned}
\right\} \tag{28}$$

(L and K: the derived demands for inputs (L and K), Q: the supply for price of commodity Q, λ: the marginal revenue of production, LKSMR means the derived demand for inputs, supply for commodity (Q), and the marginal revenue of production)

> $LKSMR1 := convert(LKSMR, \text{'radical'})$;

$$LKSMR := \left\{
\begin{aligned}
&L = e^{-\frac{\ln\left(\frac{PA\beta}{r}\right)\beta - \ln\left(\frac{PA\alpha}{w}\right)\beta + \ln\left(\frac{PA\alpha}{w}\right)}{\alpha+\beta-1}} \\
&K = e^{\frac{\ln\left(\frac{PA\beta}{r}\right)\alpha - \ln\left(\frac{PA\alpha}{w}\right)\alpha - \ln\left(\frac{PA\beta}{r}\right)}{\alpha+\beta-1}} \\
&Q = A\left[e^{-\frac{\ln\left(\frac{PA\beta}{r}\right)\beta - \ln\left(\frac{PA\alpha}{w}\right)\beta + \ln\left(\frac{PA\alpha}{w}\right)}{\alpha+\beta-1}}\right]^\alpha \left[e^{\frac{\ln\left(\frac{PA\beta}{r}\right)\alpha - \ln\left(\frac{PA\alpha}{w}\right)\alpha - \ln\left(\frac{PA\beta}{r}\right)}{\alpha+\beta-1}}\right]^\beta \\
&\lambda = P
\end{aligned}
\right\} \tag{29}$$

(L and K: the derived demands for inputs (L and K), Q: the supply for price of commodity Q, λ: the marginal revenue of production, LKSMR1 means the derived demand for inputs, supply for commodity (Q), and the marginal revenue of production)

> $map(simplify, LKSMR1, \ 'symbolic')$;

$$LKSMR := \left\{ \begin{array}{l} L = e^{\frac{(\beta-1)\ln(\alpha)+(-\beta+1)\ln(w)-\beta\ln(\beta)+\beta\ln(r)-\ln(A)-\ln(P)}{\alpha+\beta-1}} \\[2ex] K = e^{\frac{(\alpha-1)\ln(\beta)+(-\alpha+1)\ln(r)+\alpha\ln(w)-\alpha\ln(\alpha)-\ln(A)-\ln(P)}{\alpha+\beta-1}} \\[2ex] Q = Ae^{\frac{(-\alpha-\beta)\ln(A)+(-\alpha-\beta)\ln(P)+\alpha\ln(w)-\beta\ln(\beta)-\alpha\ln(\alpha)+\beta\ln(r)}{\alpha+\beta-1}} \\[2ex] \lambda = P \end{array} \right. \tag{30}$$

(L and K: the derived demands for inputs (L and K), Q: the supply for price of commodity Q, λ: the marginal revenue of production, LKSMR1 means the derived demand for inputs, supply for commodity (Q), and the marginal revenue of production)

> $DDL := exp(((beta - 1)*ln(alpha) + (-beta + 1)*ln(w) - beta*ln(beta) + beta*ln(r) - ln(A) - ln(P))/(alpha + beta - 1))$;

$$DDL := e^{\frac{(\beta-1)\ln(\alpha)+(-\beta+1)\ln(w)-\beta\ln(\beta)+\beta\ln(r)-\ln(A)-\ln(P)}{\alpha+\beta-1}} \tag{31}$$

(Derived demand curve for labor (DDL) due to changes in wage (w))

> $DDK := exp(((alpha - 1)*ln(beta) + (-alpha + 1)*ln(r) + alpha*ln(w) - alpha*ln(alpha) - ln(A) - ln(P))/(alpha + beta - 1))$;

$$DDK := e^{\frac{(\alpha-1)\ln(\beta)+(-\alpha+1)\ln(r)+\alpha\ln(w)-\alpha\ln(\alpha)-\ln(A)-\ln(P)}{\alpha+\beta-1}} \tag{32}$$

(Derived demand curve for capital (DDK) due to changes in capital (r))

7) 노동(L) 또는 자본(K)의 가격 변화에 의해 유도된 파생수요곡선(*derived demand curve*)을 도식화하시오.

> $Q := 100; \ P := 10; \ r := 3; \ A := 2; \ alpha := 0.1; \ beta := 0.3; \ plot(\{DDL\}, \ w = 0..10)$;

$$Q := 100$$
$$P := 10$$
$$r := 3$$
$$A := 2$$
$$\alpha := 0.1$$
$$\beta := 0.3$$

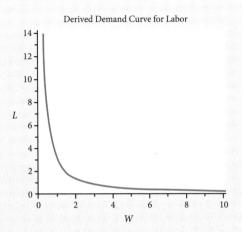

Derived Demand Curve for Labor

(Assume that $\alpha + \beta < 0$: decreasing returns to scale (diseconomies of scale))

8) 노동(L) 또는 자본(K)의 가격 변화에 의해 유도된 파생수요함수의 잉여를 도출하시오.

> $Int(DDL, w = 0.1..2)$;

$$\int_{0.1}^{2} e^{-3.288335677 - 1.166666667\ln(w) - 0.5000000001\ln(3) + 1.666666667\ln(2) + 1.666666667\ln(10)} dw \qquad (33)$$

(Surplus integration derived by changes in price of labor)

> $int(DDL, w = 0.1..2)$;

$$10.98927049 \qquad (34)$$

(Surplus of the derived demand for labor derived by price of labor)

> $plot(DDL, w = 0.1..2)$;

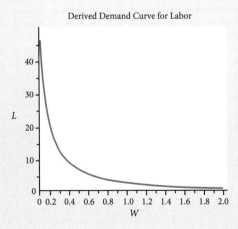

Derived Demand Curve for Labor

(Surplus of the derived demand curve for labor (DDL) between 0 and 2 in wage (w))

> *restart*;

> $DDL\!:=exp(((beta-1)*ln(alpha)+(-beta+1)*ln(w)-beta*ln(beta)+beta*ln(r)-ln(A)-ln(P))/(alpha+beta-1))$;

$$DDL\!:=e^{\frac{(\beta-1)\ln(\alpha)+(-\beta+1)\ln(w)-\beta\ln(\beta)+\beta\ln(r)-\ln(A)-\ln(P)}{\alpha+\beta-1}} \tag{35}$$

(Derived demand curve for labor (DDL) due to changes in wage (w))

> $DDK\!:=exp(((alpha-1)*ln(beta)+(-alpha+1)*ln(r)+alpha*ln(w)-alpha*ln(alpha)-ln(A)-ln(P))/(alpha+beta-1))$;

$$DDK\!:=e^{\frac{(\alpha-1)\ln(\beta)+(-\alpha+1)\ln(r)+\alpha\ln(w)-\alpha\ln(\alpha)-\ln(A)-\ln(P)}{\alpha+\beta-1}} \tag{36}$$

(Derived demand curve for capital (DDK) due to changes in capital (r))

9) 파생수요함수를 생산방정식에 대입함으로써 공급함수(supply function)를 도출하고, 산출물 Q의 공급함수를 도식화하시오.

> $A\!:=2;\ alpha\!:=0.1;\ beta\!:=0.3;\ r\!:=3;\ w\!:=3;\ SF\!:=A*DDL\wedge alpha*DDK\wedge beta$;

$$A\!:=2$$
$$\alpha\!:=0.1$$
$$\beta\!:=0.3$$
$$r\!:=3$$
$$w\!:=3$$

$$SF\!:=2\left(e^{-3.288335677-1.666666667\ln(3)+1.666666667\ln(2)+1.666666667\ln(P)}\right)^{0.1} \tag{37}$$

$$\left(e^{-2.189723389-1.666666667\ln(3)+1.666666667\ln(2)+1.666666667\ln(P)}\right)^{0.3}$$

(Suppy function derived by substituting the derived demand for inputs into production equation :
$$Y^{*}=f(L^{*},\ K^{*})=AL^{*\alpha}K^{*\beta}$$

> $plot(SF, P = 0..10);$

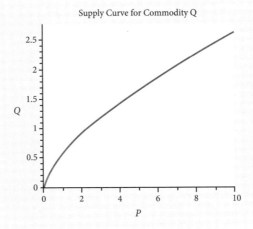

(Suppy curve derived by changes in price of commodity Q)

10) 산출물 Q의 가격변화에 의해 유도된 공급함수의 생산자 잉여를 도출하시오.

> $Int(2*exp(-3.288335677 - 1.666666667*ln(3) + 1.666666667*ln(2) + 1.666666667$
  $*ln(P))\widehat{\ }0.1*exp(-2.189723389 - 1.666666667*ln(3) + 1.666666667*ln(2) + 1.6666666$
  $67*ln(P))\ \widehat{\ }0.3,\ P = 0..2);$

$$\int_0^2 2\left(e^{-3.288335677 - 1.666666667\ln(3) + 1.666666667\ln(2) + 1.666666667\ln(P)}\right)^{0.1} \tag{38}$$
$$\times \left(e^{-2.189723389 - 1.666666667\ln(3) + 1.666666667\ln(2) + 1.666666667\ln(P)}\right)^{0.3} dP$$

(Integration of producer surplus of the supply curve derived by changes in price of commodity Q)

> $int(2*exp(-3.288335677 - 1.666666667*ln(3) + 1.666666667*ln(2) + 1.66666666$
  $7*ln(P))\widehat{\ }0.1*exp(-2.189723389 - 1.666666667*ln(3) + 1.666666667*ln(2) + 1.666$
  $666667*ln(P))\ \widehat{\ }0.3,\ P = 0..2);$

$$1.084919945 \tag{39}$$

(Producer surplus of the supply curve derived by changes in price of commodity Q)

> $plot(2*exp(-3.288335677 - 1.666666667*ln(3) + 1.666666667*ln(2) + 1.6666666$
  $67*ln(P))\widehat{\ }0.1*exp(-2.189723389 - 1.666666667*ln(3) + 1.666666667*ln(2) + 1.66$
  $6666667*ln(P))\widehat{\ }0.3,\ P = 0..2);$

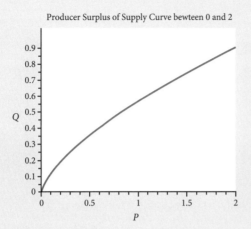

Producer Surplus of Supply Curve bewteen 0 and 2

(Producer surplus of the supply curve derived by changes in price of commodity from 0 and 2)

11) 노동(L) 또는 자본(K)의 파생수요로부터 간접이윤함수(indirect profit function), $[\pi^*(w, r, P) = Pf(L^*, K^*) - wL^* - rK^*]$를 도출하시오.

> $A: = 2$; $alpha: = 0.1$; $beta: = 0.3$; $r: = 3$; $w: = 3$; $indpi: = P*(2((e)^{\wedge}(-3.288335677$
$-1.666666667ln(3) + 1.666666667ln(2) + 1.666666667ln(P)))^{\wedge}0.1*((e)^{\wedge}$
$(-2.189723389 - 1.666666667ln(3) + 1.666666667ln(2) + 1.666666667ln(P)))^{\wedge}0.3)$
$-w*((e)^{\wedge}(((beta - 1)ln(alpha) + (-beta + 1)ln(w) - betaln(beta) + betaln(r) - ln(A)$
$-ln(P))/(alpha + beta - 1))) - r*((e)^{\wedge}(((alpha - 1)ln(beta) + (-alpha + 1)$
$ln(r) + alphaln(w) - alphaln(alpha) - ln(A) - ln(P)/(alpha + beta - 1)));$

$$A: = 2$$
$$\alpha: = 0.1$$
$$\beta: = 0.3$$
$$w: = 3$$
$$r: = 3$$

$$2P\left(e^{-3.288335677 - 1.666666667\ln(3) + 1.666666667\ln(2) + 1.666666667\ln(P)}\right)^{0.1} \qquad (40)$$

$$\times \left(e^{-2.189723389 - 1.666666667\ln(3) + 1.666666667\ln(2) + 1.666666667\ln(P)}\right)^{0.3}$$

$$-3\left(e^{-3.288335677 - 1.666666667\ln(3) + 1.666666667\ln(2) + 1.666666667\ln(P)}\right)$$

$$-3\left(e^{-2.189723389 - 1.666666667\ln(3) + 1.666666667\ln(2) + 1.666666667\ln(P)}\right)$$

(Indirect profit function (indpi) : $\pi^*(w, r, P) = Pf(L^*, K^*) - wL^* - rK^* = PAL^{*\alpha}K^{*\beta} - wL^* - rK^*$,
where SC is $AL^{*\alpha}K^{*\beta}$, DDL is L^*, and DDK is K^*)

> $map(simplify, indpi, \text{`symbolic'})$;

$$0.3417283694\,P^{\frac{1666666667}{1000000000}} \tag{41}$$

(Indirect profit function for price)

12) 호텔링의 보조정리(Hotelling's lemma)를 이용하여 간접이윤함수로부터 노동(L) 또는 자본(K)의 파생수요와 공급함수를 도출하시오.

> $indpi := 0.3417283694 * P \hat{} (1666666667/1000000000)$; $SF := diff(indpi, P)$;

$$indpi := 0.3417283694\,P^{\frac{1666666667}{1000000000}} \tag{42}$$

$$SF := 0.5695472824\,P^{\frac{666666667}{1000000000}}$$

(Supply function (SF) derived by Hotelling's lemma which differentiate indirect profit function with respect to P)

> $A := 2$; $alpha := 0.1$; $beta := 0.3$; $r := 3$; $w := 3$; $SF := 2*exp(-3.288335677 - 1.666666667*ln(3) + 1.666666667*ln(2) + 1.666666667*ln(P))\hat{}0.1*exp(-2.189723389 - 1.666666667*ln(3) + 1.666666667*ln(2) + 1.666666667*ln(P))\hat{}0.3$;

$$A := 2$$
$$\alpha := 0.1$$
$$\beta := 0.3$$
$$w := 3$$
$$r := 3$$

$$SF := 2P\left(e^{-3.288335677 - 1.666666667\ln(3) + 1.666666667\ln(2) + 1.666666667\ln(P)}\right)^{0.1} \tag{43}$$

$$\left(e^{-2.189723389 - 1.666666667\ln(3) + 1.666666667\ln(2) + 1.666666667\ln(P)}\right)^{0.3}$$

(Supply function : $SF = f(L^*, K^*) = AL^{*\alpha}K^{*\beta}$)

> $map(simplify, SF, \text{`symbolic'})$;

$$0.5695472824\,P^{\frac{666666667}{1000000000}} \tag{44}$$

(Comparison with the supply function derived by Hotelling's lemma and Lagrangian approach)

> $restart$;

> $A:=2$; $alpha:=0.1$; $beta:=0.3$; $r:=3$; $P:=10$; $indpi:=2*P*exp(((beta-1)*ln(alpha)+(-beta+1)*ln(w)-beta*ln(beta)+beta*ln(r)-ln(A)-ln(P))/(alpha+beta-1))\hat{\ }0.1*exp(((alpha-1)*ln(beta)+(-alpha+1)*ln(r)+alpha*ln(w)-alpha*ln(alpha)-ln(A)-ln(P))/(alpha+beta-1))\hat{\ }0.3-w*exp(((beta-1)*ln(alpha)+(-beta+1)*ln(w)-beta*ln(beta)+beta*ln(r)-ln(A)-ln(P))/(alpha+beta-1))-r*exp(((alpha-1)*ln(beta)+(-alpha+1)*ln(r)+alpha*ln(w)-alpha*ln(alpha)-ln(A)-ln(P))/(alpha+beta-1));$

$$A:=2$$
$$\alpha:=0.1$$
$$\beta:=0.3$$
$$r:=3$$
$$P:=3$$

$$20\left(e^{-3.288335677-1.666666667\ln(w)-0.5000000001\ln(3)+1.666666667\ln(2)+1.666666667\ln(10)}\right)^{0.1} \quad (45)$$

$$\times\left(e^{-2.189723389-1.500000000\ln(3)-1.666666667\ln(w)+1.666666667\ln(2)+1.666666667\ln(10)}\right)^{0.3}$$

$$-w\left(e^{-3.288335677-1.666666667\ln(w)-0.5000000001\ln(3)+1.666666667\ln(2)+1.666666667\ln(10)}\right)$$

$$-3\left(e^{-2.189723389-0.500000000\ln(3)-1.666666667\ln(w)+1.666666667\ln(2)+1.666666667\ln(10)}\right)$$

(Indirect profit function (indpi) : $\pi^*(w, r, P) = Pf(L^*, K^*) - wL^* - rK^* = PAL^{*\alpha}K^{*\beta} - wL^* - rK^*$, where SC is $AL^{*\alpha}K^{*\beta}$, DDL is L^*, and DDK is K^*)

> $map(simplify, indpi, \text{`symbolic'});$

$$\frac{22.22361472}{w^{\frac{1666666667}{10000000000}}} - \frac{3.174802104}{w^{\frac{166666667}{1000000000}}} \quad (46)$$

(Indirect profit function for wage)

> $DDL:=diff(-22.22361472/w\hat{\ }(1666666667/10000000000)+3.174802104/w\hat{\ }(166666667/1000000000), w);$

$$\frac{3.703935787}{w^{\frac{11666666667}{10000000000}}} - \frac{0.5291336851}{w^{\frac{1166666667}{1000000000}}} \quad (47)$$

(Derived demand curve for labor (DDL) derived by Shephard's lemma which differentiate the indirect profit function with respect to price of labor (wage))

> $w := 3;$ $DDL := 3.703935787/w\hat{\ }(11666666667/10000000000) - 0.5291336851/$
$w\hat{\ }(1166666667/1000000000);$

$$w := 3 \tag{48}$$

$$DDL := 0.4115484208\frac{8333333333}{10000000000} - 0.058792631683^{\frac{833333333}{1000000000}}$$

> $evalf(\%);$

$$0.8812014339 \tag{49}$$

(Derived demand for labor (DDL) derived by Hotelling's lemma)

> $restart;$

> $A := 2;$ $alpha := 0.1;$ $beta := 0.3;$ $r := 3;$ $P := 10;$ $DDL1 := (e)\hat{\ }(((beta - 1)ln(alpha)$
$+ (-beta + 1)ln(w) - betaln(beta) + betaln(r) - ln(A) - ln(P))/(alpha + beta - 1));$

$$A := 2$$
$$\alpha := 0.1$$
$$\beta := 0.3$$
$$w := 3$$
$$P := 10$$

$$DDL1 := e^{-3.288335677 - 1.166666667\,ln(w) - 0.5000000001\,ln(3) + 1.666666667ln(2) + 1.666666667ln(10)} \tag{50}$$

(Derived demand for labor (DDL) derived by Lagrangian approach)

> $w := 3;$ $DDL1 := exp(-3.288335677 - 1.166666667*ln(w) - 0.5000000001*ln(3) +$
$1.666666667*ln(2) + 1.666666667*ln(10));$

$$DDL1 := e^{-3.288335677 - 1.166666667\,ln(3) + 1.666666667ln(2) + 1.666666667ln(10)} \tag{51}$$

(Derived demand for labor (DDL) derived by Lagrangian approach)

> $evalf(\%);$

$$0.8812014346 \tag{52}$$

(Comparison with the derived demand for labor (DDL) derived by Hotelling's lemma and
Lagrangian approach)

✹Maple™ 2019 Program 활용

쌍대성 및 쌍대성 갭[14]

쌍대성

듀얼이론(duality : 쌍대성)은 최적화 이론에 있어 원본문제(primal problem)와 쌍대문제(dual problem)의 두 가지 관점에서 접근할 수 있다. 이를 달리 표현하면 듀얼문제는 원본문제의 상한 (a upper bound)은 쌍대문제의 하한(a lower bound)이 될 수 있고, 원본문제의 하한은 쌍대문제의 상한이 될 수도 있음을 의미한다. 따라서 원본문제의 극댓값을 찾는 것은 쌍대문제의 극솟값을 찾는 것과 동일하며, 원본문제의 극솟값을 찾는 것은 쌍대문제의 극댓값을 찾는 것과 동일하다.

여기에서는 쌍대문제의 상한이 원본문제의 하한이 되는 경우를 선형계획법(linear programming)을 이용하여 설명해보고자 한다. 다시 말해, 주어진 선형조건을 만족시키면서 선형인 목적함수 $o^T x$를 극소화하는 접근을 제시하면 식 A.1과 같다.

$$\min_{x} o^T x \qquad \text{(식 A.1)}$$

$$(s.\,t.)\ Sx = p,\ Hx \le k$$

여기서, o는 n차원의 벡터, p는 m차원의 벡터, k는 r차원의 벡터를 의미하고, S는 $m \times n$의 행렬을, H는 $r \times n$의 행렬을 의미한다.

식 A.1은 행렬과 벡터 형식인데 이를 스칼라 형식으로 살펴보면 등식 형태의 제약식이 m개, 부등식 형태의 제약식이 r개가 있으므로, 식 A.1은 목적함수를 극대화시키는 미지수 n개를 찾는 문제라고도 이해할 수 있다.

또한 식 A.1의 제약식의 양변에 v, w이라는 벡터를 각각 곱하고, 이때의 w의 모든 요소는 0 이상의 값을 가진다고 할 때 이때의 제약식은 여전히 동일한 방향의 부등호를 가짐도 알 수 있다.

---

14 https://en.wikipedia.org/wiki/Duality_(optimization), https://ratsgo.github.io/convex%20optimization/2018/01/25/duality/참조

$$v^T Sx = v^T p \qquad \text{(식 A.2)}$$
$$w^T Hx \le w^T k$$

식 A.2의 좌변과 우변을 더한 후 이를 정리하면 식 A.3과 같이 정리될 수 있다.

$$v^T Sx + w^T Hx \le v^T p + w^T k \qquad \text{(식 A.3)}$$
$$(v^T S + w^T H)x \le v^T p + w^T k$$
$$(S^T v + H^T w)^T x \le v^T p + w^T k$$
$$(-S^T v - H^T w)^T x \ge -v^T p - w^T k \qquad \therefore o^T x \ge -v^T p - w^T k$$

여기서, $-S^T v - H^T w$가 $o(-S^T v - H^T w = o)$가 되도록 하면 원본문제의 목적함수 $o^T x$의 하한은 $v^T p - w^T k$임을 알 수 있다. 그러므로 $-S^T v - H^T w = o,\ w \ge 0$이라는 제약식을 만족시키면서 좌변의 $-v^T p - w^T k$를 극대화하는 문제가 원본문제와 동일해 짐도 확인할 수 있다.

$$\max_{v,\,w} -p^T v - k^T w \qquad \text{(식 A.4)}$$
$$(s.\,t.)\ -S^T v - H^T w = o,\ w \ge 0$$

따라서 식 A.4와 같이 원본문제와 듀얼을 이루는 쌍대문제를 도출할 수 있는데, 이는 원본문제의 하한이 듀얼을 이루는 쌍대문제의 상한이 됨을 의미한다. 다시 말해 원본문제에서는 주어진 식을 만족하는 벡터 x를 찾는 것이었으나, 쌍대문제에서는 벡터 $v,\ w$를 찾는 문제가 되는 것이다.

또한 원본문제와 쌍대문제를 라그랑주 승수법(Lagrange multiplier method)을 이용하여 설명할 수도 있다. 라그랑주 승수법이란 최적화하려는 값에 형식적인 라그랑주 승수(multiplier) 항을 더하여, 제약된 문제를 제약이 없는 문제로 바꾸는 기법을 의미한다. 앞서 개념에서 살펴본 것처럼 쌍대문제의 상한이 원본문제의 하한이 되는 경우를 선형계획법(linear programming)을 이용하여 설명해보고자 한다. 다시 말해, 주어진 선형조건을 만족시키면서 선형인 목적함수 $o^T x$를 극소화하는 접근을 제시하면 식 A.5와 같다.

$$\min_{x} o^T x \qquad \text{(식 A.5)}$$
$$(s.\,t.)\ Sx = p,\ Hx \le k$$

여기서 원본문제를 라그랑주 승수 벡터 v와 w를 이용하여 라그랑주 함수 $\mathcal{L}$을 도출하면 다음과 같은 식으로 나타낼 수 있다.

$$\mathcal{L}(x,\ v,\ w) = o^T x + v^T(Sx - p) + w^T(Hx - k) \le o^T x \qquad \text{(식 A.6)}$$

여기서 $w \geq 0$으로 벡터 w의 모든 요소는 0 이상의 값을 가진다고 가정하였다. 따라서 위 식 우변의 두 번째 항은 $Sx=p$임에 따라 항상 0이고, 세 번째 항은 $Hx \leq k$, $w \geq 0$임에 따라 항상 0 이하의 값을 갖게 된다. 그 결과, 라그랑주 함수, $\mathcal{L}$은 목적함수 $o^T x$보다 항상 작거나 같게 됨을 알 수 있다.

여기에서 O는 원본문제의 제약식을 만족하는 x의 집합을 의미하며, z^*는 우리가 찾고자 하는 최적값을 의미할 때 다음과 같은 식이 성립하게 된다.

$$z^* \geq \min_{x \in O} \mathcal{L}(x, v, w) \geq \min_x \mathcal{L}(x, v, w) \qquad \text{(식 A.7)}$$

식 A.7의 부등식은 제약조건이 있는 환경에서 보다는 제약조건이 없는 환경에서 해당 식의 값을 더 작게 만들 수 있음을 의미한다. 다시 말해 식 A.7의 부등식 중에 오른쪽 마지막 항의 $\min_x \mathcal{L}(x, v, w)$을 $q(v, w)$로 두게 되면, $q(v, w)$는 라그랑주 듀얼함수(Lagrange dual function)가 된다.

이때 라그랑주 듀얼함수 $q(v, w)$가 어떤 값을 가지는 지를 살펴보면 다음과 같다.

우선, $q(v, w)$는 개념상 $\mathcal{L}$의 극솟값인 $\min_x \mathcal{L}(x, v, w)$이다. 따라서 라그랑주 함수($\mathcal{L}$)는 우리가 찾고자 하는 미지수 x로 편미분한 결과가 0이 되는 지점에서 극솟값을 갖게 됨을 알 수 있다. 다음의 식 A.8은 x로 편미분한 결과를 나타낸다.

$$\frac{\partial \mathcal{L}}{\partial x} = o^T + v^T S + w^T H = 0 \qquad \text{(식 A.8)}$$
$$o^T = -v^T S - w^T H \quad (\therefore o = -S^T v - H^T w)$$

따라서 식 A.8을 $\mathcal{L}$에 대입하여 다시 풀게 되면 식 A.9와 같이 $q(v, w)$가 도출됨을 확인할 수 있다.

$$\begin{aligned}
\mathcal{L}(x, v, w) &= o^T x + v^T(Sx - p) + w^T(Hx - k) \qquad \text{(식 A.9)} \\
&= (-S^T v - H^T w)^T x + v^T(Sx - p) + w^T(Hx - k) \\
&= -v^T Sx - w^T Hx + v^T Sx - v^T p + w^T Hx - w^T k \\
&= -v^T p - w^T k \\
&= q(v, w)
\end{aligned}$$

여기서 $z^* \geq q(v, w)$임은 식 A.7의 $z^* \geq \min_x \mathcal{L}(x, v, w) = q(v, w)$을 통해 확인하였으므로 원본문제의 극솟값을 찾는 것은 $q(v, w)$를 극대화하는 값을 찾는 것과 동일함을 알 수 있다. 단, 라그랑주 승수법을 적용하는 과정에서 가정한 두 가지 조건, 즉 $-S^T v - H^T w = o$, $w \geq 0$을 만족해야 한다. 따라서 우리는 식 A.10과 같이 원본문제를 듀얼문제로도 전환할 수 있게 된다.

$$\max_{v,\,w} -p^T v - k^T w \tag{식 A.10}$$

$$(s.\,t.)\ -S^T v - H^T w = o,\ w \geq 0$$

라그랑주 접근의 장점은 지금까지 설명한 선형계획법 이외에도 임의의 최적화 문제에 대해 모두 적용할 수가 있다는 점이다. 다시 말해 라그랑주 승수법을 적용해 다양한 유형의 원본문제를 쌍대문제로 바꾸어 풀 수가 있다는 것이다.

이제 최적화 문제를 일반적인 경우에 적용하여 쌍대문제의 상한이 원본문제의 하한이 되는 경우를 설명해보고자 한다.

$$\max_x\ z(x) \tag{식 A.11}$$

$$(s.\,t.)\ p_i(x) \leq 0,\ i = 1, \cdots, m$$

$$k_j(x) = 0,\ j = 1, \cdots, r$$

여기서 x의 함수인 벡터 $p_i(x)$는 0보다 작거나 같으며, x의 함수인 벡터 $k_i(x)$는 0과 같다고 제약한다.

$$\mathcal{L}(x,\,v,\,w) = z(x) + \sum_{i=1}^{m} v_i p_i(x) + \sum_{j=1}^{r} w_j k_j(x) \tag{식 A.12}$$

$$q(v,\,w) = \min_x \mathcal{L}(x,\,v,\,w)$$

라그랑주 함수($\mathcal{L}$)와 라그랑주 듀얼함수(q)를 각각 식 A.12와 같이 정의하고, 이미 앞서 살펴보았듯이 부등식 형태의 제약식에 붙는 라그랑주 승수 w_i는 모두 0 이상의 값을 가져야 한다.

따라서 $z^* \geq q(v,\,w)$이므로 쌍대문제는 다음과 같이 표현할 수 있다. 원본문제에서는 주어진 식을 만족하는 벡터 x를 찾는 것이었으나, 쌍대문제에서는 벡터 v, w를 찾는 문제가 되어 극소문제가 극대문제로 전환됨을 알 수 있다.

$$\max_{v,\,w} q(v,\,w) \tag{식 A.13}$$

$$(s.\,t.)\ w \geq 0$$

한편, 쌍대문제는 항상 볼록(convex) 문제가 되는데, 이는 $q(v,\,w)$가 볼록성(convexity)을 보존하는 연산만 수행이 가능하기 때문이다.

$$q(v,\,w) = \min_x \left\{ z(x) + \sum_{i=1}^{m} v_i p_i(x) + \sum_{j=1}^{r} w_j k_j(x) \right\} \tag{식 A.14}$$

$$= \max_x \left\{ -z(x) - \sum_{i=1}^{m} v_i p_i(x) - \sum_{j=1}^{r} w_j k_j(x) \right\}$$

즉, 쌍대문제는 볼록 최적화 문제로서, v, w의 볼록함수의 극댓값을 의미한다.

A.2 쌍대성 갭

$q(v, w)$는 z^*의 하한으로 이를 달리 표현하면 쌍대문제의 목적함수 $q(v, w)$를 극대화하는 것은 원본문제의 목적함수를 극소화하는 문제와 동일하다. 그런데 원본문제의 해와 쌍대문제의 해가 반드시 같지만은 않다. 식 A.15에서 보듯이 z의 최적값 z^*와 $q(v, w)$ 사이에 차이가 존재할 수 있는데, 이를 쌍대성 갭이라고 한다.

$$z^* \geq \min_x \mathcal{L}(x, v, w) \geq q(v, w) \qquad \text{(식 A.15)}$$

z의 최적값 z^*와 $q(v, w)$ 사이에 식 A.15와 같은 관계를 보이면, 이는 약 차이가 존재할 수 있는데, 이를 약 쌍대성이라고 한다.

또한 z의 최적값 z^*와 $q(v, w)$이 서로 같으면 식 A.16과 같이 나타낼 수 있는데, 식 A.16에서는 쌍대성 갭이 없으므로 강 쌍대성이라고 한다.

$$z^* = q(v, w) \qquad \text{(식 A.16)}$$

이처럼 원본문제의 목적함수와 제약식이 특정조건을 만족하면 강 쌍대성의 속성을 지니게 되는데, 이것을 Slater의 조건(Slater's condition)이라고 한다.

여기서 Slater의 조건을 쌍대문제의 상한이 원본문제의 하한이 되는 경우를 들어 간략히 언급하면 다음과 같다.

$$\max_x \ z(x) \qquad \text{(식 A.17)}$$
$$(s.\,t.)\ p_i(x) \leq 0,\ i = 1, \cdots, m$$
$$k_j(x) = 0,\ j = 1, \cdots, r$$

여기서 $p_1(x) < 0, \cdots, p_m(x) < 0$이고, $k_1(x) = 0, \cdots, k_r(x) = 0$, 이때 적어도 하나 이상의 x가 $x \in R^n$이어야 한다.

Slater의 조건은 볼록 최적화 문제에 대해 강 쌍대성을 유지하기에 충분조건이 성립해야 함을 의미한다. 즉, 강 쌍대성을 유지하려면 원본문제가 볼록 최적화 문제(z와 $p_1 \cdots p_m$은 볼록하며, $k_1 \cdots k_r$은 영)이며, 적어도 하나 이상의 x가 엄격하게 실현 가능한 영역(R^n) 내에 있어야 함을 의미한다.

가격선도(price leadership) 한 기업(leader)이 먼저 가격을 정하고 다른 기업들(followers)이 이 가격을 따라 정하는 것을 의미한다.

가격소비곡선(price-consumption curve) 한 재화의 가격이 변할 때 효용극대화를 가져다주는 두 재화의 묶음들을 추적한 곡선을 의미한다.

가격수용자(price taker) 시장가격에 영향을 미칠 수 없는 기업이나 소비자를 의미하며, 이들은 가격이 자신에게 주어진 것으로 받아들인다.

가격차별(price discrimination) 완전경쟁시장에서는 한 상품에 대해 단 하나의 가격만이 성립하는 일물일가의 법칙이 존재한다. 그러나 독점기업은 동일한 상품에 대해 생산비용이 같은데도 불구하고 상이한 시장에 상이한 가격을 매길 수 있음을 의미한다.

1차 가격차별(first-degree price discrimination) 기업 등 생산자가 개별 상품에 대하여 소비자들이 지불할 용의가 있는 최대금액을 설정하여 판매하는 것을 의미한다.

2차 가격차별(second-degree price discrimina-tion) 1차 가격차별과 유사한데 개별 상품이 모두 다른 가격에 판매되는 것이 아니라 상품들을 몇 개 묶음으로 나누어 개별 묶음이 서로 다른 가격으로 판매되는 것을 의미한다.

3차 가격차별(third-degree price discrimination) 기업 등 생산자가 소비자를 세분화하여 분리된 시장에서 서로 다른 가격을 부과하는 것을 의미한다. 3차 가격차별은 2차 가격차별과는 달리 기업이 소비자들을 어떤 세분화 변수에 의해 집단으로 구분할 수 있을 때 가능하다.

가격확장경로(price-expansion path) 한 재화의 가격이 변화할 때 효용극대화를 가져다주는 최적점에 어떤 변화가 발생하는지를 추적한 경로를 의미한다.

가격효과(price effect) 가격 변동에 따른 소비자의 최적 소비묶음의 전체변화로 대체효과와 소득효과의 합해진 효과를 의미한다.

가변비용(variable cost) 기업의 생산량에 따라 변동하는 투입물의 비용을 의미한다.

가변투입요소(variable inputs) 생산요소의 성질상 필요에 따라 그 사용량을 언제든지 쉽게 조정할 수 있는 투입요소를 의미한다.

거시경제학(macroeconomics) 국민총생산의 크기와 성장률, 이자율, 실업률, 인플레이션 등과 같은 총량적인 경제변수를 다루는 학문을 의미한다.

경제학(economics) 한정된 자원을 시장에서 효율적으로 사용하는 선택의 과정에서 유형·무형의 자원이 어떻게 배분되고, 어떻게 처리되는지를 주의하여 살펴보는 학문을 뜻한다. 아울러 경제학은 이들에 관한 일반적인 법칙을 연구하여 밝히고, 이들 자원의 배분 과정에서 발생하는 사회·경제적 문제 등에 대해 적합한 해결 방안을 찾는 학문이다.

경제활동(economic activity) 소비자, 생산자 등의 경제주체들의 생산과 소비가 되풀이되는 현상을 의미한다.

고정비용(fixed cost) 생산량이 달라지더라도 변하지 않는 비용으로 사업을 그만둬야만 제거할 수 있는 비용을 의미하며, 단기의 생산요소는 고정요소와 가변요소로 구분되는데, 여기서 고정요소 구매에 사용되는 비용을 고정비용이라고 한다.

고정투입요소(fixed inputs) 생산요소의 성질상 그 사용량을 즉시 조정할 수 없는 투입요소를 의미한다.

공공재(public goods) 비경합성과 비배재성을 갖는 재화로 사람들을 해당 재화의 소비로부터 배제할 수 없는 재화를 의미한다.

공급(supply) 한 시장의 모든 생산자들이 판매할 용의가 있는 전체 수량을 의미한다.

공급곡선(supply curve) 다른 조건들은 고정된 상황에서 재화의 가격과 공급량 간의 관계를 의미한다.

공급곡선의 이동(movement of supply curve) 상품 가격이 변하지 않아도 새로운 발견(discoveries), 새로운 생산기술의 변화(change in new technology), 기후 변화(climate change), 대체상품의 가격 변화(change in prices of alternative outputs), 요소가격의 변화(change in factor prices), 산업 내 기업수의 변화(change in number of firms), 미래에 대한 기대의 변화(changes in expectations for the future) 등 다른 여건들이 변하면 상품 공급의 이동이 나타난다.

공급량의 변화(change in quantity supplied) 주어진 공급 곡선 상에서 공급점이 이동하는 것을 의미한다.

공급의 가격탄력성(price elasticity of supply) 가격 변화에 공급량이 얼마나 민감하게 반응하는지를 측정하는 것으로 공급 가격의 % 변화가 공급량의 % 변화를 의미한다.

공급(곡선)의 변화(change in supply) 공급을 결정하는 요인 중 자체 가격 외에 다른 요인들의 변화에 따른 공급곡선 자체의 이동을 의미한다.

공정성(equity) 제한된 자원을 사용한 데 대해 이 자원의 소유자에게 가장 적절한 대가가 지불되는 것을 의미한다.

과점(oligopoly) 소수의 기업이 상품을 생산, 공급하고 있는 시장 구조를 의미한다.

과점시장(oligopoly market) 소수의 기업들에 의해 지배되는 시장구조로 상대 기업을 의식하고 행동하는 시장 형태를 의미한다.

규모에 대한 수익(returns to scale) 모든 투입물이 같은 비율로 증가 또는 감소함에 따라 나타나는 생산량의 변화를 의미한다.

규모에 대한 수익 감소(decreasing returns to scale) 생산요소의 증가 비율보다 생산량 증가 비율이 작은 경우를 의미한다.

규모에 대한 수익 불변(constant returns to scale) 생산요소의 증가 비율과 생산량 증가 비율이 같은 경우를 의미한다.

규모에 대한 수익 증가(increasing returns to scale) 생산요소의 증가 비율보다 생산량 증가 비율이 더 큰 경우를 의미한다.

규모의 경제(economies of scale) 투입규모가 커질수록 장기평균비용이 줄어드는 현상으로 생산량이 증가함에 따라 평균비용이 감소하는 현상을 의미한다.

규모의 비경제(diseconomies of scale) 투입규모가 커질수록 장기평균비용이 상승하는 현상으로 생산량이 증가함에 따라 평균비용이 늘어나는 현상을 의미한다.

규범적 분석(normative analysis) 경제현상이 어떻게 되어야만 하는가를 분석하는 것을 의미한다.

기수적 효용측정(cardinally measurable utility) 어떤 상품묶음의 소비로부터 얻는 효용의 크기가 구체적인 양으로 측정되는 것을 의미한다.

기술진보(technological progress) 생산과정에서의 기술진보란 주어진 생산요소로 더 많은 생산량을 생산해 낼 수 있는 변화를 의미한다. 이러한 기술진보는 주어진 생산량을 더 적은 생산요소로 생산할 수 있다는 것을 의미하기도 한다.

기펜재(Giffen goods) 열등재 중에서 열등성이 너무 강해 소득효과에 의해 감소하는 수요량이 대체효과에 의해 증가하는 수요량보다 더 커 가격 하락 시 총 수요량이 오히려 감소하게 되는 재화를 의미한다.

ㄴ

노동의 생산성(productivity of labor) 단위 노동당 생산량으로 노동의 평균생산물을 의미한다.

노동의 한계생산물(marginal product of labor) 노동 한 단위를 추가로 투입함에 따라 발생하는 한계 생산량의 변화를 의미한다.

ㄷ

단기(short run) 적어도 하나의 고정요소가 존재하여 하나 또는 그 이상의 생산요소의 투입량을 변화시킬 수 없는 기간이나 상황을 의미한다.

단위탄력재(unit elastic goods) 가격의 변화율과 수요량의 변화율이 동일한 재화를 의미한다.

대등변화(equivalent variation) 가격의 변화로 인해 증가한 소비자의 효용과 대등한 수준을 누리기 위해 원래의 가격에서 필요한 소득의 화폐액으로, 가격의 변화가 발생하지 않은 상태에서의 소비자에게 얼마만큼의 소득을 더해주어야 개선된 효용(u_2)과 대등한 효용을 누릴 수 있는지를 의미한다.

대등잉여(equivalent surplus) 정책 시행의 결과로 인해 야기된 공공재, 환경재 등의 서비스나 질이 개선됨에 따라 재화의 수량이 증가한 경우, 소비자가 개선된 효용수준(u_2)과 동일한 효용수준을 유지하고자 실제 서비스나 질의 개선 없는 수요량(x_1)에서 얻고자 할 때, 기꺼이 받아들이고자 하는 최소액, 즉, 최소보상수취액(WTA)을 의미한다.

대체재(substitutes) 한 재화의 가격 상승이 다른 재화의 수요량의 증가를 가져오는 두 재화를 의미한다.

대체탄력성(elasticity of substitution) 생산량을 일정수준에 유지하면서 한계기술대체율이 1% 변화할 때 요소집약도(K/L)가 얼마나 변화 하는가 또는 생산요소의 가격비율인 요소상대가격(r/w)이 1% 변화할 때, 요소집약도가 얼마나 변화하는지를 의미한다.

$$\sigma = \frac{\dfrac{\Delta(K/L)}{K/L}}{\dfrac{\Delta MRTS}{MRTS}} = \frac{\dfrac{\Delta(K/L)}{K/L}}{\dfrac{\Delta(w/r)}{(w/r)}}$$

여기서 $\sigma=0$이면 두 요소는 완전 보완재이고 이때의 등량곡선은 L자 형이 된다. 그리고 $\sigma=\infty$이면 두 요소는 완전 대체재이며, 이때의 등량곡선은 우하향하는 직선으로 표현된다.

대체효과(substitution effect) 한 상품의 가격이 변화할 때 이로 인해 상품들 사이의 상대가격이 변화하고, 동시에 소비자의 실질소득이 변화하는데, 상품들 사이의 상대가격 변화로 인해 이 상품의 수요량이 변하는 효과를 의미한다.

독점 시장(monopoly market) 공급자가 하나인 시장으로 직접적인 경쟁자가 존재하지 않는 시장을 의미한다.

독점기업의 한계수입곡선(marginal revenue curve of monopoly) 수요곡선이 우하향하기 때문에 한계수입곡선은 수요곡선의 아래에 위치하면서 우하향한다.

독점기업의 수요곡선(demand curve of monopoly) 독점기업은 스스로 가격을 책정할 수 있으며 독점기업이 가격을 높게 책정하면 수요량이 줄고, 낮게 책정하면 수요량이 늘기 때문에 독점기업이 직면하는 수요곡선은 우하향 한다.

독점적 경쟁시장(monopolistic competition market) 수많은 기업들이 차별화된 제품을 판매하며 진입장벽은 없는 시장구조로서 개별 기업은 일정 수준의 시장력을 갖지만 장기적으로 경제적 이윤을 얻지 못하는 시장을 의미한다.

동차생산함수(homogeneous production function) 생산함수 $Q=f(x_1,\cdots,\ x_n)$이 $f(tx_1,\cdots,\ tx_n)\equiv t^r f(x_1,\cdots,\ x_n)$이라는 성질을 만족시킬 때 이 생산함수를 r차 동차 생산함수라고 한다. $r>1$: 규모에 대한 수익 증가, 규모의 경제, $r=1$: 규모에 대한 수익 불변, $0<r<1$: 규모에 대한 수익 감소, 규모의 비경제이다. 동차생산함수에서는 요소비율이 불변이면 MRTS도 불변이다. 즉, 어떤 생산함수가 동차적 생산기술을 가지면 요소의 사용량이 증가해도 이 요소들의 증가율이 똑같아 요소 사이의 사용 비율이 변하지 않는 한, 이 요소들 간의 한계기술대체율은 항상 일정하다. 또한 동차생산함수에서 요소비율이 불변이면 MRTS가 변하지 않는다는 것으로 확장선이 원점으로부터의 직선으로 그려진다는 것을 의미한다.

등량곡선(iso-quant curve) 일정한 산출물을 얻기 위해 투입해야하는 생산요소의 조합을 곡선으로 표현한 것으로, 등량곡선은 똑같은 양의 상품을 생산할 수 있게 만드는 생산요소의 조합들로 구성된 집합을 곡선으로 나타낸 것을 의미한다.

등량곡선 지도(iso-quant map) 여러 개의 등량곡선을 하나의 그래프로 표현한 것을 의미한다.

등비용선(iso-cost line) 동일한 비용이 소요되는 투입요소들에 관한 결합을 나타내는 선으로, 생산비 C로 구매할 수 있는 자본(K)과 노동(L)의 양을 수식으로 표시하면 $C=r\cdot K+w\cdot L$, 즉, $K=-w/L+C/r$이고 이 등식이 성립한다.

ㄹ

라그랑주 승수법(Lagrange multiplier method) 프랑스의 수학자 조세프루이 라그랑주가 제약조건이 있는 최적화 문제를 풀기 위해 고안한 방법으로, 라그랑주 승수법은 하나 이상의 제약조건이 있는 상황에서 주어진 함수의 값을 극대화 또는 극소화하는 변수의 값을 구하는 필요조건을 찾는 기법이다.

라그랑주 함수(Lagrangian function) 극대화 또는 극소화되어야 하는 함수에 라그랑주 승수라는 변수와 제약조건을 곱한 것을 더한 함수로 어떤 제약 하에서 목적함수를 최적화하기 위한 해를 찾는데 사용되는 함수이다.

로이의 항등식(Roy's identity) 소득의 변화에 따른 효용의 변화를 가격 변화에 따른 효용 변화로 나누어 준 값이 마셜수요와 일치함을 의미한다. 즉, 로이의 항등식을 이용하여 간접효용함수를 가격(P)과 소득(I)으로 미분하여 나누면 마셜수요곡선을 얻을 수 있다.

□

마셜수요곡선(Marshallian demand curve) 가격과 수요량 사이의 관계를 나타내는 곡선이 수요곡
　선인데, 가격이 변할 때 대체효과와 소득효과 모두에 의해 수요량이 변하는 것을 곡선으로 나
　타낸 것을 의미한다. 그리고 마셜수요곡선은 보통수요곡선이라고도 한다.

매몰비용(sunk cost) 한번 지출되고 나면 다시 회수할 수 없는 비용을 의미한다.

모형(model) 현실 상황을 단순화시켜서 나타낸 것을 의미한다.

무차별곡선(indifference curve) 소비자에게 동일한 수준의 만족감을 주는 모든 상품 조합들의 집
　합을 하나의 곡선으로 나타낸 것으로, 수많은 상품 조합들 중 동일한 효용수준을 제공하는 상
　품 조합들만을 연결하여 도출한 곡선을 의미한다.

무차별지도(indifference map) 여러 개의 무차별곡선을 하나의 그래프로 표현한 것을 의미한다.

미시경제학(microeconomics) 개별경제 단위인 소비자, 생산자, 투자자, 근로자와 같은 경제주체
　들이 시장에서 선택하는 행위와 이들이 활동하는 시장에 대해 자세히 다루는 학문으로 미시경
　제학은 희소한 자원을 어떻게 각 용도에 최적으로 배분할 수 있는지를 분석한다.

미시경제학의 분석영역(analysis area of microeconomics) 소비자이론, 생산자이론, 시장구조론, 생
　산요소이론, 일반균형이론, 후생경제학, 시장실패 등의 영역으로 구분할 수 있다.

ㅂ

반응곡선(reaction curve) 한 기업의 이윤극대화 생산량과 경쟁기업의 예상되는 생산량 간의 관계
　를 나타내는 선으로 쿠르노 경쟁에서는 경쟁기업의 가능한 수량 선택들에 대한 해당기업의 최
　적 대응 생산량을 의미한다.

베르트랑 모형(Bertrand model) 개별 기업은 동일한 제품을 생산하며 가격을 경쟁 수단으로 삼고
　자 하는데, 과점시장에서 개별기업이 상대기업의 현재 가격을 주어진 것으로 간주하고 자기기
　업의 가격을 결정하는 방식으로 경쟁하는 모형을 의미한다.

변동비용(variable cost) 기업의 생산량에 따라 변동하는 투입물의 비용을 의미한다.

보상변화(compensating variation) 소비자의 효용을 가격의 변화가 일어나기 전의 수준으로 되돌
　리기 위해서 필요한 보상의 화폐액, 즉, 소비자가 변화한 가격 하에서 기존의 효용을 유지하기
　위해 필요한 보상을 화폐액으로 나타낸 것을 의미한다.

보상수요곡선(compensated demand curve) 가격이 변할 때 소득효과에 의한 수요량의 변화분이
　보상된 후 순수하게 상대가격 변화에 의한 대체효과에 의해서만 수요량이 변하게 되는 것을 곡
　선으로 나타낸 수요곡선을 의미한다. 보상수요곡선은 힉스방법으로 소득효과를 보상하였느냐,

슬루츠키 방법으로 소득효과를 보상하였느냐에 따라 힉스 보상수요곡선(Hicksian compensated demand curve)과 슬루츠키 보상수요곡선(Slutsky compensated demand curve)으로 구분할 수 있다.

보상잉여(compensating surplus) 정책 시행의 결과로 인해 야기된 공공재, 환경재 등의 서비스나 질이 개선됨에 따라 재화의 수량(Quantity)이 증가한 경우, 소비자가 이전의 효용수준(u_1)을 유지하면서 새로운 효용수준(u_2)을 얻기 위하여 기꺼이 지불할 수 있는 최대액 즉, 최대지불의사액(WTP)을 의미한다.

보완재(complements) 한 재화의 가격 상승이 다른 재화의 수요량의 감소를 가져오는 두 재화를 의미한다.

불완전경쟁시장(imperfect competition market) 완전경쟁시장과 독점시장의 중간 특성을 가진 시장을 의미한다.

보상수취액(willingness to accept) 생산자가 추가적 단위의 재화를 생산하기 위해 기꺼이 보상받고자하는 금액을 의미한다.

보통수요곡선(ordinary demand curve) 가격과 수요량 사이의 관계를 나타내는 곡선이 수요곡선인데, 가격이 변할 때 대체효과와 소득효과 모두에 의해 수요량이 변하는 것을 곡선으로 나타낸 것을 의미한다. 그리고 보통수요곡선은 마셜수요곡선(Marshallian demand curve)이라고도 한다.

비용곡선(cost curve) 기업의 생산량과 생산비용 간의 수학적 관계를 나타낸다.

비용극소화(cost minimization) 기업이 주어진 생산량을 최소 비용으로 생산하는 목표를 의미한다.

비용함수(cost function) 기업은 주어진 생산량의 생산비를 극소화시키는 것이 이윤을 극대화시키는 방법인데, 이때 극소화된 생산비는 생산량의 크기와 생산요소가격에 의존한다. 따라서 생산비는 생산량, 자본가격, 노동가격의 함수로 표현된다. 즉, $C=f(Q, r, w)$.

ㅅ

사치재(luxury goods) 소득탄력성이 1보다 큰 재화를 의미한다.

사회적 잉여(social surplus) 소비자 잉여와 생산자 잉여의 합을 의미한다.

산출효과(output effect) 요소 가격의 비용 하락에 의한 산출량 증가로 인해 총요소 투입량이 증가하는 효과를 의미한다.

생산(production) 사람들이 수요하는 재화나 용역을 개인, 기업, 정부, 비영리기관 등이 만들어내는 과정을 의미한다.

생산기술(production technology) 재화를 만들고 유통하고 판매하는데 사용되는 과정들을 의미한다.

생산요소(factors of production) 상품과 서비스 등에 생산하기 위해 생산과정에서의 투입물을 의미한다.

생산자 균형(producer equilibrium) 기업이 이윤을 극대화할 수 있는 생산점으로 등비용선과 등량곡선이 접하는 점이다. 즉, "등비용선의 기울기 $= w/r = MRTS = MP_L/MP_K =$ 등량곡선의 기울기"라는 관계식이 성립한다.

생산자이론(producer theory) 생산자가 이윤극대화를 추구한다는 것을 전제로 각 상품의 공급함수와 기업의 이윤함수가 어떻게 도출되는지를 분석한다.

생산자 잉여(producer surplus) 기업이 생산하는 재화의 시장가격과 재화에 대하여 기업이 최소한으로 받고자 하는 가격(willing to accept)의 차이를 의미하며, 공급곡선과 시장가격 사이의 면적을 의미한다.

생산중단가격(shutdown price) 평균가변비용의 최저점과 같은 수준의 가격을 의미한다.

생산중단점(shutdown point) 평균가변비용의 최저점을 의미한다.

생산함수(production function) 생산요소의 투입량에 따라 생산물의 생산량이 결정된다는 생산요소와 생산물 사이의 함수적 관계이다. 즉, 얼마만큼의 생산요소가 얼마만큼의 생산물로 전환되는지를 수학적 함수식으로 표현한 것을 의미한다.

서수적 효용측정(ordinally measurable utility) 여러 개의 상품묶음 중 개별 상품묶음으로부터 얻는 효용의 크기를 서로 비교하여 그 순위를 정하는 것을 의미한다.

소득소비곡선(income-consumption curve) 소득이 변할 때의 효용극대화를 가져다주는 두 재화의 배합들을 연결한 곡선을 의미한다.

소득효과(income effect) 한 상품의 가격이 변화하면 이로 인해 상품들 사이의 상대가격이 변화하고, 동시에 소비자의 실질소득이 변화하는데, 소비자의 실질소득의 변화로 상품의 수요량이 변하는 효과를 의미한다.

소득확장경로(income-expansion path) 소득이 변할 때의 효용극대화를 가져다주는 최적점에 어떤 변화가 발생하는지를 추적한 경로를 의미한다.

소비(consumption) 욕구를 충족시키기 위하여 재화나 용역을 소모하는 행위를 의미한다.

소비자 균형(consumer equilibrium) 주어진 소득과 상품 가격 하에서 소비자가 효용을 극대화할 수 있는 소비점으로 예산선과 무차별곡선이 접하는 점에서 균형이 이루어진다. 즉, "예산선의 기울기 $= P_x/P_y = MRS = MU_x/MU_y =$ 무차별곡선의 기울기"라는 관계식이 성립한다.

소비자 균형과 생산자 균형의 비교(comparison between consumer equilibrium and producer equilibrium)

비교항목	소비자균형	생산자균형
1. 경제주체	소비자(가계)	생산자(기업)
2. 독립변수	X재화와 Y재화	자본(K)과 노동(L)
3. 목적함수	효용함수 : $U = U(X, Y)$	생산함수 : $Q = F(K, L)$
4. 한계개념	MU_X와 MU_Y	MP_K와 MP_L
5. 곡선	무차별곡선	등량곡선
6. 대체율	MRS(X재와 Y재의 사이)	MRTS(자본과 노동 사이)
7. 곡선의 기울기	무차별곡선의 기울기 = MRS $= \Delta Y / \Delta X = MU_X / MU_Y$	등량곡선의 기울기 = MRTS = $= \Delta K / \Delta L = MP_L / MP_K$
8. 가격	P_X와 P_Y는 생산물시장에서 정해져 있는 외생변수	r과 w는 생산요소시장에서 정해져 있는 외생변수
9. 제약조건	예산선 : $I = P_X X + P_Y Y$	등비용선 : $C = rK + wL$
10. 목적	효용극대화, 지출극소화	이윤극대화, 비용극소화
11. 균형조건	|예산선의 기울기| $= P_X / P_Y = MRS = MU_X / MU_Y$ = |무차별곡선의 기울기|	등비용선의 기울기 $= w / r = MRTS = MP_L / MP_K$ =등량곡선의 기울기

소비자이론(consumer theory) 소비자가 효용극대화를 추구한다는 것을 전제로 각 상품의 수요함수가 어떻게 도출되는지를 분석한다.

소비자 잉여(consumer surplus) 소비자가 지불할 용의가 있는 최고 금액과 실제로 지불하는 금액의 차이로 소비자가 시장 활동에 참여함으로써 얻게 되는 이득을 화폐 단위로 나타낸 것을 의미한다.

수요(demand) 다른 모든 조건이 동일할 때(ceteris paribus) 다양한 가격과 시점에서 구매자가 구입할 의사와 능력이 있는 재화의 양을 의미한다.

수요곡선(demand curve) 가격 변화와 수요량 변화 사이의 관계를 나타낸 곡선으로 가격소비곡선으로부터 도출된다.

수요의 변화(change in demand) 자체 가격을 제외한 기호, 소득, 대체재의 가격 등의 변화로 인해 수요곡선 자체가 이동하는 것을 의미한다.

수요량의 변화(change in quantity demanded) 재화의 가격 변화에 따른 수요곡선상의 이동을 의미한다.

수요의 가격탄력성(price elasticity of demand) 한 재화의 가격 1% 변화에 따른 수요량의 % 변화를 의미한다.

수요의 교차가격탄력성(cross-price elasticity of demand) 한 재화의 가격 1% 변화에 따른 다른 재화 수요량의 % 변화를 의미한다.

$$교차가격탄력성 = \eta_{xy} = \left| \frac{x재 수요량의 변화율}{y재 가격의 변화율} \right| = \left| \frac{\Delta Q_x / Q_x}{\Delta P_y / P_y} \right| = \frac{\partial Q_x}{\partial P_y} \times \frac{P_y}{Q_x}$$

$\eta_{xy} > 0$: 대체재, $\eta_{xy} = 0$: 독립재, $\eta_{xy} < 0$: 보완재

수요의 소득탄력성(income elasticity of demand) 소비자의 소득 1% 변화에 따른 수요량의 % 변화를 의미한다.

$$소득탄력성 = \eta_{xm} = \left| \frac{x재 수요량의 변화율}{소득의 변화율} \right| = \left| \frac{\Delta Q_x / Q_x}{\Delta M / M} \right| = \frac{\partial Q_x}{\partial M} \times \frac{M}{Q_x}$$

$\eta_{xm} > 0$: 우등재(정상재), $0 \leq \eta_{xm} \leq 1$: 보통재(정상재), $\eta_{xm} < 0$: 열등재

수요의 자체가격탄력성(own-price elasticity of demand) 한 재화의 자체 가격 1% 변화에 따른 수요량의 % 변화를 의미한다.

$$자체가격탄력성 = \eta_{xx} = \left| \frac{x재 수요량의 변화율}{x재 가격의 변화율} \right| = \left| \frac{\Delta Q_x / Q_x}{\Delta P_x / P_x} \right| = \left| \frac{\partial Q_x}{\partial P_x} \cdot \frac{P_x}{Q_x} \right|$$

$\eta_{xx} > 1$: 탄력적, $\eta_{xx} = 1$: 단위탄력적, $\eta_{xx} < 1$: 비탄력적

수입(revenue) 기업이 생산물을 판매하여 벌어들이는 금액을 의미한다.

셰퍼드의 보조정리(Shephard's lemma) 소비자이론에서는 재화의 가격 변화에 따른 지출함수의 변화는 힉스의 수요함수와 같음을 의미하며, 생산자이론에서는 생산요소의 가격 변화에 따른 비용함수의 변화가 조건부 요소수요와 같음을 의미한다.

스타켈버그 모형(Stackelberg model) 과점기업들은 시장 내에서 점유하는 비중이 서로 다르기 때문에 그 시장을 주도하는 기업과 그렇지 못한 기업이 있을 수 있다. 따라서 스타켈버그 모형에서는 주도기업이 먼저 의사결정을 하면 추종기업은 이에 기초하여 의사결정을 하는 모형을 의미한다.

슬루츠키의 대체효과와 소득효과(income effect and substitution effect of Slutsky) 슬루츠키는 가격 변화 이전에 소비자가 실제로 구매했던 상품묶음을 기준으로 가격 변화로 인한 실질소득의 변화분을 측정하면서 대체효과와 소득효과를 분리하고 있으며 실제 추정이 가능하다.

시장(market) 소비자와 생산자의 집합체로, 이들 간의 실제적이거나 잠재적인 상호작용을 통해
한 재화 또는 여러 재화들의 묶음에 대한 가격을 결정하는 곳을 의미한다.

시장구조론(market structure theory) 완전경쟁시장, 독점시장, 독점적 경쟁시장, 과점시장 등을
다루는 학문 분야를 의미한다.

시장균형(market equilibrium) 시장의 수요곡선과 공급곡선이 교차하는 점으로 소비자들의 수요
량이 생산자들의 공급량과 정확히 일치하는 점을 의미한다.

시장실패(market failure) 경제학에서 시장기구가 그 기능을 제대로 발휘하지 못하여 자원이 효율
적으로 배분되지 못하는 상태를 의미한다.

실증적 분석(positive analysis) 경제현상이 현실적으로 어떠한가를 분석하는 것은 의미한다.

쌍대성(duality) 소비자 또는 생산자의 최적의사결정이 두 가지 관점, 즉 원본문제(primary
problem)와 쌍대문제(dual problem)로 접근할 수 있으며, 이때 쌍대문제의 해법은 극소화 문제
해법의 하한(a lower bound)을 제공해 줌을 의미한다. 일반적으로 듀얼원리에 있어 원본문제와
쌍대문제의 최적해(optimum solution)가 서로 같은 값을 가질 필요는 없으며, 이때의 차이를
쌍대성 갭(duality gap)이라고도 한다.

○

양의 상관관계(positive correlation) 두 변수가 서로 같은 방향으로 움직이는 경향을 의미한다.

엥겔곡선(Engel curve) 소득 변화와 수요량 변화 사이의 관계를 나타낸 곡선으로, 소득이 변할 때
각 재화의 구매량이 어떻게 변하는지를 보여주는 곡선을 의미한다.

역수요함수(inverse demand function) 가격이 수요량의 함수 형태로 표시된 수요함수를 의미한다.

연쇄법칙(chain rule) 함수의 합성의 도함수에 대한 공식을 의미한다. f와 g가 미분 가능한 함수
이고, $y=f(u)$, $u=g(x)$일 때, y는 x로 미분 가능하고 이를 식을 나타내면 다음과 같다. dy/dx
$=(dy/du)(du/dx)$

열등재(inferior goods) 소득이 증감함에 따라 수요가 감소하는 재화로 실질 소득의 증가에 따라
수요가 감소하는 수요의 소득탄력성이 0보다 작은 재화를 의미한다.

예산선(budget line) 주어진 소득과 상품들의 가격 하에서 소비자가 구매할 수 있는 상품묶음의
범위를 정해주는 선을 의미한다.

예산제약(budget constraint) 소비자가 소득을 모두 지출할 때 구매할 수 있는 소비묶음의 집합을
나타내는 곡선을 의미한다.

오일러 정리(Euler's theorem) 생산함수 $Q=f(x_1, x_2 \cdots, x_n)$가 t배의 1차 동차함수라면, 이때의

$tQ = \frac{\partial f}{\partial x_1} x_1 + \frac{\partial f}{\partial x_2} x_2 + \cdots + \frac{\partial f}{\partial x_n} x_n$이 성립함을 의미한다. 일례로, 오일러 정리에 의해 생산함수 $Q = f(L, K)$가 1차 동차함수라면, 이때의 $\frac{\partial Q}{\partial L} L + \frac{\partial Q}{\partial K} K = 1f(L, K)$가 성립한다. 이것은 각 생산요소가 한계생산만큼 보수를 받으면 생산량은 과부족 없이 두 생산요소에 분배된다는 것을 의미한다.

요소대체효과(factor substitution effect) 한 생산요소 가격이 상승함에 따라 상대적으로 저렴해진 다른 생산요소로 대체하고자 하는 것을 의미한다.

요소시장(factor market) 산출물을 생산하는데 사용되는 투입물 또는 생산요소의 시장을 의미한다.

완전경쟁시장(perfect competition market) 판매자 수가 무수히 많고, 자원 이동이 완전히 자유로우며, 모든 기업의 상품이 완전히 동질적일 뿐만 아니라 모든 시장 참가자들이 시장에 대해 완벽한 정보를 가지고 있는 시장을 의미한다. 이러한 조건이 충족되는 완전경쟁시장에서는 어떤 개별 판매자도 시장가격을 변화시킬 수 없고, 이들은 시장에서 정해져 오는 가격을 그대로 받아들일 수밖에 없는 가격수용자(price taker)가 된다.

완전한 정보(complete information) 어떤 경제적 거래에 참여하는 모두가 관련 정보를 알고 있는 상황을 의미한다.

이론과 모형(theories and models) 경제주체의 행동 방식과 그 이유에 대한 이해와 예측을 도와주는 사물의 작동 방식에 대한 설명으로 해석가능하다.

이윤(profit) 총수입과 총비용의 차이를 의미한다.

이윤극대화(profit maximization) 기업이 최대 이익을 달성할 수 있도록 가격과 생산 수준을 결정하는 단기적이거나 장기적인 과정을 의미한다.

일반균형이론(general equilibrium theory) 어느 특정 시장을 선정하여 다른 모든 시장들의 가격이 주어졌다는 가정 하에 그 선정된 시장의 균형가격이 어떻게 결정되고 다른 시장에서의 가격 변화가 그 선정된 시장의 균형가격에 어떠한 영향을 미치는 지를 분석하는 이론을 의미한다.

잉여(surplus) 지불할 돈보다 많은 돈을 벌거나 적게 지불하여 남는 돈을 의미한다.

ㅈ

자본량(stock of capital) 생산에 사용할 수 있는 화폐, 토지, 공장과 같은 생산의 밑거름이 되는 생산수단의 양을 의미한다.

자중손실(deadweight loss) 환경재를 포함한 재화나 서비스의 균형이 파레토 최적이 아닐 때 일어나는 경제적 효용의 순손실을 의미한다.

장기(long run) 모든 요소가 가변적이어서 모든 생산요소의 투입량을 변화시킬 수 있는 기간이나 상황을 의미한다.

재산권(property right) 재산이나 자원에 대한 소유권을 의미한다.

전략적 보완재(strategic complement) 한 기업이 가격이나 수량과 같은 전술적 변수를 변화시킬 때 이에 대하여 다른 경쟁 기업이 전략적으로 대응할 수 있는 보완적 성격의 재화를 의미한다. 예를 들어, 한 기업이 '커피' 제품의 생산량을 대폭 늘리고 가격을 현재보다 낮게 책정할 때 이에 대한 가장 좋은 대응으로 다른 기업은 '커피' 제품의 보완재인 '프리마' 제품의 생산량을 줄이는 것을 의미한다.

정상재(normal goods) 다른 조건이 불변일 때 소득이 증가함에 따라 수요가 증가하는 재화로 수요의 소득탄력성이 양(+)인 재화를 의미한다.

제품 차별화(product differentiation) 고객의 편의를 위해 제품이나 서비스에 큰 변화를 주는 것을 의미한다.

조건부 요소수요(output conditional input demand) 등량선에 대한 접선의 기울기와 요소의 상대가격이 일치하는 경우에 비용을 극소화시키는 생산투입 요소의 수요를 의미한다.

조건부 요소수요함수(input demand function) 등량선에 대한 접선의 기울기와 요소의 상대가격이 일치하는 경우에 비용을 극소화시키는 생산투입 요소의 수요로 이것은 생산요소의 가격과 생산량에 따라 변화는 함수를 의미한다.

지불의사액(willingness to pay) 소비자가 추가적 단위의 재화를 구입하기 위해 기꺼이 지불하고자 하는 금액을 의미한다.

지출(expenditure) 어떤 목적을 위하여 금전을 지불하는 일을 의미한다.

지출선(expenditure line) 주어진 지출과 상품들의 가격 하에서 소비자가 구매할 수 있는 상품묶음의 범위를 정해주는 선을 의미한다.

지출함수(expenditure function) 주어진 가격체계에서 원하는 효용수준을 달성하기 위하여 최소한의 지출을 나타내는 함수식을 의미한다.

진입장벽(barriers to entry) 잠재적 경쟁 기업이 들어오는 것을 방해하는 어떤 것을 의미한다.

ㅊ

차별화된 상품(differentiated products) 유사하지만 완전 대체재는 아닌 상품을 의미한다.

챔벌린 모형(Chamberlin model) 과점기업들이 서로 협조적으로 담합(cartel)하여 결합이윤(joint profits)을 극대화 할 수 있도록 산업 및 각 기업의 생산량을 결정하는 모형을 의미한다.

총비용(total costs) 고정비용과 가변비용을 합한 것이 총비용이다. 즉, 고정비용(FC)＋가변비용

(VC) = 총비용(TC)를 의미한다.

총생산량(total product) 주어진 생산요소의 양으로 생산 가능한 최대 산출량을 의미한다.

총 효용(total utility) 일정기간 일정량의 상품을 소비함으로 인해 얻는 소비자의 주관적인 만족의 총량을 의미한다.

최대지불의사액(maximum willingness to pay) 소비자가 재화를 구입하기 위해 지불할 의사가 있는 최대금액을 의미한다.

최소보상수취액(minimum willingness to accept) 생산자가 재화를 판매하기 위하여 보상을 받고자 하는 최저금액을 의미한다.

최적(optimum) 실현 가능한 선택 대안들 중에서 가장 좋은 것을 의미한다.

최적대응(best response) 상대 경기자의 전략이 주어졌을 때 그 전략이 해당 경기자에게 가장 큰 보수를 주는 대응을 의미한다.

최적해(optimal solution) 주어진 제약 하에서 목적함수가 최댓값 또는 최솟값에 도달하도록 하는 점을 의미한다.

최적화(optimization) 이용 가능한 정보 하에서 가장 좋은 실현 가능한 대안을 선택하는 것을 의미한다.

최종재(final good) 재화의 생산 단계의 최후에 얻어지는 완성품으로 소비자가 구매하는 재화를 의미한다.

ㅋ

카르텔(cartel) 일부 또는 모든 기업이 명시적으로 담합(collusion)하여 가격과 생산량을 그들의 공동이윤을 극대화할 수 있도록 서로 조정하는 시장을 의미한다.

콥-더글라스(Cobb-Douglas) 생산함수 $Q = AL^\alpha K^\beta (A, \alpha, \beta > 0)$이라는 형태의 생산함수로서 이 생산함수는 첫째, $(\alpha + \beta)$차 동차함수이고, 둘째, 대체탄력성 값이 항상 1이고, 셋째, 자본과 노동의 분배비율이 $\alpha : \beta$인 함수를 뜻한다. 여기서 Q는 생산량, A는 기술수준, K는 자본량, L은 노동량을 의미한다.

쿠르노-내쉬 균형(Cournot-Nash equilibrium) 쿠르노 모형에서 개별 기업이 서로 상대방의 생산량에 대해 정확히 예측하여 그에 따라 자신의 이윤을 극대화하는 생산량을 생산할 때 나타나는 균형을 뜻한다. 따라서 쿠르노-내쉬 균형은 생산량의 추측된 변화(Conjectural Variation)가 '0'일 때를 의미하는데 이를 식으로 나타내면 다음과 같다.

$$\forall_{ij} \, CV_q = \frac{\Delta Q_j}{\Delta Q_i} = 0, \; i \neq j$$

쿠르노 모형(Cournot model) 기업들은 동일한 재화를 생산하고, 개별 기업은 경쟁기업의 생산량이 고정된 것으로 생각하며, 모든 기업들은 생산량을 동시에 결정한다는 가정을 하는 과점시장 모형을 의미한다.

ㅌ

탄력성(elasticity) 독립변수의 변화율(%)에 따른 종속변수의 변화율(%)로서 한 변수가 1% 변화할 때 다른 변수가 변하는 %를 의미한다.

투입물(input) 다른 재화나 서비스의 생산에 사용되는 재화나 서비스를 의미한다.

투입확장경로(input expansion path) 등비용선과 등량곡선의 접점을 지나는 곡선으로 생산요소에 해당하는 투입물의 최적 결합 비율이 총생산량의 변동에 따라 어떻게 달라지는지를 보여주는 곡선을 의미한다.

투자(investment) 특정한 이득을 얻기 위하여 시간을 투입하거나, 자본을 제공하는 것을 의미한다.

ㅍ

파생수요(derived demand for inputs) 최종재에 대한 직접적인 수요의 결과로 생겨나는 간접적인 수요인 생산요소에 대한 수요를 의미한다.

파생수요함수(derived demand function) 최종생산재에 대한 직접적인 수요의 결과로 생겨나는 생산요소의 수요인 파생수요는 생산요소의 가격과 재화의 가격에 대한 함수를 의미한다.

평균가변비용(average variable costs) 가변비용을 생산량으로 나눈 것으로 $AVC = VC/Q$를 의미한다.

평균고정비용(average fixed cost) 고정비용을 생산량으로 나눈 것으로 $AFC = FC/Q$를 의미한다.

평균물적생산(average physical product) 생산요소 한 단위당 생산량을 의미하며, 노동의 평균물적생산은 $AP_L = Q/L$을 의미한다.

평균총비용(average total cost) 총비용을 생산량으로 나눈 것으로 $ATC = TC/Q = AFC + AVC$을 의미한다.

포락선 정리(envelope theorem) 파라미터가 변화할 때 목적함수의 최적값에 가해지는 효과를 쉽게 구할 수 있는 방법으로 주어진 문제의 라그랑주 함수에 해당 파라미터에 관하여 편미분을 취한 다음, 원래 문제의 1계도 쿤–터커 조건의 해에서 그 "편도함수의 값"을 구하면 목적함수의 최적값이 얼마나 변화하는지를 알 수 있음을 의미한다.

필수재(necessity goods) 소득탄력성이 0과 1 사이에 있는 정상재를 의미한다.

ㅎ

학습효과(learning by doing) 기업의 생산량이 증가함에 따라서 생산에서 보다 효율적이 되어 가는 과정을 의미한다.

한계기술대체율(marginal rate of technical substitution) 등량곡선을 따라 생산요소들이 서로 대체되는 비율로서 등량곡선의 기울기를 말한다. $MRTS = |dK/dL| = MP_L/MP_K =$ 등량곡선의 접점의 기울기.

한계대체율(marginal rate of substitution) 소비자가 동일한 효용을 유지하면서 한 재화(x)를 다른 재화(y)로 대체할 수 있는 비율로, $MRS = \Delta Y/\Delta X (U$는 고정$) = MU_x/MU_y = dY/dX (U$는 고정$) =$ 무차별곡선의 기울기라는 식이 성립한다.

한계대체율체감의 법칙(law of diminishing marginal rate of substitution) x재의 사용량을 점점 증가시키면서 y재를 x재로 대체해 나가면 한계대체율이 점점 감소하는 성질을 말한다.

한계비용(marginal cost) 생산량이 한 단위 증가할 때 추가적으로 증가하는 총비용의 크기를 의미하며, 식으로는 $MC = dTC/dQ = dVC/dQ$를 의미한다.

한계수입(marginal revenue) 생산물 한 단위를 더 공급함으로써 추가적으로 발생하는 총수입의 변화액을 의미한다.

한계물적생산(marginal physical product) 한 가지 생산요소의 사용량이 1단위 추가될 때 늘어나는 생산물의 양을 의미한다. 즉, $Q = F(\overline{K}, L)$에서 $MP_L = \Delta Q/\Delta L$

한계생산물체감의 법칙(law of diminishing marginal product) 생산요소의 사용량이 적을 때는 생산요소의 투입과 함께 한계생산물이 점점 증가하지만, 생산요소의 투입이 일정 수준에 도달한 후부터는 그것이 계속 감소하는 현상을 의미한다. 즉, 생산요소의 증가와 함께 한계생산이 점점 줄어드는 현상으로 수확체감의 법칙(law of diminishing returns)이라고도 한다.

한계치균등의 원칙(equal marginal principle) 재화들의 소비를 위해 지출되는 화폐 한 단위에 대한 한계효용이 모든 재화에서 같아지도록 하였을 때만이 소비자는 자신의 효용을 극대화할 수 있다는 원칙을 의미한다.

한계효용(marginal utility) 특정 재화(x)의 한 단위 소비량 변화가 가져오는 총 효용의 변화분으로 $MU_x = \partial TU/\partial X$를 의미한다.

한계효용체감의 법칙(law of diminishing marginal utility) 소비량이 증가함에 따라 한계효용은 점점 감소하는 현상을 의미한다.

호텔링의 보조정리(Hotelling's lemma) 재화의 가격 변화에 따른 이윤함수의 변화는 기업의 공급함수와 동일하다는 것을 의미한다. $\partial\pi(p)/\partial p = Q(p)$. 즉, 호텔링의 보조정리를 이용하여 기업의 간접이윤함수를 재화의 가격(P)으로 미분하면 기업의 공급함수가 도출된다.

효용(utility) 상품의 소비로부터 소비자가 얻는 만족도의 크기를 말한다.

효용함수(utility function) 소비하는 상품묶음의 양과 이로부터 소비자가 얻게 되는 효용수준을 함수관계로 나타낸 식을 의미한다.

효율성(efficiency) 제한된 자원이 경제 각 부문에 가장 적절하게 배분되어 가장 이상적인 방법으로 사용하는 것을 의미한다.

후생경제학(welfare economics) 사회전체의 경제적 후생 문제를 다루는 경제학의 한 분야로 시장이나 경제정책에 대한 규범적 평가를 다룬다.

힉스수요곡선(Hicksian demand curve) 가격이 변할 때 소득효과에 의한 수요량의 변화분이 보상된 후 순수하게 상대가격 변화에 의한 대체효과에 의해서만 수요량이 변하게 되는 것을 곡선으로 나타낸 수요곡선을 의미한다. 힉스보상수요곡선은 보상수요곡선이라고도 한다.

힉스의 대체효과(Hicksian substitution effect) 가격 변화가 발생시키는 대체효과를 슬루츠키 방정식처럼 무차별곡선에 의존하지 않으면서 설명하는 방법을 의미한다.

희소성(scarcity) 특정 재화나 서비스 시장이 초과수요를 띠고 있을 때 생기는 재화와 서비스의 특성을 의미한다.

참고문헌

강정길 (2010), "CVM 기법을 응용한 국립공원 설악산의 관광자원 가치 측정에 관한 연구 : 케이블카 설치 가부에 따른 측정을 중심으로", 경희대학교 대학원 : 호텔관광학과, 박사학위논문, 경희대학교

강태진·유정식·홍종학 (2005), "미시적 경제분석", 제3판, 박영사

구소연 (1999), "조건부가치측정법에 의한 관광자원의 가치 추정 : 지불용의액과 보상 요구액 비교", 서울대학교 환경대학원 : 환경계획학과, 석사학위논문, 서울대학교

김민재 (2018), "사회기반시설의 외부효과와 갈등의 양상에 관한 연구 -김해 신공항 소음에 대한 지불용의액과 수용용의액의 비교를 통해-", 서울대학교 대학원 : 환경계획학과 도시 및 지역계획, 박사학위논문, 서울대학교

김상훈 (2009), "온실가스 배출권 거래제도를 고려한 경쟁적 전력시장 모형 연구", 석사학위논문, 단국대학교

문근식 (2016), "상업용부동산시장의 정보비대칭효과에 관한 실증연구", 박사학위논문, 건국대학교

백진현 (2005), "전자상거래 확산에 따른 기업의 대응전략에 관한 연구-가격전략, 소비자 태도 분석, 물류관리 활동을 중심으로-", 박사학위논문, 동국대학교

서홍석 외 (2017),"농업부문 전망모형 KREI-KASMO 2017 운용·개발연구", 한국농촌경제연구원

성백남·정갑영 (2000), "미시경제학", 박영사

위키백과, https://ko.wikipedia.org/wiki/쿠르노_모형, 2019년 2월 15일 접속

이광우 (2003), "자연자원내 관광개발의 편익가치추정에 관한 연구: 조건부가치측정법에 의한 설악산 케이블카 설치를 중심으로", 경희대학교 대학원 박사학위논문, 경희대학교

이영환 (2010), "미시경제학", 제3판, 율곡출판사

이준구 (2020), "미시경제학", 제7판, 문우사

이준구 (2013), "미시경제학", 제6판, 문우사

이준구 (2017), "이준구교수의 열린경제학", 문우사

이준구 (2008), "미시경제학", 제5판, 법문사

이준구, 이창용 (2015), "경제학원론", 제5판, 문우사

전영서 (1998), "미시경제학", 문영사

진보영 (2009), "한국 정유산업의 시장경쟁형태와 결정요인에 대한 분석", 에너지환경대학원, 석사논문, 서울산업대학교

최정표 (2000), "미시경제학", 형설출판사

Austan Goolsbee · Steven Levitt · Chad Syverson (2016), 김광호 · 김재홍 · 박병형 옮김, "미시경제학", 제2판, ㈜시그마프레스

Ben S. Bernanke · Robert H. Frank (2006), 곽노선 · 왕규호 옮김, "경제학", 제3판, ㈜한국맥그로힐

David Besanko · Ronald R. Braeutigam (2004), 이병락 옮김, "미시경제학", ㈜시그마프레스

Eugene. Silberberg (1993), 노응원 · 신봉호 옮김, "경제학의 구조", 제2판, 진영사

Joseph E. Stiglitz (2002), 백영현 · 이경원 옮김, "스티글리츠의 미시경제학", 도서출판 한울

Robert S. Pindyck · Daniel L. Rubinfeld (2016), 박원규 옮김, "미시경제학", 제8판, ㈜시그마프레스

Robert S. Pindyck · Daniel L. Rubinfeld (2005), 박원규 · 강정모 · 이상규 옮김, "미시경제학", 제6판, ㈜피어슨에듀케이션코리아

Appelbaum, E., "Essays in the Theory and Application of Duality in Economics", Department of Economics, The University of British Columbia, 1975

Appelbaum, E. and R. Harris, "Estimating Technology in and Intertemporal Framework: A Neo-Austrian Approach", Working Paper 5. Department of Economics, The University of British Columbia, 1974

Berndt, E. and L. Christensen, "Testing for the Existence of a Consistent Aggregate Index of Labor Inputs", *American Economic Review*, 64(3):391-404, 1974

Besanko, D. A., Braeutigam R. R. and K. Rockett, "Microeconomics", 5th, WILEY, 2015

Borwein, J. and Q. Zhu, "Techniques of Variational Analysis". Springer. ISBN 978-1-4419-2026-3, 2005

Boyd, S. P. and L. Vandenberghe, "Convex Optimization", Cambridge University Press. 2004

Burgess, D., "Duality Theory and the Pitfalls in the Specification of Technologies", *Journal of Econometrics, Forthcoming*, 1973

Burgess, D., "Tariffs and Income Distribution: Some Empirical Evidence for the United States", *Journal of Political Economy*, 84(1):17-45, 1976

Chambers, R. G., "Applied Production Analysis: A Dual Approach", Cambridge University

Press. 1988

Chrisensen, L. R., Jorgenson, D. W., and L. J. Lau, "Transcendental Logarithmic Production Frontiers", *Review of Economics and Statistics*, 55:28–45, 1973

Diewert, W. E., "An Application of the Shephard Duality Theorem, a Generalized Leontief Production Function", *Journal of Political Economy*, 79(3):481–507, 1971

Diewert, W. E., "Applications of Duality Theory", in: M.D. Intriligator and D.A. Kendrick, eds., Frontiers of Quantitative Economics, vol. 11. Amsterdam: North Holland, 106–171, 1974

Diewert, W. E., "Duality Approaches to Microeconomic Theory", In Handbook of Mathematical Economics, vol. 2, edited by K. J. Arrow and M. D. Intriligator, 535–599, Amsterdam: North Holland, 1982

Fenchel, W., "Convex Cones, Sets, and Functions", Lecture Notes, Princeton, NJ: Princeton University, 1953

Fuss, M. and Daniel L. McFadden, "Production Economics: A Dual Approach to Theory and Applications Volume I: The Theory of Production", Amsterdam: North–Holland, 1978

Hammack, J. and Gardner Mallard Brown, Jr., "Waterfowl and Wetlands : Toward Bioeconomic Analysis", Baltimore, Resources for the future, 1974

Hanemann, M., "Willingness To Pay and Willingness to Accept : How Much Can They Differ?", *American Economic Review*, 81(3), 1991

Hanoch, G., "Production and Demand Models with Direct or Indirect Implicit Additivity", *Econometrica*, 43(3):395–420, 1975

Hicks, J. R., "A Revision of Demand Theory", 1st ed., Oxford: Clarendon Press. 1956

Hicks, J. R., "The Theory of Wages, 1st, 2nd eds., London: Macmillan, 1932, 1963

Hicks, J. R., "Value and Capital, 2nd ed., Oxford: Clarendon Press. 1946

Hicks, J. R. and R. G. Allen, "A Reconsideration of the Theory of Value. Part I and Part II", Economica, New Series, 1:52–76, 2:196–219, 1934

Hotelling, H., "Demand Functions with Limited Budgets", *Econometrica*, 3(1):66–78, 1935

Hotelling, H., "Edgeworth's Taxation and Paradox and the Nature of Demand and Supply Functions", *Journal of Political Economy*, 40 (5): 577–616, 1932

Jensen, R., and M. Nolan, "Giffen Behavior and Subsistence Consumption", 2008

Jorgenson, D. W. and L. J. Lau, "The Duality of Technology and Economic Behaviour", *Review of Economic Studies*, 41(2):181–200, 1974

Lau, L. J., "A Characterization of the Normalized Restricted Profit Function", *Journal of Economic Theory*, 12(1):131-163, 1976

Lau, L. J., "A Note on Elasticity of Substitution Functions", Discussion Paper 74-122, Department of Economics, The University of British Columbia, 1975

Lau, L. J., "Applications of Duality Theory: A Comment", Technical Report 99, IMSSS, Stanford University, 1973

Lau, L. J., "Duality and the Structure of Utility Functions", *Jornal of Economic Theory*, 1:374-396, 1969

McKenzie, L., "Demand Theory without a Utility Index", *Review of Economic Studies*, 24(3):185-189, 1957

Randall A. and J., Stoll, "Consumers' Surplus in Commodity Space", *American Economic Review*, 70(3):449-455, 1980

Rosen, S., "Potato Paradoxes". *Journal of Political Economy*, 107 (6):294-313, 1999

Roy, R., "De L'Utilite: Contribution a la Theorie des Choix", Paris: Hermann, 1942

Shephard, R. W., "Cost and Production Functions", Princeton, NJ: Princeton University Press, 1953

Uzawa, H., "Duality Principles in the Theory of Cost and Production", *International Economic Review*, 5(2):216-220, 1964

Uzawa, H., "Production Functions with Constant Elasticity of Substitution", *Review of Economic Studies*, 29:291-299, 1962

Varian, Hal R., "Intermediate microeconomics: a modern approach", 3rd edition, University of Michigan, W. W. Norton & Company·New York·London, 1993

Willig, R. D., "Consumer's Surplus without Apology", *American Economic Review*, 66(4), 1976

Woodland, A. D., "Duality Principles in International Trade", Discussion Paper 73-122, Department of Economics, The University of British Columbia, 1973

Woodland, A. D., "Joint Outputs, Intermediate Inputs, and International Trade Theory", *International Economic Review*, 18:517-187, 1977

찾아보기

| 저자 소개 |

남종오(Jongoh Nam)

국립부산수산대학교 자원경제학과 학사
미국 로드아일랜드 주립대학교 환경 및 자연 자원경제학 석사
미국 로드아일랜드 주립대학교 환경 및 자연 자원경제학 박사
현재 부경대학교 경제학부 부교수